Christian Stetter

Für Schule und Beruf

Groß- und Kleinschreibung
Getrennt- und Zusammenschreibung
Zeichensetzung

verständlich erklärt

alte und neue
Regelung - ein Vergleich

tosa

Titel der Originalausgaben: *Groß- und Kleinschreibung verständlich erklärt. Alte & neue Regelung / Getrennt- und Zusammenschreibung verständlich erklärt. Alte & neue Regelung / Zeichensetzung verständlich erklärt: Alte & neue Regelung*

Der Urania Verlag ist ein Unternehmen der Verlagsgruppe Dornier
Umschlaggestaltung: Joseph Koó

Printed in Slovenia

Inhalt

Groß- und Kleinschreibung verständlich erklärt 9

Vorwort 10

Die Regeln im Überblick 14
Liste der Groß- und Kleinschreibungen nach der Amtlichen Regelung 23

Grammatische Grundbegriffe 32
Syntax 32
Wortarten 34

Grundsätze und Regeln der Groß- und Kleinschreibung 39
Klein- und Großbuchstaben 39
Wann schreibt man groß? 41
Satzanfänge, Überschriften, Werktitel 43
Anreden 44
Eigennamen 45
Substantive 55
Die Neuregelung der Substantivschreibung nach der Amtlichen Regelung 69

Alphabetische Wortliste 72

Kleines Verzeichnis grammatischer Begriffe 98

Register 99

Getrennt- und Zusammenschreibung verständlich erklärt 101

Vorwort........ 103

1. Grundsätze und Regeln der Getrennt- und Zusammenschreibung........ 107
   1.1 Einsilbige Wörter 108
   1.1.1 ‚Freier' und ‚gebundener' Gebrauch von Ausdrücken........ 109
   1.2 Mehrsilbige Wörter........ 111
   1.2.1 Einsilbige Wörter bzw. ‚freie' Wortstämme 113
   1.2.2 Mehrsilbige Wörter: ‚freie' Wortstämme + ‚gebundene' Wortbildungselemente........ 114
   1.2.3 Wortgruppen (syntaktische Fügungen) 114
   1.3 Komposita 115
   1.4 Die Bildung von Komposita 117
   1.5 Die Hauptregeln der Getrennt- und Zusammenschreibung........ 120
   1.5.0 Voraussetzungen: Was ist Syntax? 120
   1.5.1 Die syntaktische Hauptregel der Zusammenschreibung 122
   1.5.2 Die semantische Hauptregel der Getrennt- und Zusammenschreibung 124
   1.5.3 Im Zweifelsfall: getrennt........ 126

2. Die Muster der Kompositumsbildung 129
   2.0 Wortarten........ 139
   2.1 Verbkomposita........ 130
   2.1.1 Zur Grammatik des Verbs 130
   2.1.1.1 Der prädikative Gebrauch von Verben........ 131
   2.1.1.2 Der nominale Gebrauch von Verben 131
   2.1.2 Verbkomposita: die Grundregel 131
   2.1.2.1 Untrennbare zusammengesetzte Verben........ 132
   2.1.2.2 Trennbare zusammengesetzte Verben........ 133
   2.1.2.2.1 Substantiv + Verb........ 135
   2.1.2.2.2 Verb + Verb........ 137
   2.1.2.2.3 Adjektiv + Verb 137
   2.1.2.2.3.1 Erweiterung 140
   2.1.2.2.4 Präposition + Verb 145
   2.1.2.2.5 Adverb (Partikel) + Verb 147
   2.2 Substantivkomposita 148
   2.2.1 Kopulativbildungen........ 148
   2.2.2 Das Muster Bestimmungswort + Grundwort 149

2.2.2.1 Substantiv + Substantiv ... 150
2.2.2.2 Verb + Substantiv ... 150
2.2.2.3 Adjektiv + Substantiv ... 151
2.2.2.4 Partikel + Substantiv ... 151
2.2.3 Substantivierte Infinitive und sonstige substantivierte Ausdrücke ... 152
2.3 Komposita mit Adjektiven und Partizipien ... 152
2.3.1 Verb + Adjektiv (Partizip) ... 152
2.3.2 Substantiv + Adjektiv (Partizip) ... 152
2.3.2.1 Kompositumsbildung aus Wortgruppe + Adjektiv ... 153
2.3.2.2 Ableitungen aus zusammengesetzten Verben (Partizipien) ... 153
2.3.3 Adjektiv + Adjektiv ... 153
2.3.4 Reihenbildungen ... 155
2.4 Zusammengesetzte Zahlwörter ... 157
2.5 Andere Wortarten ... 158
2.5.1 Adverbien ... 158
2.5.2 Konjunktionen ... 159
2.5.3 Präpositionen ... 159
2.5.5 Alternative Zusammen- oder Getrenntschreibung nach der Amtlichen Regelung ... 159

3. Die neuen Schreibweisen ... 162

4. Grundsätze und Regeln im Überblick ... 176

5. Kleines Verzeichnis grammatischer Begriffe ... 185

6. Register ... 187

Zeichensetzung verständlich erklärt 189

Vorwort 190

Wie Sie dieses Buch nutzen können: Eine Gebrauchsanweisung 192

Die Kommaregeln im Überblick 194

Der Punkt 197
- Der Punkt als Satzschlußzeichen 197
- Schreibung ohne Punkt 198
- Der Punkt nach Ordinalzahlen 199
- Der Punkt nach Abkürzungen 199
- Abkürzungen ohne Punkt 200
- Der Punkt in Verbindung mit anderen Satzzeichen 200

Das Fragezeichen 201
- Schreibung mit Fragezeichen 201
- Schreibung ohne Fragezeichen 202
- Das eingeklammerte Fragezeichen 202

Das Ausrufezeichen 202
- Schreibung mit Ausrufezeichen 202
- Schreibung ohne Ausrufezeichen 204
- Das eingeklammerte Ausrufezeichen 205
- Der kombinierte Gebrauch von Ausrufe- und Fragezeichen 205

Das Komma 205
- Rhetorisches und grammatisches Prinzip 206
- Der Grundsatz G 0 207
- Die zwei Arten des Kommas 209

Das einfache Komma (Komma 1) 209
- Aufzählungen gleichartiger Satzglieder ohne Komma 212
- Hauptsätze als Glieder einer Aufzählung 214
- Aufzählungen gleichartiger Satzglieder mit Komma 217

Das paarige Komma (Komma 2) 225
- Das paarige Komma bei Nebensätzen 232

Das paarige Komma bei nachgestellten Appositionen und nachgestellten genaueren Bestimmungen 240
Das paarige Komma bei Infinitivgruppen 248
Das paarige Komma bei Partizipien und Partizipialgruppen 253
Das paarige Komma bei verkürzten Sätzen (Ellipsen) 254
Das paarige Komma bei Schaltsätzen 255
Das paarige Komma bei Wiederaufnahme vorangestellter Satzglieder 255

Das Komma bei besonderen Einzelfällen 256
Orts- und Wohnungsangaben 256
Datum, Namen und Titel 257
Anrede, Interjektionen 258
Das Komma bei Konjunktionen 259
Grundsätze der Kommasetzung bei mehrteiligen Konjunktionen 259

Alphabetische Liste der Konjunktionen 260

Die Konjunktion *und:* Satzmuster 260
Das einfache Komma 268
Das paarige Komma 269

Weitere satzinterne Zeichen 271
Das Semikolon (Strichpunkt) 271
Der Doppelpunkt 272

Der Gedankenstrich 274
Der einfache Gedankenstrich 274
Der doppelte Gedankenstrich 276
Der Gedankenstrich in Verbindung mit anderen Satzzeichen 276

Anführungszeichen 277
Die Anführungszeichen in Verbindung mit anderen Satzzeichen 279

Klammern 279
Die Klammern in Verbindung mit anderen Satzzeichen 281

Kleines Verzeichnis grammatischer Begriffe 282
Register 283

Groß- und Kleinschreibung verständlich erklärt

Alte & neue Regelung

Vorwort

Dieser Band erläutert die Groß- und Kleinschreibung im Deutschen. Schwierigkeiten haben hier seit jeher die Regelungen der Eigennamen- und der Substantivschreibung gemacht. Dies lag im wesentlichen daran, daß im Duden, an dessen Regeln man sich meistens orientierte, die für diese Regelungen grundlegenden Begriffe des Eigennamens und der substantivischen Verwendung eines Wortes entweder gar nicht oder nur unzureichend erklärt waren.
Dieses Buch geht hier einen grundsätzlich anderen Weg und erklärt mit modernen logischen und sprachwissenschaftlichen Mitteln diese Grundbegriffe so, daß sie auch der Laie verstehen und anwenden kann. Wenn man sich einmal im Grundsatz klargemacht hat, was ein Eigenname ist – wir haben dies am Beispiel der Taufe erklärt (vgl. S. 49 Nr. 33 ff.) –, dann kann man auch im Einzelfall viel leichter entscheiden, ob es sich z. B. bei den Ausdrücken *Erste Hilfe* oder *Ohmsches Gesetz* um Eigennamen handelt oder nicht.[1] Die vielen Beispiele helfen, den Grundgedanken zu verstehen.
Entsprechendes gilt für die Substantivschreibung. Für deren Regelung ist nicht entscheidend, was ein Substantiv von der Art seiner Wortbildung her ist: ein Wort, das ein bestimmtes grammatisches Geschlecht hat und dekliniert werden kann, sondern die Weise seiner Verwendung im Satz. Wir haben die ‚substantivische' Verwendung eines Wortes auf zwei Grundsätze zurückgeführt: einen semantischen (die Bedeutung betreffenden), der den grundsätzlichen Unterschied von Substantiven und Zahlwörtern erklärt (vgl. S. 57 Nr. 46 ff.), und einen syntaktischen (die Verwendung im Satz betreffenden) (vgl. S. 61 Nr. 52 ff.), der die Kleinschreibung von adverbiell oder metaphorisch verwendeten Adjektiven oder Partizipien wie *im allgemeinen*, *im folgenden*, *im wesentlichen* und anderer Fälle erklärt, die in der Duden-Systematik immer als schwer verständliche Ausnahmen erscheinen mußten. Auch alle Desubstantivierungen – *ein paar*, *dank der Hilfe* etc. – lassen sich auf diese Weise bündig erklären.
Ganz einfach ist weder die Eigennamen- noch die Substantivschreibung; aber mit diesem Ansatz läßt sich beides – das hoffe ich zumindest – verstehen. Wer sich die Mühe macht, das Kapitel „Grundsätze und Regeln der Groß- und Kleinschreibung" im Zusammenhang zu lesen und die dort gegebenen Erläuterungen nachzuvollziehen, wird dadurch die Systematik der Groß- und Kleinschreibung sehr viel besser begreifen und eine große Sicherheit in ihrem Gebrauch erwerben.
Man braucht aber natürlich dieses Kapitel nicht zu lesen. Der Band gibt auch sonst in den Kapiteln „Die Regeln im Überblick" und in dem kleinen Wörterverzeichnis am Ende, in dem „kritische" Fälle zusammengestellt sind, viele Hilfen für die Praxis des Schrei-

[1] Der Neuregelung zum Trotz: dies sind Eigennamen und wären auch nach der Amtlichen Regelung „eigentlich" zu schreiben wie hier.

bens. Dort kann man im konkreten Fall nachschlagen, wenn man wissen will, wie ein Wort geschrieben wird. Die Kennummern, die sowohl in den Regelteil wie in das Wörterverzeichnis eingearbeitet sind, verweisen jeweils auf die Stelle im Buch, wo das betreffende Problem erläutert ist. Wer daher etwas länger mit diesem Band arbeitet, wird so allmählich mit den „Feinheiten“ der Regelung vertraut werden.
Das Kapitel *Grammatische Grundbegriffe* erläutert diejenigen grammatischen Begriffe, die man für eine Erklärung der Regeln der Groß- und Kleinschreibung braucht. Die Orthographie des Deutschen ist durchgängig grammatisch geregelt – im Unterschied zu anderen europäischen Sprachen –, und daher war dieses Minimum an Grammatik unerläßlich.
Nun ein Wort zur **Amtlichen Regelung**, der vieldiskutierten und umstrittenen **Neuregelung der Rechtschreibung des Deutschen**. Wenigen Verbesserungen stehen – um es kurz zu sagen – viele Verschlechterungen gegenüber. Leichter ist durch sie kaum etwas geworden – im Gegenteil. Nach dem Urteil des Bundesverfassungsgerichts am 14. Juli 1998 ist jedenfalls soviel klar:

(1) die Länder haben das Recht, diese Regelung in den Schulen einzuführen. Nach der Meinung des Gerichts – und da hat es m. E. recht – sind die Änderungen gegenüber der alten Regelung nicht so gravierend, daß nicht die Kommunikationsfähigkeit erhalten bliebe. Wer die Neuregelung gelernt hat, wird immer auch Texte in der alten Schreibweise lesen können und umgekehrt.
(2) Gleichzeitig hat das Gericht jedoch die Geltung der Neuregelung – aus demselben Grund – auf den Bereich der Schule begrenzt. Wörtlich heißt es in dem Urteil: *„Soweit dieser Regelung rechtliche Verbindlichkeit zukommt, ist diese auf den Bereich der Schule beschränkt. Personen außerhalb dieses Bereichs sind rechtlich nicht gehalten; die neuen Rechtschreibregeln zu beachten und die reformierte Schreibung zu verwenden. Sie sind vielmehr frei, wie bisher zu schreiben“*[a]. Dies bedeutet, daß man diese Regelung außerhalb der Schule für niemanden verbindlich machen kann, nicht einmal für den Bereich staatlicher oder kommunaler Behörden – und natürlich schon gar nicht für sonstige Institutionen, für Privatunternehmen, für Verlage oder gar für Privatpersonen.
Das Urteil des Bundesverfassungsgerichts bedeutet – mit anderen Worten – daß wir es in deutschsprachigen Raum in den kommenden zwanzig bis dreißig Jahren mit zwei Orthographien zu tun haben werden, bis sich irgendwann wieder eine einheitliche Regelung eingespielt haben wird.

[a] Urteilsbegründung S. 59.

Angesichts der vielen Schwächen oder gar Unsinnigkeiten der Neuregelung in den Bereichen der Fremdwortschreibung, der Getrennt- und Zusammenschreibung, der Groß- und Kleinschreibung und der Worttrennung am Zeilenende wird man zumindest in Teilen

bei der alten Regelung bleiben, vor allem bei den Literaturverlagen, in großen Teilen der Publizistik, in der Wissenschaft usw.[2], denn hier hat der Staat keine Regelungskompetenz. Ohnehin ist der Versuch, ein Sprachsystem – denn das ist die Schrift – von Staats wegen wie hier geschehen zu regeln, indem man den allgemein üblichen Gebrauch ändert, ein Unding.[3] So etwas wird sich sicher nicht noch einmal wiederholen.
Eines ist allerdings auch sicher: Ein einfaches Zurück zur alten Duden-Regelung wird es in keinem Fall geben, denn auch diese hatte ihre Probleme, obwohl sie der Neuregelung sicher vorzuziehen ist. Aus diesem Grund bringt dieser Band die **herkömmliche** und die **Neuregelung**. Wir haben zunächst die „alte“ Regelung dargestellt, weil sie die bei weitem klarere war und ist. Die Neuregelung ist logisch leider mehr als nur verworren: sie ist in sich widersprüchlich. Hier kann man sich nur die einzelnen Schreibweisen einprägen. Wir haben daher die betreffenden Neuregelungen jeweils am Ende der entsprechenden „alten“ Regelung vermerkt. Am Ende des Kapitels „Die Regeln im Überblick“ haben wir alle Neuschreibungen in einer Liste zusammengestellt (S. 23 ff.).
Der Leser/die Leserin wird bereits bemerkt haben, daß dieser Band nicht in der neuen Rechtschreibung abgefaßt ist. Ich halte die alte Regelung für ungleich besser, gerade in den Bereichen der Getrennt- und Zusammenschreibung und der Groß- und Kleinschreibung, und deshalb werde ich – wie wohl die große Mehrzahl der deutschsprachigen Autoren – bei ihr bleiben. Das ist nicht nur Liebe zum Althergebrachten – obwohl dieses Motiv durchaus mitschwingen mag. Viele „neue“ Schreibweisen wie *im Allgemeinen*, *im Wesentlichen*, *der Dritte in der Reihe*, *der Einzelne* usw. sind semantisch irreführend, und eine Schreibweise wie *gestern Abend* ist grammatisch schlicht und ergreifend falsch.[4] Die „alten“ Schreibungen waren eben keineswegs willkürliche Regelungen, sondern hatten in der Regel ihren Grund.
Ich habe mir allerdings auch die Freiheit genommen, in einigen Fällen von der alten Duden-Regelung abzuweichen. So schreibe ich *sodaß*, *großschreiben*, *kleinschreiben*, weil die alten Duden-Schreibweisen *so daß*, *groß schreiben*, *klein schreiben* im ersten

[2] „Einigen Unsinn bei der Silbentrennung, der Getrennt- und Zusammenschreibung wie der Groß- und Kleinschreibung werden nicht alle mitmachen wollen“ (FAZ vom 15. 7. 1998, S. 1).
[3] Bei der Orthographischen Konferenz in Berlin 1901 hat man dagegen nicht mehr getan, als die Orthographie, wie sie sich bis dahin – ohne staatliche Reglementierung – entwickelt hatte, knapp zu beschreiben. Geändert hat man damals nur eine einzige, nebensächliche Regelung: die bis dahin übliche Th-Schreibung am Wortanfang (Thür, Thor, ...) wurde abgeschafft. Der Duden hat in den folgenden Jahrzehnten auch nichts anderes getan, als sich von Auflage zu Auflage der Entwicklung des Schriftgebrauchs mehr oder weniger genau anzupassen.
[4] Rechtsattribut zu einem Adverb (*gestern*) kann im Deutschen *nie* ein artikellos verwendetes Substantiv im Nominativ sein, sondern immer nur ein Substantiv im Genitiv oder Akkusativ oder verbunden mit einer Präposition: gestern des Tages, den ganzen Tag bzw. nach Feierabend usw., aber nie: gestern Tag. Daher muß in gestern abend abend Adverb sein, wie in gestern früh, gestern spät usw. Die „alte“ Kleinschreibung war also grammatisch motiviert.

Fall zweifellos falsch ist (denn *sodaß* ist ein Wort wie *sobald* oder *sodann*), während in den beiden anderen Fällen die Grundregel der Getrennt- und Zusammenschreibung hier eindeutig für die Zusammenschreibung spricht.[5] Dieses Recht, in bestimmten Punkten von der Norm abzuweichen, hat – mit Ausnahme von Lehrern und Schülern beim Diktat – jeder. Man sollte davon freilich nur sparsam Gebrauch machen.
So hat die Neuregelung auch ihr Gutes: Sie wird, auch wo sie sich nicht durchsetzt, dazu führen, daß der alte „Duden-Mythos" zumindest hie und da seine Geltung verliert und an seine Stelle ein freierer, vom Sinn geleiteter Umgang mit orthographischen Normen tritt. Dazu will auch dieser Band beitragen, indem er den Sinn der auf den ersten Blick oft unverständlich scheinenden Regelungen der Groß- und Kleinschreibung auf klare Grundsätze zurückführt und damit verstehbar macht. Grenzfälle wird es allerdings immer geben: Ich würde eher *Anzeige gegen Unbekannt* schreiben, aber: *verzogen nach unbekannt*. Doch muß man zugeben, daß auch in beiden Fällen die Groß- oder die Kleinschreibung möglich wäre. Und ein „Name" wie *Zweiter Weltkrieg* hat zwar viele Ähnlichkeiten mit einem Eigennamen, darum würde ich hier die Großschreibung vorziehen, doch sprechen auch einige Gründe für die Kleinschreibung, denn ursprünglich ist diese Bezeichnung eine reine Kennzeichnung. Es war eben der zweite Weltkrieg (in unserer Geschichte oder in diesem Jahrhundert). Solche Phänomene sind also keine Defekte der Regelung, sondern liegen in der Natur der Sache: Wo es reinrassige Hunde gibt, gibt es immer auch Mischlinge. Die Regelung muß daher logisch so klar wie möglich sein.[6] Ich hoffe, die Darstellung in diesem Band kommt diesem Ziel zumindest nahe.
Notwendigerweise bleiben daher in einem Buch zur Orthographie immer Fragen unbeantwortet. Dem Leser/der Leserin sei in solchen Fällen das **Grammatische Telefon** empfohlen (aus dessen Praxis auch dieser Band erwachsen ist). Erfreulicherweise gibt es diese Einrichtung jetzt nicht mehr nur in **Aachen (0241-8096074)**, sondern seit Juni 1997 auch in **Potsdam (0331-9772424).** Wer immer Fragen zum Schriftgebrauch hat – seien es Probleme der Orthographie, der Grammatik, der Stilistik oder der Textformulierung –, möge sich an eine dieser beiden Nummern wenden. Unsere Mitarbeiter/innen an beiden Telefonen werden ihr/ihm in den allermeisten Fallen weiterhelfen können.

Christian Stetter

[5] Man kann ja sehr wohl ein Wort, das man großschreibt (d. h. mit großem Anfangsbuchstaben schreibt), klein schreiben (in kleinen Lettern).

[6] D. h.: Von ein und derselben orthographischen Praxis kann es verschiedene Darstellungen geben. Die alte des Duden tat es mehr schlecht als recht, die neue in der Amtlichen Regelung dürfte für den Nichtfachmann völlig undurchschaubar sein.

Die Regeln im Überblick

Zunächst alle Regeln der Groß- und Kleinschreibung im Zusammenhang. Die Kennummer verweist auf den betreffenden Textabschnitt, in dem die Regel erläutert ist. Die neuen Schreibweisen nach der Amtlichen Regelung (AR) sind jeweils zum Abschluß des betreffenden Regelteils angegeben.

25

> 1. Groß schreibt man das erste Wort eines Satzes oder einer Überschrift, eines Werktitels oder Titels von Veranstaltungen, Filmen, Rundfunk- und Fernsehsendungen etc., es sei denn,
> 1.1 das erste Wort beginnt mit einem Apostroph,
> 1.2 der Satz beginnt mit Auslassungspunkten,
> 1.3 der Satz beginnt mit abgekürztem *von* (*v.*) eines Familiennamens,
> 1.4 der Satz beginnt mit dem Zitat eines kleingeschriebenen Wortes.

Beispiele:

Er liest regelmäßig Die Zeit.
Der grüne Heinrich (Roman von G. Keller)

Aber:

'ne Flasche Bier stand auf dem Tisch.
... und machte sich davon.
v. Dürkheims Arbeit stellte alles in den Schatten.
„und" ist eine Konjunktion.

Nach einem Doppelpunkt schreibt man in der Regel dann groß, wenn ein vollständiger Satz folgt:

Dazu war folgendes[1] *zu sagen: Erstens ging es ihn nichts an, und zweitens war er inkompetent.*

Aber:

Angeboten wurden: spanische Tomaten; holländischer Käse, ...

26

> 2. Groß schreibt man
> 2.1 das Anredepronomen *Sie* und die entsprechende Possessivform *Ihr*, entsprechend die nur noch mundartlich gebräuchlichen Anredeformen *Ihr*, *Euch*, *Euer* usw.,

[1] Neuregelung (im folgenden als AR abgekürzt): *Folgendes.*

2.2 die Possessivpronomen der zweiten und dritten Person in Verbindung mit Titeln,
2.3 die Anredeformen der Personalpronomen und die entsprechenden Possessivpronomen, sofern sie in Briefen, Aufrufen, Erlassen, Inschriften, Widmungen o. ä. Texten verwendet werden.

Beispiele:

... ich habe Sie in meinem letzten Schreiben gebeten ...
... und Seine Exzellenz, der Botschafter von ...
... Kollegen, laßt Euch nicht irreführen ...
Lieber Klaus,
leider muß ich Dir mitteilen, ...

Neuregelung: Groß schreibt man nur das Anredepronomen *Sie*, das entsprechende Possessivpronomen *Ihr* und die zugehörigen flektierten Formen.

Beispiele:

Lieber Klaus,
leider muß ich dir mitteilen, daß ...
... Kollegen, laßt euch nicht irreführen ...

Also auch:

Ich habe meine Aktien verkauft. Die deinen ...

Eigenname := Benennung oder Bezeichnung, die einem Objekt (Person, Lebewesen, Gegenstand, ...) in einer „ursprünglichen Taufe" verliehen wird. Der Eigenname identifiziert den/die/das Getaufte innerhalb einer je bestimmten Menge von (gleichartigen) Objekten. 33

3.1 Einteilige Eigennamen und Titel werden großgeschrieben. 39

Beispiele:

Klaus, Andrea, Schmidt, ...
Donau, Atlantik, Berlin, Österreich, ...
Halla, Venus, Schwabenpfeil, ...

3.2 In mehrteiligen Eigennamen und Titeln werden großgeschrieben: 40
3.2.1 Adjektive, Partizipien, Pronomen und Ordinalzahlen, in Anfangsstellung auch Präpositionen und gelegentlich Artikel im Nominativ,
3.2.2 das Bezugswort der in 3.2.1 genannten Wörter.

Beispiele:

Friedrich der Große, Karl der Fünfte, …
Frankfurter Allgemeine Zeitung, Verein Deutscher Ingenieure, …
Zum Goldenen Ochsen, der Schiefe Turm (von Pisa), …
Institut für Angewandte Mathematik der RWTH Aachen, Zentrum für Plastische Chirurgie der Universität Köln, …
Man sah den Großen Wagen am Himmel leuchten. (Sternbild)
Sie trafen sich in der Gaststätte Zum Anker.

Aber:

Wolfram von Eschenbach, Rothenburg ob der Tauber, …

Anmerkung 1: die Schreibung fremdsprachiger Vor- und Familiennamen wird beibehalten. Bei Sprachen, die nicht das lateinische Alphabet benutzen, wird transkribiert:

*Georgios Papadopoulos, Mao Tse Tung (*heute: *Zedong*), …

Anmerkung 2 zur **Neuregelung:** Die AR bringt einige neue Schreibweisen wie

erste Hilfe, ohmsches Gesetz (Ohm'sches Gesetz), der letzte Wille, schwarzes Brett, das goldene Zeitalter –
alt: *Erste Hilfe, Ohmsches Gesetz, der Letzte Wille, Schwarzes Brett*, *das Goldene Zeitalter –*

die somit nicht als Eigennamen angesehen werden. Dies ist zumindest in den drei ersten Fällen eindeutig irrig, und auch die Ausdrücke *Schwarzes Brett* und *Goldenes Zeitalter* kann man mit gutem Grund als Eigennamen betrachten[2]. Auch nach der AR müßten daher diese Ausdrücke wie nach der alten Regelung geschrieben werden. Richtig sind dagegen die neue Schreibweisen

der Deutsche Schäferhund (alt: *der deutsche Schäferhund*)
die Dritte Welt (alt: *die dritte Welt*)
der Große Teich (alt: *der große Teich*) (= Atlantik)
der Kalte Krieg (alt: *der kalte Krieg*)

Auch hier handelt es sich eindeutig um Eigennamen.
Wir müssen hier noch eine – der Regelung der Großschreibung eigentlich systematisch widersprechende – Eigentümlichkeit der alten Duden-Regelung erwähnen, die die AR zum Teil übernommen hat:

[2] Es ist ja kein Widerspruch zu sagen: *Unser Schwarzes Brett ist nicht schwarz, sondern grün, und es ist auch kein Brett, sondern eine Wandtafel*. Die Einrichtung heißt eben so, ganz gleich, ob die betreffende Tafel nun schwarz, weiß oder x-farbig ist. Entsprechendes gilt für die *Schwarze Kunst*, den *Schwarzen Peter*, den *Schwarzen Tod* und das *Goldene Zeitalter.* Vgl. hierzu die Erläuterung des Begriffs des Eigennamens Nr. 31 ff.

3.3.1 Von Personennamen auf *-[i]sch* abgeleitete Adjektive werden großgeschrieben, wenn sie bei Wahrung des Sinns in ein mit dem betreffenden Namen gebildetes Genitivattribut umgewandelt werden können. **43**
3.3.2 Von geographischen Namen auf *-er* abgeleitete Adjektive werden stets großgeschrieben.

Beispiele:

3.3.1: die Platonischen Dialoge (= die Dialoge Platons)
die Lutherischen Kirchenlieder (= die Kirchenlieder Luthers)
aber: die platonische Liebe, die lutherische Kirche (≠ die Liebe Platons bzw. die Kirche Luthers)
3.3.2: Pfälzer Wurstsalat, Kölner Straßen, Nürnberger Einwohner, ...[3]

Neuregelung: Die AR behält 3.3.2 bei, also gleichfalls *Pfälzer, Thüringer, Hamburger, ...* als Adjektive, gibt 3.3.1 dagegen auf: Grundsätzlich werden danach von Namen auf *-[i]sch* abgeleitete Adjektive kleingeschrieben, also:

die platonischen Dialoge, die lutherischen Kirchenlieder usw.;

oder aber der Name wird durch Apostroph abgesetzt und großgeschrieben, also:

die Platon'schen Dialoge, die Luther'schen Kirchenlieder usw.

3.4 **Empfehlung:** Von Eigennamen (Personen- oder georaphischen Namen) abgeleitete Adjektive sollten kleingeschrieben werden, wenn sie attributiv verwendet werden.[4] **23**

Beispiele:

die goetheschen Dramen, die platonischen Dialoge, die newtonsche Physik, ...[5]

Aber:

das Ohmsche Gesetz[6] (Eigenname)
die kölner Kirchen, ein schweizer Grenzbeamter, die gute eifeler Landmilch, ...[7]

Entsprechend auch

der new-yorker Hafen, der bad-homburger Stadtpark, ...

[3] In allen diesen Fällen handelt es sich wohlgemerkt nicht um Eigennamen.

[4] Diese Empfehlung weicht sowohl von der alten Duden-Regelung wie von der AR ab. Vgl. zur Begründung Nr. 23 ff.

[5] Alte Duden-Regelung: *die Goetheschen Dramen, Platonischen Dialoge, Newtonsche Physik*

[6] AR: *das ohmsche (Ohm'sche) Gesetz*. Vgl. Anmerkung 2 zu Regel 3.2.

[7] Alte Duden-Regelung und AR: *Kölner Kirchen, Schweizer Grenzbeamter, Eifeler Landmilch*

46 **Grundsatz 3:** Substantive werden in der Regel als Kennzeichnungen verwendet.

47 4.1 Substantive werden großgeschrieben, auch wenn sie ohne Artikel verwendet werden.

Anmerkung: Dies ist eine verkürzte Formulierung. Genauer müßte man von substantivisch verwendeten Substantiven sprechen. Vgl. die Erläuterung der Regel Nr. 45 ff.

Beispiele:

Jungen, Mädchen, Europäer, Säugetiere, Baum, Wasser, ...
Staubsauger, Auto, Computer, ...
Gerechtigkeit, Frieden, Begriff, Anweisung, ...
Million, Hunderte von ..., die Zehn, das Tausend ...

Aber:

fleisch- und käseverarbeitend, kinderliebend, herzensgut, ...
überhand nehmen, instand setzen, eislaufen[8]*, ...*
ein paar Mark, kein bißchen klüger, dank seiner Hilfe, ...
Er ist schuld; ich habe recht; alles stand kopf[9]

48 4.2 Zahlwörter und Indefinitpronomen werden in der Regel kleingeschrieben, auch wenn sie mit einem Artikel verbunden werden.

Beispiele:

Die zwei vertrugen sich gut.
Es kamen manche nicht, obwohl alle eingeladen waren.
Der einzelne[10] *war in der Menge kaum zu erkennen.*
Der dritte[11]*, der über die Straße kam ...*
Ein jeder zu seiner Zeit ...
Man sah niemanden auf der Straße.

Aber:

Ein Achtel Wein
Ein Vertrag zu Lasten Dritter

[8] AR: *Eis laufen*
[9] AR: *stand Kopf*
[10] AR: *Der Einzelne*
[11] AR: *Der Dritte, der ...*

4.3 Als unbestimmte Zahlwörter verwendete Substantive werden kleinge- 50
schrieben.

Beispiele:
ein bißchen, ein paar, ...

Aber:
eine Menge Leute, eine Reihe von Kunden, ...

Grundsatz 4: Substantive können immer als Ergänzung (Subjekt, Objekte) 52
oder als Angabe eines Satzes verwendet werden.

4.4 Als Adverbien oder Präpositionen verwendete Substantive werden klein- 55
geschrieben.

Beispiele:
Ich komme anfangs des Monats.
Sie stand mitten im Saal.
Er überlebte dank der schnellen Hilfe.

4.5 Als Prädikatsadjektive ohne Andeutung des grammatischen Geschlechts 56
verwendete Substantive werden kleingeschrieben.

Beispiele:
Mir ist angst.
Sie war an allem schuld.
Er hatte mit seiner Annahme recht.

Aber:
Sie hatte daran keine Schuld.
Er hatte kein Recht auf einen Anteil.
Er hatte Unrecht.

4.6 In festen Verbindungen von Substantiv und Verb wird das Substantiv in 57
der Regel kleingeschrieben. Bei festen Verbindungen von Präpositionalausdruck (Präposition + Substantiv) und Verb wird der Präpositionalausdruck in der Regel zusammen- und kleingeschrieben.

Beispiele:

eislaufen[12]*, hohnlachen, kopfrechnen*
radfahren[13] (aber: *er fährt gern Rad*)
instand setzen, überhand nehmen, ingang kommen, zuwege bringen, zunutze machen, zutage treten, beiseite stehen, …

59 4.7 Nichtsubstantive werden großgeschrieben, wenn sie
als Kennzeichnungen verwendet werden und
im Sinne des Grundsatzes 4 syntaktisch voll verwendbar sind.

Beispiele:

Das Ich ist ein wichtiger Begriff bei Freud.
Sie störten ihre Nachbarn mit lautem Singen.
Es gibt überall Gute und Böse.
Sie erörterten das Für und Wider.

Aber:

Sie verbrachten die Nacht mit singen und beten.
Man muß zwischen gut und böse zu unterscheiden wissen.
Auf biegen und brechen, mit hängen und würgen.[14]

Anmerkung 1: Diese Regel schließt nicht aus, daß als Kennzeichnungen verwendete Wörter auch dann großgeschrieben werden, wenn das grammatische Geschlecht bzw. eine Pluralform nicht markiert ist. Doch das ist der (nicht zu regelnde) Ausnahmefall. Er tritt meist dann ein, wenn es eine regelmäßig verwendete Parallelform gibt, bei der das grammatische Geschlecht bzw. der Plural markiert ist:

Da half kein Wenn und Aber.
… ohne Wenn und Aber …

Anmerkung 2: Die Regel 4.7 gilt nicht für Anführungen (Zitate):
Sein „danke" kam von Herzen.

Die Arbeit wurde mit „gut" bewertet.
Die Note „ausreichend"

Parallel dazu – da es lexikalische Normalformen wie *das Gut* etc. gibt:

In Deutsch hat er ein Gut erhalten.
Die Note Ausreichend …

Anmerkung 3: Für die Schreibung von Einzelbuchstaben lassen sich keine festen Regeln angeben. Es haben sich folgende Schreibweisen eingebürgert:

12 AR: *Eis laufen*
13 AR: *Rad fahren*
14 Alte Duden-Regelung: *Auf Biegen und Brechen, mit Hängen und Würgen*

Das A ist der erste Buchstabe des Alphabets.
Jemandem ein X für ein U vormachen.
Das „a" in „abends" wird kleingeschrieben.
Wer A sagt, muß auch B sagen.
Blutgruppe A
A-Dur, Des-Dur; aber: *a-Moll, cis-Moll*

4.8 Adjektive und Partizipien werden niemals großgeschrieben, wenn sie als Attribute auf ein aus dem Kontext zu ergänzendes Substantiv bezogen werden können, auch wenn ihnen ein Artikel vorhergeht.

63

Beispiele:
Viele Schüler waren da. Die älteren langweilten sich.
Mehrere Texte standen zur Debatte. Der wichtigste war …
Sie war die beste[15] *von allen, die vorgespielt hatten.*

4.9 Adjektive und Partizipien in unveränderlichen Wendungen oder festen Verbindungen mit Verben werden kleingeschrieben.

64

Beispiele:
jung und alt, durch dick und dünn, im großen und ganzen[16], *…*

Anmerkung: Gelegentlich haben sich Substantive nur noch in festen Verbindungen erhalten. Hier ist Großschreibung dann zu empfehlen, wenn sie mit einem heute noch gebräuchlichen Substantiv kombiniert werden:
Mit Fug und Recht, auf Treu und Glauben, in Saus und Braus, …

Aber:
auf gedeih und verderb[17]

4.10 Metaphorisch (d. h. in übertragenem Sinn) oder adverbial verwendete Adjektive oder Partizipien werden kleingeschrieben.

65

Beispiele:
Er kann am besten (= sehr gut) *Tennis spielen.*

15 AR: *die Beste*
16 AR: *Jung und Alt, im Großen und Ganzen* (aber: *durch dick und dünn*[!])
17 Alte Duden-Regelung: *auf Gedeih und Verderb*

Das beste[18] *ist, wir verschwinden.* (= Es ist am besten, ...)
Mit seiner Vermutung traf er ins schwarze[19].

Entsprechendes gilt natürlich für alle Superlativformen wie
am besten, am kleinsten, am höchsten usw.

66 4.11 Wie Pronomen oder Zahlwörter verwendete Adjektive oder Partizipien werden kleingeschrieben.

Beispiele:
jeder beliebige, alles mögliche (= so manches), *im folgenden, im allgemeinen, ...*[20]

68 4.12 Das erste Wort einer substantivierten Durchkoppelung wird großgeschrieben.

Beispiele:
das In-den-Tag-hinein-leben
das andauernde In-Anspruch-nehmen[21]

69 4.13 Bei fremdsprachigen substantivischen oder substantivierten Wortgruppen wird in der Regel das erste Wort großgeschrieben.

Beispiele:
Angina pectoris, Make-up, Advocatus diaboli, Afro-look, ...

70 Die **Neuregelung** der Substantivschreibung nach der AR:

1. Substantive schreibt man groß.
2. Substantive, die nicht substantivisch verwendet werden, schreibt man klein.

[18] AR: *Das Beste*
[19] Alte Duden-Regelung und AR: *ins Schwarze*
[20] AR: *jeder Beliebige, alles Mögliche, im Folgenden, im Allgemeinen* usw.
[21] Alte Duden-Regelung und AR: *das In-den-Tag-hinein-Leben, das In-Anspruch-Nehmen*

3. Nichtsubstantive, die wie Substantive verwendet werden, schreibt man groß. Substantivische Verwendung eines Wortes liegt dann vor, wenn mindestens eines der folgenden drei Merkmale erfüllt ist:

3.1 dem Wort geht ein Artikel voraus;

3.2 das Wort ist mit einem vorausgehenden oder nachgestellten Attribut verbunden;

3.3 das Wort ist als Satzglied oder Attribut kasusmarkiert.

4. In bestimmten Fällen werden Nichtsubstantive kleingeschrieben, auch wenn sie eine der Bedingungen (3.1), (3.2) oder (3.3) erfüllen.

Liste der Groß- und Kleinschreibungen nach der Amtlichen Regelung

Nach der Amtlichen Regelung – die wir hier nicht kommentieren – ergeben sich aus diesen Regeln folgende neue Schreibweisen:[22]

alt	**neu**
Abend	
gestern abend	gestern Abend
aberhundert	aberhundert/Aberhundert
Acht	
sich in acht nehmen	sich in Acht nehmen
außer acht lassen	außer Acht lassen
acht	
der achte, der …	der Achte, der …
achtzig	
mit Achtzig	mit achtzig
ähnliches	Ähnliches
und ähnliches (*Abk.*: u. ä.)	und Ähnliches (*Abk.*: u. Ä.)

[22] Wir müssen hier so verfahren, denn diese Neuregelung ist in sich hoffnungslos widersprüchlich. Die Punkte (1) und (2) unterscheiden sich nicht von der alten Regelung. Die Frage ist hier, was man unter einem Substantiv bzw. unter Desubstantivierung versteht. Die AR legt diese Begriff in einigen Fällen anders aus als bisher üblich. Das mag noch angehen, soweit diese Auslegungen nicht anderen Regelungen widersprechen. Problematisch sind dagegen (3) und (4): Was in (3) als hinreichende Bedingung für substantivischen Gebrauch und damit Großschreibung definiert wird, wird in (4) als *nicht* hinreichende Bedingung definiert – ein durch keine Interpretation zu heilender, weil logischer Widerspruch. Also kann man sich hier nur mit einer Wortliste behelfen, die man auswendig lernen muß.

allerbeste	
… das allerbeste, wenn …	… das Allerbeste, wenn …
allgemein	
im allgemeinen	im Allgemeinen
alt	
ganz der alte sein	ganz der Alte sein
… bleibt beim alten …	… bleibt beim Alten …
alt und jung	Alt und Jung
amen	
ja und amen sagen	Ja und Amen sagen
anderes	
etwas anderes	etwas anderes, etwas ganz Anderes
Angst	
… macht mir angst und bange	… Angst und Bange
mir ist angst und bange	mir ist angst und bange
arg	
im argen liegen	im Argen liegen
arm und reich	Arm und Reich
äußerst	
auf das, aufs äußerste	auf das, aufs Äußerste/äußerste
bange	
mir ist bange, man macht mir bange	mir ist bange, man macht mir Bange
bankrott gehen	Bankrott gehen
bedeutend	
um ein bedeutendes größer	um ein Bedeutendes größer
beliebig	
jeder beliebige	jeder Beliebige
besonders	
im besonderen	im Besonderen
beste	
… es ist das Beste, was wir haben	… das Beste …
… es ist das beste, wir gehen …	… das Beste …
der erste beste	der erste Beste
zum besten geben, haben	zum Besten geben, haben
aufs beste	aufs beste/Beste
beträchtlich	
um ein beträchtliches größer	um ein Beträchtliches …
Betreff	
in betreff	in Betreff

Bezug	
in bezug auf	
mit Bezug auf	in, mit Bezug auf
bisherig	
im bisherigen	im Bisherigen
bravo rufen	Bravo rufen
breit	
des langen und breiten	des Langen und Breiten
dein	
mein und dein verwechseln	Mein und Dein …
deutsch	
in deutsch/in Deutsch	in Deutsch
auf deutsch	auf Deutsch
Diät	
diät leben/Diät halten	Diät leben/halten
dritte	
der dritte, der …	der Dritte …
du	
auf du und du	auf Du und Du
dunkel	
im dunkeln tappen (= sich ungewiß sein)	im Dunkeln tappen
Dutzend	
Dutzende von Leuten	dutzende/Dutzende …
eigen	
sein eigen nennen	sein Eigen nennen
einfach	
es ist das einfachste, wenn …	es ist das Einfachste …
aufs einfachste	aufs einfachste/Einfachste
eingehend	
aufs eingehendste	aufs eingehendste/Eingehendste
einzeln	
der einzelne	der Einzelne
als einzelner	als Einzelner
einzig	
… das einzige, was …	das Einzige …
als einziges	als Einziges
entfernt	
nicht im entferntesten	nicht im Entferntesten

entweder	
das Entweder-Oder	das Entweder-oder
erste	
der erste, der …	der Erste, der …
fürs erste	fürs Erste
erstere	
das erstere	das Erstere
ersteres	Ersteres
Feind	
feind sein, bleiben, werden	Feind sein, bleiben, werden
finster	
im finstern tappen (= im Ungewissen sein)	im Finstern tappen
folgend	
im folgenden	im Folgenden
das folgende (= der Reihe nach)	das Folgende
folgendes	Folgendes
Frage	
in Frage	infrage/in Frage
ganz	
im ganzen	im Ganzen
im großen ganzen	im großen Ganzen
im großen und ganzen	im Großen und Ganzen
gegeben	
es ist das gegebene (= angebracht)	… das Gegebene
genau	
des genaueren	des Genaueren
aufs genaueste	aufs genaueste/Genaueste
gering	
das geht dich nicht das geringste an	… das Geringste …
nicht im geringsten	… im Geringsten
gesamt	
im gesamten	im Gesamten
gleich	
das gleiche	das Gleiche
das läuft auf das gleiche hinaus	… das Gleiche …
gleich und gleich …	Gleich und Gleich

grob	
aufs gröbste	aufs gröbste/Gröbste
groß	
etwas im großen betreiben	... im Großen
groß und klein	Groß und Klein
gut	
etwas im guten sagen	... im Guten
im guten wie im bösen	im Guten wie im Bösen
jenseits von Gut und Böse	... von gut und böse
guten Tag sagen	guten/Guten Tag sagen
Halt	
Halt rufen	halt/Halt rufen
Haus	
haushalten	Haus halten
herzlich	
aufs herzlichste	aufs herzlichste/Herzlichste
hoch	
hoch und nieder/niedrig	Hoch und Nieder/Niedrig
Hof	
hofhalten	Hof halten
hundert	
hunderte Menschen	hunderte/Hunderte Menschen
der hundertste, der ...	der Hundertste ...
Hunger	
Hungers sterben	hungers sterben
hurra	
hurra schreien	hurra/Hurra schreien
ja	
ja sagen	ja/Ja sagen
jung	
jung und alt	Jung und Alt
klar	
sich im klaren sein	...im Klaren sein
klasse	
das ist klasse	... ist klasse/Klasse
klein	
im kleinen wirken	im Kleinen ...
groß und klein	Groß und Klein
um ein kleines	um ein Kleines

kurz	
den kürzeren ziehen	den Kürzeren …
lang	
des langen und breiten	des Langen und Breiten
des längeren	des Längeren
Last	
zu Lasten	zu lasten/Lasten
laufen	
auf dem laufenden sein	auf dem Laufenden …
leicht	
es ist ein leichtes, zu …	… ein Leichtes …
leid	
leid tun	Leid tun
letzte	
der letzte, der …	der Letzte …
bis zum letzten	…zum Letzten
letzterer	Letzterer
mal	
ein paar dutzend mal	ein paar dutzend Mal
mein	
mein und dein	Mein und Dein
menschenmöglich	
alles menschenmögliche tun	alles Menschenmögliche …
mindest	
das mindeste ist, …	das Mindeste …
nicht im mindesten	… im Mindesten
Mittag	
heute mittag	heute Mittag
möglich	
alles mögliche (=allerlei) tun	alles Mögliche …
sein möglichstes tun	sein Möglichstes …
nachfolgend	
im nachfolgenden	im Nachfolgenden
nachhinein	
im nachhinein	im Nachhinein
nächst	
der nächste, der …	der Nächste …
als nächstes	als Nächstes

nämlich	
das nämliche gilt …	das Nämliche …
nebenstehend	
im nebenstehenden	im Nebenstehenden
neu	
aufs neue	aufs neue/Neue
nieder	
hoch und nieder	Hoch und Nieder
Not	
das tut not	…tut Not
oben	
im obenstehenden	im oben Stehenden/ Obenstehenden
oft	
des öfteren	des Öfteren
Rad	
radfahren	Rad fahren
Recht	
recht haben, bekommen, tun, …	Recht haben, …
Rechtens sein	rechtens sein
reich	
arm und reich	Arm und Reich
rein	
ins reine kommen	ins Reine …
im reinen sein	im Reinen …
richtig	
das einzig richtige tun	… Richtige tun
es ist das richtigste, wenn …	… das Richtigste
roh	
…ist im rohen fertig	… im Rohen
aus dem rohen arbeiten	aus dem Rohen …
schlimm	
aufs schlimmste	aufs schlimmste/Schlimmste
schrecklich	
aufs schrecklichste	aufs schrecklichste/Schrecklichste
Schuld	
schuld sein, geben, haben	Schuld geben, haben aber: schuld sein

schwarz	
aus schwarz weiß machen	aus Schwarz Weiß …
Seite	
auf seiten	aufseiten/auf Seiten
von seiten	vonseiten/von Seiten
sicher	
auf Nummer Sicher gehen	auf Nummer sicher/Sicher …
das sicherste ist, wenn …	das Sicherste …
im sichern sein	im Sichern sein
solch	
ein solches ist …	ein solches/Solches …
Sonderheit	
insonderheit	in Sonderheit
sonstig	
das sonstige	das Sonstige
sowohl	
das Sowohl-Als-auch	das Sowohl-als-auch
Stand	
außerstande sein	außerstande/außer Stande sein
statt	
an Eides Statt	an Eides statt
an Kindes Statt	an Kindes statt
tabula rasa machen	Tabula rasa …
trocken	
auf dem trockenen sitzen	auf dem Trockenen …
ins trockene bringen	ins Trockene …
übrig	
die übrigen	die Übrigen
alles übrige	alles Übrige
im übrigen (*Abk.:* i. ü.)	im Übrigen (*Abk.:* i. Ü.)
umstehend	
im umstehenden	im Umstehenden
unbekannt	
Anzeige gegen Unbekannt	… unbekannt
ungeheuer	
ins ungeheure steigen	ins Ungeheure …
ungewiß	
im ungewissen sein	im Ungewissen …
ungezählt	
… es kamen ungezählte	… Ungezählte

unklar	
im unklaren sein	im Unklaren …
Unrecht	
unrecht bekommen, haben	Unrecht …
unzählig	
… es kamen unzählige	… Unzählige
verborgen	
im verborgenen	im Verborgenen
vereinzelt	
… es kamen vereinzelte	… Vereinzelte
verschieden	
… es kamen verschiedene	… Verschiedene
… wir haben verschiedenes getan	… Verschiedenes
viertel	
um Viertel acht	um viertel acht (*aber:* Viertel vor acht)
voll	
aus dem vollen schöpfen	aus dem Vollen …
vorangehen	
im vorangehenden	im Vorangehenden
voraus	
im, zum voraus	im, zum Voraus
vorhergehend	
im vorhergehenden	im Vorhergehenden
vorhinein	
im vorhinein	im Vorhinein
weiß	
aus schwarz weiß machen	aus Schwarz Weiß …
weit	
des, im weiteren	des, im Weiteren
wesentlich	
im wesentlichen	im Wesentlichen
Wiedersehen	
auf Wiedersehen sagen	auf/Auf Wiedersehen …
Wunder	
… er hat wunder was getan …	… Wunder was …
x-beinig	x-beinig/X-beinig

Grammatische Grundbegriffe

1 Die Erklärung der Regelung der Groß- Und Kleinschreibung muß – leider – an vielen Stellen von grammatischen Begriffen Gebrauch machen, denn im Deutschen ist diese Regelung durchgängig grammatisch bestimmt. Daher seien vorab die wichtigsten Begriffe erläutert, von denen in diesem Buch Gebrauch gemacht wird:

> Satz := Folge von Wörtern, die zum Ausdruck einer selbständigen sinnvollen Äußerung verwendet wird. Die meisten Sätze in diesem Sinn haben ein finites Verb als Prädikat oder Kern des Prädikats (vgl. Nr. 2).

Beispiele	**Äußerungstyp**
Komm mit! *Gehen Sie sofort nach Hause!*	Bitte, Befehl
Wo geht es zum Bahnhof? *Werden Sie auch Hamburg besuchen?*	Frage
Köln ist eine schöne Stadt. *Er nahm, was er bekommen konnte.*	Aussage/Behauptung
Morgen komme ich dich besuchen. *Ich zahle das Geld nächste Woche zurück.*	Versprechen

Sätze verwenden wir also als Frage, Behauptung, Versprechen usw. Dazu müssen die Wörter, aus denen sie gebildet werden, in bestimmter Weise angeordnet und verwendet werden. Z. B. werden in den Sätzen *Du kommst* und *Kommst Du?* die Wörter *du* und *kommst* in verschiedener Weise verwendet, und es handelt sich um Wörter verschiedener Art. Die Grammatik besteht also aus zwei Hauptteilen: (1) der Beschreibung der Verwendung der Wörter im Satz, der sogenannten *Syntax* (Satzbildungslehre), und (2) der Beschreibung der *Wortarten*. Wir beginnen mit den wichtigsten Begriffen der Syntax.

Syntax

Sätze bestehen normalerweise mindestens aus einem *Satzkern*. Oft treten zu diesem *Angaben* hinzu, die dessen Sinn genauer bestimmten. Der Satzkern besteht aus einem *Prädikatsteil* und *Ergänzungen.* Der Prädikatsteil schließlich besteht entweder aus einem einfachen *finiten Verb*:

gab, liest, schrieben, …

oder einem Verknüpfungsverb:

hat gegeben, ist gesehen worden, wird angekommen sein, …

oder einem Ergänzungsprädikat (eine Form von *sein* + Adjektiv oder Substantiv):

ist schön, ist gut, ist (schwer) lesbar, …
ist meine beste Freundin, ist ein Haus, ist ein (schöner) Stein, …

Ergänzungen sind Wörter oder Wortgruppen, die zum Prädikatsteil hinzutreten 3
müssen, damit ein Satz entsteht, der als selbständige sinnvolle Einheit verwendbar ist. Sie sind in der Regel Pronomen oder Substantive oder Wortgruppen, die an ihre Stelle treten können. Der Einfachheit halber werden sie einfach durchnumeriert (die jeweilige Ergänzung ist in den Beispielen unterstrichen):

Ergänzung 1: Pronomen oder Substantiv im Nominativ[23] oder dafür einsetzbarer Ausdruck (= das Subjekt):

Der Weihnachtsbraten war köstlich.
Sie anzuschauen war eine Lust.
Wer die Sprache nicht beherrscht, sollte kein öffentliches Amt bekleiden.

Ergänzung 2: Pronomen oder Substantiv im Akkusativ oder dafür einsetzbarer Ausdruck (= das Akkusativ-Objekt):

Er lenkte den Wagen.
Sie nahm ihn in die Arme.
Er sagte, was ihm nicht gefiel.

Ergänzung 3: Pronomen oder Substantiv im Dativ oder dafür einsetzbarer Ausdruck (= das Dativ-Objekt):

Er schenkte ihr Blumen.
Sie glaubte seinen Worten.
Sie mißtraute allem, was gesagt wurde.

Ergänzung 4: Pronomen oder Substantiv im Genitiv oder dafür einsetzbarer Ausdruck (= das Genitiv-Objekt):

Wir gedenken heute unseres verstorbenen Mitbruders.
Er bemächtigte sich ihrer gesamten Habe.
Man gedachte der Toten.

[23] Die Fälle (Kasus): 1. Fall (Nominativ): *der* Sinn; 2. Fall (Genitiv): *des* Sinnes; 3. Fall (Dativ): *dem* Sinn(e); 4. Fall (Akkusativ): *den* Sinn. In der modernen Grammatik numeriert man in der Regel die Fälle nach ihrer Häufigkeit durch: 1. Nominativ, 2. Akkusativ, 3. Dativ, 4. Genitiv.

Ergänzung 5: Pronomen oder Substantiv mit Präposition oder dafür einsetzbarer Ausdruck (= Präpositionalobjekt):

Er wohnt in Köln.
Sie dachte an ihre Kinder.
Man schüttelte den Kopf über das, was er sagte.

Ergänzung 6: Pronomen oder Substantiv, das im Kasus (Fall) mit einer anderen Ergänzung übereinstimmt, oder dafür einsetzbarer Ausdruck:

Er galt als großer Scharlatan.
Sie nannte ihn einen Halunken.
Er war für sie wie ein Bruder.

4 **Angaben** bestimmen den Sinn des Satzkerns genauer. Oft enthalten sie die wichtigste Information der gesamten Äußerung. Z. B. könnte man das letzte Beispiel durch *seit frühester Kindheit* genauer bestimmen:

Er war für sie seit frühester Kindheit wie ein Bruder.

Oder das vorletzte Beispiel durch *in ihrer Wut*:

Sie nannte ihn in ihrer Wut einen Halunken.

Insbesondere die *adverbialen Bestimmungen* der traditionellen Grammatik sind zu den Angaben zu rechnen.

Sie lief schnell.
Er kam, so oft er konnte.
Sie spielten den ganzen Morgen.
Die Sonne brannte vom Himmel herab.

5 **Attribute** sind Beifügungen, die den Sinn des Wortes, dem sie attribuiert sind – in der Regel ist das ein Substantiv –, genauer bestimmen. Man unterscheidet Links- und Rechtsattribute:

Er hielt eine langatmige Rede.
Sie trug ein aufregendes Kleid.
Der Großvater, der schon lange erkrankt war, wollte zum Ärger seiner habsüchtigen Erben nicht sterben.

6 Wortarten

Regeln der Groß- und Kleinschreibung nehmen häufig auf Wortarten Bezug, z. B. die Regel, daß Substantive großzuschreiben seien, im Gegensatz zu Verben, Adjektiven, Pronomen usw.
Um sie zu erläutern, müssen wir zunächst einen Hilfsbegriff definieren:

Lexikalische Normalform := diejenige Form, in der ein Wort in einem Wörterbuch aufgeführt wird bzw. aufgeführt würde. 7

Der Sinn dieser Definition liegt darin, bei den folgenden Definitionen von Wortarten davon absehen zu können, daß Wörter ihre Wortart wechseln können. Z. B. kann jedes Verb dadurch in ein Substantiv „verwandelt" werden, daß seine Infinitivform mit einem Artikel verbunden wird:

Er hielt, um zu tanken.
Er legte einen Stop zum Tanken ein.

Wir definieren Wortarten also immer nur bezüglich ihrer lexikalischen Normalform, unterstellen damit für jedes Wort also eine Normalverwendung. Dies muß vorausgesetzt werden. Andernfalls wäre der für die Regelung der Substantivschreibung wichtige Begriff des Wortartenwechsels nicht zu definieren.

Damit kann der Begriff der Wortart nunmehr definiert werden: 8

Wortart := Menge lexikalischer Normalformen von Wörtern, die aufgrund eines oder mehrerer gemeinsamer (formaler) Merkmale ihrer Verwendung im Satz zu einer Klasse zusammengefaßt werden.

Zunächst unterscheiden wir die *flektierbaren* von den *nicht flektierbaren* Wortarten: Flektierbar sind alle Wörter, die je nach ihrer Verwendung im Satz verschiedene Formen annehmen können. Die Flexion (Beugung) der *Verben* nennt man Konjugation. Die verschiedenen Formen eines Verbs werden nach den Kriterien *Person, Tempus* (Zeit) und *Modus* (Aussageweise) unterschieden, z. B.:

Person: ich gebe, du gibst, er/sie/es gibt, wir geben, …
Tempus: ich gebe, ich gab; …[24]
Modus: er gibt, er gebe[25]*, er gab, er gäbe*[25]*, gib*[26]*, gebt*[26]*, …*

Verb := Klasse aller Wörter, die konjugiert werden können. 9

Wichtig für die Groß- und Kleinschreibung sind insbesondere die sogenannten *infiniten Formen* des Verbs:

der **Infinitiv**: *geben, sehen, laufen, sein, werden, …*
das **Partizip I**: *gebend, sehend, laufend, seiend, werdend, …* und
das **Partizip II**: *gegeben, gesehen, gelaufen, gewesen, geworden, …*

24 Im Deutschen unterscheidet man formal zwei Zeitformen: Präsens (Gegenwart) und Präteritum (Vergangenheit).
25 Konjunktiv (Möglichkeitsform)
26 Imperativ (Befehlsform)

10 Die zweite Art der Flexion ist die **Deklination**, d. h. die Unterscheidung verschiedener Formen eines Pronomens, Substantivs, Artikels oder Adjektivs nach den Kriterien *Singular* (Einzahl) und *Plural* (Mehrzahl) und nach den vier *Fällen* (Kasus). In den folgenden Beispielen ist das betreffende Wort bzw. die betreffende Wortgruppe jeweils unterstrichen:

Nominativ (antwortet auf die Frage *wer oder was?*):
Diese Burschen sind Halunken. Eine hübsche Frau kam ihm entgegen.
Das hat mir gefallen. Er kann gut spielen.

Genitiv (*wessen?*):
die Tochter des Bürgermeisters; ein Blackout Helmut Kohls,
die Bemühungen der Supermächte; …

Dativ (*wem?*):
Sie schenkte ihm ein Buch. Wir danken allen Spendern. Dem Tüchtigen gehört die Welt.

Akkusativ (*wen oder was?*):
Wir sahen ihn ankommen. Er nahm einen großen Schluck. Den Anblick hätte man sich sparen können.

11 Bestimmter Artikel := Element der folgenden Wortmenge:
der, des, dem, den, die, das
Unbestimmter Artikel := Element der folgenden Wortmenge:
ein, eine, eines, einem, einen, einer

12 Substantiv := Menge aller Wörter, die ein bestimmtes grammatisches Geschlecht haben (d. h. entweder mit dem Artikel *der* oder mit dem Artikel *die* oder mit dem Artikel *das* verbunden werden[27]) und die deklinierbar sind.

Beispiele:
Mann, Frau, Kind; Bruder, Schwester, …
Auto, Nähmaschine, Donaudampfschiffahrtsgesellschaft, …
Wasser, Erde, Luft, …
Geist, Leben, Furcht, Gesundheit, Demokratie, Industrie, Wissenschaft, …

[27] Nur ganz wenige Substantive im Deutschen können mit mehreren Artikeln verbunden werden, z. B. *der/das Joghurt*. Bei *der/das Meter* bzw. *Teil* ist dagegen der Wechsel des grammatischen Geschlechts mit einem Bedeutungswechsel verbunden.

Anmerkung: Das Deutsche kennt keine Pluralformen des unbestimmten Artikels:

Männer, Frauen und Kinder vergnügten sich, die Kinder vor allem am Karussell.

Ähnlich werden nur im Singular gebräuchliche Mengenbezeichnungen wie *Wasser, Milch, Öl* usw. in der Regel entweder mit dem bestimmten oder ohne Artikel verwendet:

Das Wasser war sauber. Wasser ist lebensnotwendig.
Aber: Bitte bringen Sie mir ein Wasser[28]*.*

> Adjektiv := Menge aller Wörter, die dekliniert und gesteigert werden können.[29]

13

Beispiele:

schön, gut, groß, klein, laut, leise, lebendig, verschwiegen[30]*, …*
Er rannte <u>schneller</u> als sein Freund. Sie ist die <u>beste</u> Schülerin in der Klasse. Es wäre <u>am besten</u>, wir gingen jetzt nach Hause.

Die restlichen Wortarten, die wir zur Erläuterung der Groß- und Kleinschreibung benötigen, definieren wir der Kürze halber durch Beispiele:

> Pronomen (Fürwörter):

14

ich, du, er/sie/es, …	(= Personalpronomen)
dieser/diese/dieses, jener, …	(= Demonstrativpronomen)
mein/meine/meines, dein, …	(= Possessivpronomen)
der/die/das, welcher, …	(=Relativpronomen)
mancher/manche/manches, jeder, einer, etwas, jemand, man, einige, alle[31]	(= Indefinitpronomen)

> Adverbien:

15

jetzt, bald, später, heute, seither, stets, oft, …
hier, dort, darin, fortan, …
genug, sehr, besonders, beinahe, vielmals, …

[28] Hier hat das Wort *Wasser* eine andere Bedeutung: eine Flasche [Mineral]wasser.
[29] Steigerung (Komparation) nennt man die Bildung von Adjektivformen, mithilfe derer man Vergleiche formuliert: *groß*, *größer*, *am größten*; *gut*, *besser*, *am besten* usw.
[30] *verschwiegen* ist formal Partizip II von *verschweigen*, wird jedoch regelmäßig als Adjektiv verwendet.
[31] *Jeder*, *alle*, *einige* usw. werden oft auch als unbestimmte Zahlwörter bezeichnet.

16 Präpositionen:

in, an, auf, nach, vor, wegen, aufgrund, mit, ohne, …

17 Konjunktionen:

denn, aber, daß, weil, nachdem, sodaß[32]*, …*

18 Interjektionen:

ach, oh, o weh, ei, …

[32] Die alte Duden-Schreibweise *so daß* war falsch: *sodaß* ist ein Wort (wie *sodann*, *sobald* usw.) und war bzw. ist deswegen zusammenzuschreiben.

Grundsätze und Regeln der Groß- und Kleinschreibung

Klein- und Großbuchstaben

Die Groß- und Kleinschreibung ist – nach der Buchstabenfolge und der Getrennt- und Zusammenschreibung – das dritte sogenannte orthographische „Register", das den Gebrauch der Alphabetschrift bestimmt. Die beiden ersten legen fest, was ein Wort ist: das, was im Text als eine Folge bestimmter Buchstaben durch Buchstabenlücken (im Druck Leerschritte) vom vorhergehenden und nachfolgenden Wort abgetrennt ist. 19

Was man kurz „Groß- und Kleinschreibung" nennt, betrifft die Frage, ob der erste Buchstabe eines Wortes als Großbuchstabe (Majuskel) oder als Kleinbuchstabe (Minuskel)[33] geschrieben wird. Das hat historische Gründe:

In der Antike kannte man noch keine Unterscheidung von Klein- und Großbuchstaben. Man verwendete einen einzigen Buchstabentyp, der in seiner Form dem heutigen Großbuchstaben entsprach. Der Unterschied von Majuskel und Minuskel entwickelte sich, als für den Alltagsgebrauch Kursivschriften ausgebildet wurden und man begann, die Buchstaben nach ihrer Größe zu variieren. Etwa ab dem 7. Jh. n. Chr. ist der typographische Unterschied von Groß- und Kleinbuchstaben, d. h. von Majuskel und von Minuskel endgültig ausgeprägt. Damit standen nun zwei Buchstabenregister für die Schreibung von Texten zur Verfügung. Normalerweise wurden die Wörter jedoch ausschließlich in Minuskeln, d. h. kleingeschrieben. Die Majuskeln waren damit „eigentlich" überflüssig geworden. Also begann man, sie für besondere Zwecke zu nutzen, nämlich den Anfang bestimmter Wörter[34] typographisch zu markieren:

- den ersten Buchstaben des ersten Wortes eines Abschnitts oder eines Satzes,
- den ersten Buchstaben einer Anrede oder eines Eigennamens,
- schließlich (im Deutschen) den ersten Buchstaben von Substantiven.

Aus dieser Entwicklung läßt sich der folgende **Grundsatz 1** ableiten: 20

> **Grundsatz 1:** (1) Grundsätzlich werden Wörter durch Minuskeln dargestellt. (2) An bestimmten Positionen des Textes wird der erste Buchstabe eines Wortes als Majuskel geschrieben.

[33] Majuskel von lat. *maius* (= größer), Minuskel von lat. *minus* (= kleiner).

[34] Nur der Name Gottes wurde in der Regel ganz oder teilweise in Majuskeln geschrieben: *DEUS* bzw. *DEus*.

Die Kleinschreibung ist der Normalfall, die Großschreibung eines Wortes der markierte und damit zu regelnde Sonderfall. Dieser Grundsatz ist von großer Bedeutung. Es folgt aus ihm, daß die Wahl eines Großbuchstaben, d. h. die Abweichung vom Normalfall, von der Verwendung des betreffenden Wortes im Textzusammenhang abhängt, und zwar ausschließlich von dieser.

Beispiele:

Er glaubte, nicht mehr lange zu leben; es schien, er müsse sterben.
Es war zum Leben zu wenig, zum Sterben zu viel.

Ich habe Angst.
Mir ist angst.

Der Abend war schön.
Morgen abend[35] *fahre ich weg.*

Man konnte im Dunkeln kaum die Hand vor Augen sehen.
Er ließ sie über seine Absichten im dunkeln[36].

Alle Großschreibungen von Wörtern müssen daher nach dem Grundsatz 1 auf eine Regel der folgenden Form zurückgeführt werden:

Wenn das Wort x im Text als .... verwendet wird, dann wird x großgeschrieben.

Läßt sich eine solche Regel nicht formulieren, dann wird grundsätzlich kleingeschrieben. Zur Erläuterung drei Beispiele:

a *Der Sportunterricht findet nachmittags statt.*
b *In der Hitze des Mittags war alles eingeschlafen.*
c *Er kam mittags nie nach Hause.*

Der Ausdruck *MITTAGS* wird hier auf drei verschiedene Weisen verwendet:
In (a) ist er nachgestellter Teil des Wortes *nachmittags*, deshalb scheidet die Großschreibung von vornherein aus. Anders dagegen in (b) und (c). In beiden Fällen wird *MITTAGS* als selbständiges Wort verwendet, aber eben unterschiedlich: In (b) muß es mit einem Artikel verbunden werden, wie der Vergleich mit

b' **In der Hitze Mittags*

zeigt, und *des Mittags* ist Attribut (genauere Bestimmung) zu *In der Hitze*. Der vorausgehende Artikel ordnet *Mittags* in eine Klasse zusammengehörender For-

[35] AR: *Morgen Abend* (im Widerspruch zu den betreffenden Regeln – §§ 56 und 57 – der AR).
[36] AR: *im Dunkeln*.

men ein (*der Mittag, …, dem Mittag, den Mittag, …*) und deshalb deuten wir *Mittags* hier als Element der Wortklasse Substantiv. In (c) dagegen fehlt ein Artikel, *mittags* wird vielmehr in einer selbständigen syntaktischen Position verwandt, wie der Vergleich mit

c' *Er kam nie nach Hause*

zeigt, und wir würden es hier eher einer Klasse von Ausdrücken wie
abends, morgens, früh, spät, am folgenden Tag, …
zuordnen. *mittags* wird in (c), traditionell gesprochen, als adverbiale Bestimmung verwendet und deshalb der Wortart Adverb zugerechnet. *mittags* ist also ein eigenes Wort, das im Sprachsystem des Deutschen neben der Genitivform *des Mittags* existiert.
Es wäre falsch zu sagen, *Mittags* sei in (b) ein Substantiv und werde deshalb mit dem Artikel verbunden. Es verhält sich vielmehr umgekehrt. Weil hier *Mittags* mit dem Artikel verbunden wird, deuten wir den Ausdruck als Substantiv (und schreiben ihn daher hier groß). Seine Charakterisierung als Substantiv ist die Folgerung aus seiner Verwendung im Satz.
Dieser Unterschied ist wichtig. Offenbar ist – wie dieses Beispiel zeigt – für die Formulierung von Regeln der Groß- und Kleinschreibung nicht die Wortart entscheidend, sondern die Weise, wie das betreffende Wort im Satz, d. h. syntaktisch, verwendet wird.

Wann schreibt man groß? 21

Der Grundsatz 1 besagte, daß Wörter überhaupt nur dann großgeschrieben werden, wenn man sie in bestimmter Weise verwendet, d. h. wenn bestimmte Bedingungen erfüllt sind. Diese wurden oben schon kurz benannt. Wir fassen sie zunächst in einem **Grundsatz 2** zusammen. Es sind

Grundsatz 2:
2.1 die Verwendung des betreffenden Wortes als Satzanfang oder Anfang einer Überschrift, eines Titels von Büchern, Gedichten, Veranstaltungen o. ä.;
2.2 die Verwendung des betreffenden Wortes als Anredepronomen;
2.3 die Verwendung des betreffenden Wortes als Eigenname oder Titel oder als Teil eines solchen;
2.4 die Verwendung des betreffenden Wortes als Substantiv.[37]

[37] Dies ist wohlgemerkt nicht die Formulierung eines lexikalischen Prinzips, nach dem alle Elemente der Wortart Substantiv großzuschreiben wären. Es kommt vielmehr darauf an, daß das betreffende Wort als bzw. wie ein Substantiv verwendet wird. Dies ist eigens zu klären. Vgl. dazu unten Nr. 45 ff.

22 Wegen des Grundsatzes 1 sind 2.1 bis 2.4 nicht nur hinreichende, sondern zugleich auch notwendige Bedingungen für die Großschreibung eines Wortes[38], denn dieser besagt ja, daß ein Wort nur dann großgeschrieben wird, wenn es im Text in bestimmter Weise verwendet wird. Läßt sich eine solche nicht angeben, wird stets kleingeschrieben. Damit gibt der Grundsatz 2 zugleich eine Übersicht derjenigen Fälle an die Hand, in denen eine Großschreibung nicht in Frage kommt.

Dazu zählen auch alle von Personennamen oder geographischen Namen abgeleiteten Adjektive, sofern sie als Attribute eines folgenden Bezugswortes (Substantivs oder Eigennamens) verwendet werden. Daher geben wir – abweichend von der alten Duden-Regelung wie von der AR[39] – die folgende

23 **Empfehlung**: Alle von Eigennamen abgeleiteten Adjektive sollte man kleinschreiben, sofern sie attributiv und nicht als Teil eines Eigennamens verwendet werden.

Also:

goethesche Gedichte, platonische Dialoge, das wittgensteinsche Spätwerk, ...
pfälzer Wurstsalat, eine schweizer Armbanduhr, die nürnberger Schulen, ...

Dazu drei **Anmerkungen:**

1. Bei *Platonische Schriften* : *platonische Liebe*, *Lutherische Kirchenlieder* : *lutherische Kirche* usw. klärt der Kontext in aller Regel den Sinn.

2. Der Unsinn der generellen Großschreibung der von geographischen Namen auf -er abgeleiteten Adjektive springt besonders ins Auge, wenn man

	deutscher	
ein	*französischer*	*Grenzbeamter*
	italienischer	

mit

ein	*Schweizer*	*Grenzbeamter*

vergleicht. Schreibt man dagegen diese Adjektive grundsätzlich klein, so lassen sich mit ihnen gebildete Eigennamen der generellen Regel 3.2 entsprechend kennzeichnen, z. B.

die Aachener Zeitung, *Zur Pfälzer Weinstube*, *Nürnberger Lebkuchen* usw.

[38] Großgeschrieben wird also dann und nur dann, wenn eine der Bedingungen 2.1 bis 2.4 vorliegt, sonst nicht.

[39] Vgl. die Regeln 3.3.1 und 3.3.2.

3. Wer sich an die alte Duden-Regelung halten will oder muß, dem geben wir hier „ersatzweise“ eine Regelformulierung an die Hand, die wenigstens den grotesken Widerspruch der alten Duden-Regel 77 vermeidet (R 76 war ja eindeutig):

> Von Personennamen auf *-[i]sch* abgeleitete attributive Adjektive werden dann großgeschrieben, wenn sie bei gleichbleibendem Sinn des gesamten Ausdrucks durch ein nachgestelltes, aus demselben Personennamen gebildetes Genitivattribut ersetzt werden können.

Beispiele:

ein Goethesches Gedicht (= ein Gedicht Goethes)
die Lutherischen Kirchenlieder (= die Kirchenlieder Luthers)

Ist eine solche Umformung nicht möglich, so wird das betreffende Adjektiv kleingeschrieben. Die lutherische Kirche ist z. B. nicht identisch mit der Kirche Luthers.

Um entscheiden zu können, wann ein Wort großgeschrieben wird, muß man wissen, was es heißt, daß ein Wort als Satzanfang, Anredepronomen usw. verwendet wird. Daß es hierbei Grenzfälle geben kann – gerade bei den Begriffen des Eigennamens und des Substantivs – liegt in der Natur der Sache. Kein empirischer Begriff hat eindeutige Grenzen. Die Mediziner z. B. diskutieren darüber, ab wann ein Mensch eindeutig „tot“ zu nennen ist. Es kommt also darauf an, die in 2.1 bis 2.4 benannten Verwendungsweisen möglichst genau zu definieren. Wir konzentrieren uns dabei auf die schwierigen Fälle des Eigennamens und des Substantivs. Die anderen machen erfahrungsgemäß kaum Schwierigkeiten. 24

Satzanfänge, Überschriften, Werktitel

> **R 1:** Groß schreibt man das erste Wort eines Satzes oder einer Überschrift, eines Werktitels oder Titels von Veranstaltungen, Filmen, Rundfunk- und Fernsehsendungen etc., es sei denn, 25
> 1.1 das erste Wort beginnt mit einem Apostroph,
> 1.2 der Satz beginnt mit Auslassungspunkten,
> 1.3 der Satz beginnt mit abgekürztem *von* (*v.*) eines Familiennamens[40],
> 1.4 der Satz beginnt mit dem Zitat eines kleingeschriebenen Wortes.

[40] Um Verwechslungen mit einem auf V beginnenden abgekürzten Vornamen auszuschließen, z. B. V. Münster.

Beispiele für 1.1 bis 1.4:
1.1: *s'ist eine Schande!*
1.2: *... rief er und knallte die Tür zu.*
1.3: *v. Gradowski wollte davon nichts hören.* Aber: *Von Gradowski wollte ...*
1.4 *„und" ist eine Konjunktion*; *„ist hoch" ist ein Ergänzungsprädikat*; ...

Anmerkung 1: Folgt auf einen Doppelpunkt ein vollständiger Satz und ist dieser als Schlußfolgerung aus zuvor entwickelten Prämissen zu verstehen, so kann das erste Wort, sofern es kein Substantiv, Eigenname oder Anredepronomen ist, kleingeschrieben werden, um den logischen Zusammenhang anzudeuten. Vgl. hierzu meinen Band *Zeichensetzung, verständlich erklärt*, S. 273.

Anmerkung 2: Das erste Wort eines vollständig angeführten Satzes wird entsprechend der Grundregel großgeschrieben:
„Das ist gut", sagte er.
Sein „Ich kann nicht mehr" klang nicht sehr überzeugend.

Anmerkung 3: Auch wenn ein Frage- oder Ausrufezeichen innerhalb eines Satzes erscheint, nämlich am Ende einer in Anführungszeichen gesetzten wörtlichen Rede, wird der sogenannte Beisatz in Kleinschreibung weitergeführt. Die Anführung ist ja Teil des übergeordneten Satzes:
„Was willst du?" fragte er.
„Rechts um!" wurde befohlen.[41]

Anreden

26 **R 2:** Groß schreibt man
2.1 das Anredepronomen *Sie* und die entsprechende Possessivform *Ihr*, entsprechend die nur noch mundartlich gebräuchlichen Anredeformen *Ihr*, *Euch*, *Euer* usw.,
2.2 die Possessivpronomen der zweiten und dritten Person in Verbindung mit Titeln,
2.3 die Anredeformen der Personalpronomen und die entsprechenden Possessivpronomen, sofern sie in Briefen, Aufrufen, Erlassen, Inschriften, Widmungen o. ä. Texten verwendet werden.

Einige der folgenden Beispiele wurden schon auf S. 11 angeführt:
2.1: *... ich habe Sie in meinem letzten Schreiben gebeten ...*
... Kollegen, laßt Euch nicht irreführen ...

[41] AR: ... *du?", fragte* ... bzw. ...*um!", wurde* ...

Das Reflexivpronomen *sich* wird allerdings nie, es sei denn am Satzanfang, großgeschrieben:

Ich bitte Sie, überlegen Sie sich die Sache noch einmal.
2.2 *… und Seine Exzellenz der Botschafter von …; … Seine Heiligkeit; …*
2.3 *Lieber Klaus,*
leider muß ich Dir mitteilen, …
Ich habe meine Aktien verkauft. Die Deinen …

Anmerkung: Anders als beim *Sie* ist die Großschreibung nach 2.3 auf Briefe und andere „förmliche" Textsorten beschränkt.

Neuregelung: Groß schreibt man nur das Anredepronomen *Sie*, das entsprechende Possesivpronomen *Ihr* und die zugehörigen flektierten Formen.
Beispiele:

Lieber Klaus,
leider muß ich dir mitteilen, daß …[42]
… Kollegen, laßt euch nicht irreführen …

Also auch:

Ich habe meine Aktien verkauft. Die deinen …

Eigennamen

Wir kommen nunmehr zum Zentrum der Groß- und Kleinschreibung im Deutschen, zu den Eigennamen und Substantiven. 27
Traditionell hat man die Eigennamen immer als „einfache", Substantive dagegen sozusagen als Namen „zweiten Grades" aufgefaßt. Dem liegt die alte Vorstellung zugrunde, daß wir mit den Wörtern unserer Sprache die Dinge benennen. Mit dem Wort *Stadt* benennen bzw. bezeichnen wir Städte.[43] Daher rührt auch der grammatische Begriff des *Nomen* (= Name).
Diese Sicht der Dinge ist jedoch für ein Verständnis der Regelung der Groß- und Kleinschreibung zu grob. Um das zu erläutern, gehen wir vom Begriff der Sprechhandlung aus:

> Unter einer Sprechhandlung verstehen wir die kleinste selbständige sinnvolle Äußerung – die kleinste Einheit der Kommunikation. 28

[42] Der Sinn dieser Regelung ist, milde gesprochen, dunkel. Die AR gilt ja nur für die Schule.

[43] Diese Vorstellung leitet auch die Substantivregelung der AR. Daß sie zirkulär ist, wird dabei nicht bedacht. Genau genommen müßte unser Beispielsatz ja lauten: Mit dem Wort *Städte* benennen wir Objekte, die wir *Stadt* nennen. Daher erklärt diese Erklärung nichts. Wir gehen folglich einen anderen Weg.

Sagt z. B. jemand zu einem Bekannten, den er auf der Straße trifft: „Wohin gehst du?“, so wird dieser das normalerweise ohne weitere Erläuterung als Frage verstehen. Ebenso verstehen wir eine Äußerung wie „Könnten Sie das Fenster schließen“ als Bitte usw.
Wer die deutsche Sprache beherrscht, hat auch Äußerungen der beiden folgenden Typen gelernt:

S_1 *Dies ist ein y.*
S_2 *Dieses y heißt z.*

Beispiele:

A_1 Dies ist ein Pferd.
B_1 Dieses Pferd heißt Meteor.
A_2 Dies ist ein Intercity.
B_2 Dieser Intercity heißt Schwabenpfeil.
A_3 Dies ist ein deutscher Staatsbürger.
B_3 Dieser deutsche Staatsbürger heißt Alfred Schmidt.

29 Sowohl mit den Äußerungen (A) wie mit den Äußerungen (B) beziehen wir uns auf etwas, auf einen Menschen, ein Tier, einen Gegenstand – allgemeiner: auf ein Objekt. Dazu verwenden wir Ausdrücke wie hier *dies* oder *dieses*, aber auch z. B. die Wörter, die grammatisch *Artikel* genannt werden: *der, die, das* usw. Diesen Bezug auf Objekte nennt man *Referenz*.

> Referenz := sich mit einer Äußerung auf ein Objekt seines Denkens oder Vorstellens beziehen.

Der Ausdruck *dies* in (A) läßt offen, um welches Objekt es sich handelt. Dies genauer zu bestimmen, zu charaktierisieren, sodaß man es von anderen Objekten unterscheiden kann, ist hier Aufgabe des Prädikats, d. h. der Ausdrücke

...ist ein Pferd; ... ist ein Intercity; ... ist ein deutscher Staatsbürger
allgemein: *... ist ein y.*

Die Handlung, etwas durch einen sprachlichen Ausdruck so zu charakterisieren, daß man es von anderen Objekten unterscheiden kann, nennen wir *Kennzeichnen*. Natürlich können auch Ausdrücke anderer Form zum Kennzeichnen benutzt werden, wie etwa

... lebt; ... ist groß; ... befindet sich wohl usw.

Die Objekte, auf die in den Äußerungen (A_1) bis (A_3) referiert (Bezug genommen) wird, werden so als Pferd, als Intercity bzw. als deutscher Staatsbürger gekennzeichnet. Wir wissen dann z. B. im Fall (A_1), daß es sich bei dem betreffenden Objekt um ein Säugetier, also Tier, also Lebewesen etc. handelt, und wir könnten die Behauptung „Dies ist ein Pferd“, mit der sich unser Gesprächspartner auf ein an-

wesendes oder auf einem Bild gezeigtes Tier bezieht, bestreiten, wenn es sich unserer Meinung nach in dem betreffenden Fall etwa um ein Maultier oder einen Esel handelte.
Kennzeichnungen vermitteln also Wissen über Objekte. Sie dienen dazu, diese von andersartigen zu unterscheiden. Wenn wir gelernt haben, etwas als Pferd, als Intercity oder als deutschen Staatsbürger zu kennzeichnen, so heißt dies eben, daß wir gelernt haben, ein Pferd von einem Esel, einen Intercity von einem Nahverkehrszug, einen deutschen von einem spanischen Staatsbürger zu unterscheiden. Wir können daher definieren:

> Kennzeichnung := ein sprachlicher Ausdruck, mittels dessen wir die Objekte, 30
> auf die er anwendbar ist, von allen übrigen unterscheiden, auf die er nicht anwendbar ist.
> Jede Kennzeichnung geschieht dadurch, daß man den kennzeichnenden Ausdruck auf das betreffende Objekt bezieht (Referenz)[44].

Anmerkung 1: In einem Satz wie *Dieses Tier ist ein Pferd* haben wir zwei Kennzeichnungen: *Tier* und *Pferd.* Beide beziehen sich auf dasselbe Objekt. Natürlich kann man sich in einer Äußerung auch auf mehrere Objekte beziehen. Z. B. bezieht sich in

Gestern schenkte mein Vater meiner Mutter zum Geburtstag einen Blumenstrauß

der Sprecher bzw. Schreiber dieses Satzes auf drei verschiedene Objekte: auf seinen Vater, seine Mutter und einen (nicht näher bezeichneten bzw. bekannten[45]) Blumenstrauß.

Anmerkung 2: Die Bedeutung von *Kennzeichnung* ist also enger als die von *Bezeichnung*, obwohl in vielen Fällen beide Ausdrücke gleichbedeutend verwendet werden. Man kann *bezeichnen* auch im Sinne von *markieren* verwenden, etwa in

Dieses Kreuz bezeichnet die Stelle, wo wir uns treffen.

Eine solche Markierung vornehmen heißt ja nicht, das markierte Objekt von allen nichtgleichartigen zu unterscheiden. Es könnten unendlich viele verschiedene Dinge durch ein Kreuz markiert werden. Die Markierung sagt nichts über die Art des markierten Objekts aus. Charakteristisch für die *Kennzeichnung* ist also – dies wird für das Verständnis der Substantivregelung besonders wichtig –, daß sie Objekte bestimmter Art von andersartigen *unterscheidet.*

[44] Dieser Aspekt wird für die Substantivregelung wichtig.
[45] Daher der unbestimmte Artikel.

31 Betrachten wir nun – um zu den Eigennamen zu kommen – Äußerungen wie

Dieses Pferd heißt Meteor; dieser Intercity heißt Schwabenpfeil; dieser Mann heißt Hans.

Wir meinen mit solchen Äußerungen nicht, daß das, worauf wir uns mit ihnen beziehen (bzw. worauf wir mit ihnen referieren), *ein* Meteor, *ein* Schwabenpfeil, *ein* Hans sei, sondern eben, daß es sich hier um *den* Meteor, *den* Schwabenpfeil, *den* Hans handelt. Anders gesprochen: wir meinen mit solchen Äußerungen, daß das Objekt, auf das wir uns beziehen, *so heißt*: Meteor, Schwabenpfeil, Hans. Dies sind die Namen der betreffenden Objekte (Personen, Lebewesen, Gegenstände, ...). Entsprechend sagen wir häufig auch:

Das ist der Hans; heute reitet Fritz Tiedemann den Meteor; auf Bahnsteig 7 wartet der Schwabenpfeil usw.

Ein Name benennt also nicht nur bestimmte Objekte, sondern er bezieht sich immer auf ein Individuum, und wir verwenden einen Namen immer dazu, um das Objekt, auf das wir uns mit ihm beziehen, als dieses und kein anderes Individuum zu *identifizieren*. Daher spricht man auch von *Eigennamen*. Das da drüben ist der Hans (und nicht der Klaus oder Matthias), der Intercity auf Bahnsteig 7 ist der Schwabenpfeil (und nicht der Blaue Enzian) usw.

32 Um sagen zu können, welchen Namen jemand oder etwas trägt, müssen wir also erstens wissen, wie er bzw. es heißt, d. h.: welcher Name dem Betreffenden gegeben worden ist. Bei Menschen nennt man den Akt der Namengebung *Taufe*. Wir wollen hier jeden formellen oder informellen Akt, der lautet:

Dieses .... soll zukünftig .... heißen (genannt werden),

ursprüngliche Taufe nennen. Um jemanden oder etwas in diesem Sinne „taufen" zu können, muß man immer wissen, um wen oder was es sich handelt. Daher setzt jede Namengebung und auch die Verwendung von Eigennamen immer eine hinreichende Kennzeichnung des „Getauften" voraus, d. h. eine hinreichende Unterscheidung des Betreffenden von anderen, gleichartigen oder ähnlichen Objekten. Wenn ein Kind getauft wird, dann muß der, der tauft, wissen, daß dieses Kind das Kind von ...... ist, daß es noch nicht getauft ist, daß es ein Junge bzw. Mädchen ist usw. Und die Bahn wird den Intercity, der von München über Nürnberg nach Berlin fährt, schwerlich *Schwabenpfeil* nennen, sondern vielleicht *Donaukurier* oder *Spree-Expreß* oder ihm einen anderen „passenden" Namen geben.
Ein zweites ist notwendig, um Eigennamen geben und verwenden zu können: Es gibt viele Menschen, die *Hans* heißen. Wenn wir jemanden als *den* Hans identifizieren, dann funktioniert dies nur, wenn wir dabei eine bestimmte Menge von Personen voraussetzen, z. B. die Menge unserer gemeinsamen Freunde (unter denen es zufälligerweise nur einen Hans gibt). Und die Bahn gibt nur den Inter-

citys oder ähnlichen Zügen so schöne Namen, nicht aber dem Nahschnellverkehrszug, der zwischen Köln und Aachen verkehrt.

Wir können nunmehr den Begriff des Eigennamens definieren: 33

> Eigenname := Benennung oder Bezeichnung, die einem Objekt (Person, Lebewesen; Gegenstand, ...) in einer *ursprünglichen Taufe* verliehen wird. Der Eigenname identifiziert den/die/das Getaufte innerhalb einer je bestimmten Menge von (gleichartigen) Objekten.

Die Benennung eines Objekts mit einem Eigennamen hat nach dieser Definition also die Funktion, das betreffende Objekt, den Menschen, den Gegenstand, das, woran man denkt und worauf man sich bezieht, innerhalb einer bestimmten Menge sozusagen *herauszugreifen* und es zu identifizieren. Dies ist der entscheidende Gesichtspunkt für das Verständnis dessen, was der Eigenname leistet und damit ist. Ob ein Eigenname darüber hinaus das von ihm *herausgegriffene* Objekt auch noch in gewisser Weise *kennzeichnet*, ist für die Frage, ob es sich bei einem Ausdruck um einen Eigennamen handelt oder nicht, unerheblich.

Anmerkung 1: Die *ursprüngliche Taufe* muß natürlich nicht immer ein formeller Akt sein wie die Taufe im eigentlichen Sinn. Eine Namengebung kann informeller Art sein: Kosenamen, Spitznamen usw. bilden sich in der alltäglichen Kommunikation heraus. Irgendwann hat sich bei einem Ehepaar eben die Gewohnheit eingestellt, daß er sie *Hase* und sie ihn *Bärchen* nennt. Oder bei den Physikern der Brauch, ein Gesetz nach dem zu benennen, der es als erster formuliert hat, z. B. das *Ohmsche Gesetz*. Und schließlich kann ein bestimmter Typus von Hilfeleistungen so normiert worden sein, daß er im Vergleich mit und zur Unterscheidung von anderen, z. B. weniger professionellen Hilfeleistungen nun *Erste Hilfe* genannt wird.

Anmerkung 2: Wenn wir etwas mit seinem Namen identifizieren, so setzen wir dabei immer eine bestimmte Menge von Objekten voraus, aus der der/die/das Betreffende durch seinen Namen herausgegriffen wird. Dies drückt sich formal in dem Äußerungstyp

Dies ... (Pferd; ...) .... heißt ... (Meteor; ...) ....

aus. In der ersten Leerstelle wird die betreffende Menge bezeichnet, in der zweiten der Name angegeben. Um zu entscheiden, ob es sich bei einem Ausdruck um einen Eigennamen handelt, braucht man also nur die Probe zu machen, ob man sagen kann

Dies .... heißt ....

Beispiele:

Dieses Institut heißt Institut für Alte Geschichte
Dieses Stadion heißt Waldstadion
Dieses Krankenhaus heißt Städtische Krankenanstalten.

Diese Beispiele verdeutlichen schon, daß sich im Deutschen wegen der Großschreibung der Substantive das Problem der Eigennamenschreibung eigentlich nur bei zusammengesetzten Eigennamen stellt. Alle einwortigen Eigennamen sind, grammatisch betrachtet, Substantive.

34 Will man also entscheiden, ob ein sprachlicher Ausdruck ein Eigenname ist, so braucht man nur zu fragen:

1. Welches ist die Menge, aus der das betreffende Objekt herausgegriffen werden soll?
2. Wie heißt dieses bestimmte Objekt, d. h. wie wurde es im Sinne unserer Erläuterung getauft?

Anmerkung 1: Die Beantwortung der ersten Frage ist dabei durchaus wichtig. Wird sie nicht beachtet, so kann oft nicht entschieden werden, ob etwas ein Eigenname ist. Nehmen wir z. B. den Ausdruck

STÄDTISCHE KRANKENANSTALTEN.

Er kann sowohl als Eigenname wie als Kennzeichnung verwendet werden. Ist keine Menge – etwa von Krankenhäusern – gegeben, aus der ein bestimmtes Krankenhaus herausgegriffen und identifiziert werden kann, so handelt es sich um eine Kennzeichnung. Kann jedoch eine solche Menge angegeben werden, etwa *die Krankenhäuser der Stadt Köln*, so kann man dann in einem zweiten Schritt fragen, ob dieses Krankenhaus *Städtische Krankenanstalten* heißt, d. h. so benannt worden ist. Wer das weiß, kann dann sagen: Nein, dies sind nicht die Städtischen Krankenanstalten, sondern das Marienhospital; oder umgekehrt: Ja, das sind sie. Man kann dann also sagen:

Dieses Krankenhaus heißt Städtische Krankenanstalten.[46]

Anmerkung 2: Umgekehrt klärt die zweite Frage, ob es sich bei Ausdrücken, die sich auf ein einziges Objekt beziehen, wie

a der bremer Hafen
b der kölner Dom oder
c der Zweite Weltkrieg,

[46] Daher hier die Großschreibung, wie auch im Satz zuvor.

um Eigennamen handelt oder nicht. Weder hat jemals jemand den bremer Hafen „Bremer Hafen“ getauft noch den kölner Dom „Kölner Dom“. Es handelt sich eben um den bremer im Unterschied zum hamburger Hafen und um den kölner und nicht um den mainzer Dom. Allein beim zweiten Weltkrieg – ein Grenzfall – wird man vielleicht sagen können, daß sich diese Bezeichnung inzwischen als Name für das betreffende historische Ereignis herausgebildet hat. Man würde z. B. bei einer Rundfahrt durch den bremer Hafen oder durch Köln niemals sagen: *Dieser Hafen heißt Bremer Hafen* bzw. *Dieser Dom heißt Kölner Dom*. Dagegen ist eine Ausdrucksweise wie *Dieser Krieg heißt allgemein der Zweite Weltkrieg* durchaus denkbar.[47]
Natürlich gibt es einen einsichtigen Grund, weshalb Kennzeichnungen wie kölner Dom oder bremer Hafen als Eigennamen betrachtet wurden: Sie beziehen sich auf ein einziges Objekt und gleichen hierin den Eigennamen. Man kann gern zugeben, daß für viele diese Kennzeichnungen mehr bedeuten, z. B. die Einzigartigkeit dieses Doms oder das besondere Fluidum dieses Hafens usw., und sie sich deshalb dem Charakter von Eigennamen annähern. Dies in seiner Schreibweise zum Ausdruck zu bringen ist natürlich jedem freigestellt, aber das ist nicht zu regeln. Im Gegenteil ermöglicht erst unser strikter, rein logischer Begriff des Eigennamens – und damit die Regelschreibweise *bremer Hafen*, *kölner Dom* usw. – derartige Nuancierungen.

Der Vorteil der Definition des Eigennamens, die wir im vorhergehenden Abschnitt entwickelt haben, besteht darin, daß sie lange Listen, was alles als Eigenname zu betrachten sei[48], überflüssig macht. Man muß sich lediglich den Sinn des oben beschriebenen „Zwei-Schritte-Verfahrens“ klarmachen.
Beispiele:

Eigenname:	vorausgesetzte Menge:
Inge	weibliche Personen,
	Menge der Freundinnen von …
	Geschwister, Kinder, …[49]
Rhein	(deutsche, europäische) Flüsse
Zweites Deutsches Fernsehen	Rundfunk- und Fernsehanstalten

[47] Dies ist aber – wie bereits gesagt – der berühmte Grenzfall. *Zweiter Weltkrieg* ist ursprünglich eine reine Kennzeichnung. Ähnliche Fälle sind Funktionsbezeichnungen wie *leitender Angestellter* oder *technischer Direktor*, wo heute vielfach die Großschreibung üblich ist, obwohl es sich bei diesen Bezeichnungen nicht um Titel handelt.
[48] So in der AR § 60.
[49] Ein Eigenname kann also verschiedenen *Mengen* zuzuordnen sein, aus denen er „herausgegriffen“ wird, *Helmut Kohl* z. B. den Mengen Politiker, Bundeskanzler, Saumagenliebhaber usw.

Stiller Ozean	Meere, Ozeane, Weltmeere
Eiffelturm	Baudenkmäler, Wahrzeichen, Touristenattraktionen, …
der Westfälische Frieden	Friedensschlüsse, historische Ereignisse, …

35 Die Gegenprobe ist leicht gemacht: Kann man einen Ausdruck y innerhalb des Äußerungstyps

Dies ist ein y (… ein Pferd, …ein Intercity, …eine Rose, …)

verwenden, also als Teil eines Ergänzungsprädikats, so handelt es sich nicht um einen Eigennamen, sondern um eine Kennzeichnung. In

Das ist ein Hennes; … das war ein Judas, … so ein Heini … usw.

werden *Hennes, Judas, Heini* nicht als Eigennamen verwendet, sondern als Kennzeichnungen. Jemand wird damit der Klasse aller Henesse, Judasse usw. zugerechnet, d. h. als ein solcher, nämlich als Dummkopf, Verräter usw. gekennzeichnet. Man erkennt dies formal an dem unbestimmten Artikel: … ist *ein* …[50]

36 Damit erledigt sich auch das Problem der Pflanzen- und Tiernamen wie

Roter Milan, Fette Henne, Gute Luise usw.

Als Eigennamen werden sie „eigentlich" nur dann verwendet, wenn sie Gattungen bezeichnen, z. B. in

Der Rote Milan ist ein Greifvogel; die Gute Luise kostet heute 2,80 DM das Pfund usw.

Denn man kann sagen:

Diese Vogelart heißt „Roter Milan"; diese Birnensorte heißt „Gute Luise"; …

Der Unterschied dieser Eigennamen zu den „normalen" Gattungsbezeichnungen wie Apfel, Birne, Greifvogel usw. liegt darin, daß bei diesen das Kriterium der *Taufe* nicht erfüllt ist. Wir lernen die Bedeutung dieser Ausdrücke im normalen Spracherwerb. Dennoch sind auch Schreibweisen wie

Dort fliegt ein Roter Milan oder Die Gute Luise lag ihm schwer im Magen

gerechtfertigt. Man deutet dadurch an, daß man die Attribute *rot* bzw. *gut* hier nicht im üblichen Sinne verwendet. Man kann ja ohne Widerspruch sagen:

Diese Gute Luise war aber gar nicht gut.

[50] Daher auch: Das sind *städtische Krankenanstalten*. Im Plural fällt der unbestimmte Artikel weg: *eine Flasche*, *Flaschen*.

Grundsätzlich gilt also, daß es von der Verwendung eines Ausdrucks abhängt, ob er in dem betreffenden Zusammenhang als *Eigenname* oder als *Kennzeichnung* aufzufassen ist.[51]

Entsprechendes gilt für Titel wie *Regierender Bürgermeister*, *Erster Vorsitzender Richter* usw. Diese sind ursprünglich Funktionsbezeichnungen, also Kennzeichnungen. Daß sie als Titel verwendet werden, setzt einen „Taufakt" voraus, in dem der Name für das betreffende Amt, z. B. das des Regierungschefs von Berlin oder Hamburg, eben als Amt des *Regierenden* bzw. *Ersten Bürgermeisters* festgelegt wurde, hier etwa in den jeweiligen Länderverfassungen. 37

Oft werden Berufsbezeichnungen wie *technischer Direktor* oder *leitender Angestellter* für eine Art Titel gehalten und deshalb großgeschrieben. An sich sind sie reine Funktionsbezeichnungen und damit Kennzeichnungen, deren Adjektive grundsätzlich kleinzuschreiben sind. Es fehlt das Kriterium der *Taufe*. Doch dies ist ein Grenzfall. Je hierarchischer ein Unternehmen ist, desto stärker wird die Tendenz sein bzw. werden, solche Bezeichnungen für Titel zu nehmen und sie folglich großzuschreiben. 38

Für die Regelung der Schreibung von Eigennamen und Titeln unterscheiden wir einteilige und mehrteilige Namen bzw. Titel. Ein Teil der folgenden Beispiele ist Ihnen schon auf S. 15 ff begegnet. 39

> 3.1 Einteilige Eigennamen und Titel werden großgeschrieben.

Beispiele:

Klaus, Andrea, Schmidt, ...
Donau, Atlantik, Berlin, Österreich, ...
Halla, Venus, Schwabenpfeil, ...

> 3.2 In mehrteiligen Eigennamen und Titeln werden großgeschrieben: 40
> 3.2.1 Adjektive, Partizipien, Pronomen und Ordinalzahlen, in Anfangsstellung auch Präpositionen und gelegentlich Artikel im Nominativ,
> 3.2.2 das Bezugswort der in 3.2.1 genannten Wörter.

Beispiele:

Friedrich der Große, Karl der Fünfte, ...
Frankfurter Allgemeine Zeitung, Verein Deutscher Ingenieure, ...

[51] Man erkennt an diesem Sachverhalt allerdings auch den engen Zusammenhang von Eigenname und Kennzeichnung, auf den historisch die Substantivgroßschreibung im Deutschen zurückgeht.

Zum Goldenen Ochsen, der Schiefe Turm (von Pisa), ...
Institut für Angewandte Mathematik der RWTH Aachen, Zentrum für Plastische Chirurgie der Universität Köln, ...
Man sah den Großen Wagen am Himmel leuchten. (Sternbild)
Sie trafen sich in der Gaststätte Zum Anker.

Aber:
Wolfram von Eschenbach, Rothenburg ob der Tauber, ...

Anmerkung 1: die Schreibung fremdsprachiger Vor- und Familiennamen wird beibehalten. Bei Sprachen, die nicht das lateinische Alphabet benutzen, wird transkribiert:
*Georgios Papadopoulos, Mao Tse Tung (*heute: *Zedong*), ...

41 **Anmerkung 2:** Bei Buch-, Film- oder Zeitschriftentiteln etc. schreibt man nur das erste Wort und die darin enthaltenen Substantive oder Eigennamen groß:
Der grüne Heinrich (Romantitel)
Er las den Grünen Heinrich[52]
Es geschah am hellichten Tag.

42 **Anmerkung 3** zur **Neuregelung:** Die AR bringt einige neue Schreibweisen wie
erste Hilfe, ohmsches Gesetz (Ohm'sches Gesetz), der letzte Wille, schwarzes Brett, das goldene Zeitalter,
alt: *Erste Hilfe, Ohmsches Gesetz, der Letzte Wille, Schwarzes Brett*, *das Goldene Zeitalter,*

die somit nicht als Eigennamen angesehen werden. Dies ist zumindest in den drei ersten Fällen eindeutig irrig, und auch die Ausdrücke *Schwarzes Brett* und *Goldenes Zeitalter* kann man mit gutem Grund als Eigennamen betrachten[53]. Auch nach der AR müßten daher diese Ausdrücke wie nach der alten Regelung geschrieben werden. Richtig sind dagegen die neue Schreibweisen
der Deutsche Schäferhund (alt: *der deutsche Schäferhund*)
die Dritte Welt (alt: *die dritte Welt*)
der Große Teich (alt: *der große Teich*) (= Atlantik)
der Kalte Krieg (alt: *der kalte Krieg*)

Auch hier handelt es sich eindeutig um Eigennamen.

52 Hieran kann man erkennen, daß die Großschreibung in diesem Fall eine ähnliche Funktion hat wie Anführungszeichen.
53 Es ist ja kein Widerspruch zu sagen: *Unser Schwarzes Brett ist nicht schwarz, sondern grün, und es ist auch kein Brett, sondern eine Wandtafel.* Die Einrichtung heißt eben so, ganz gleich, ob die betreffende Tafel nun schwarz, weiß oder x-farbig ist. Entsprechendes gilt für die *Schwarze Kunst*, den *Schwarzen Peter*, den *Schwarzen Tod* und das *Goldene Zeitalter* Vgl. hierzu die Erläuterung des Begriffs des Eigennamens Nr. 31 ff.

Wir müssen hier noch eine – der Regelung der Großschreibung eigentlich systematisch widersprechende – Eigentümlichkeit der alten Duden-Regelung erwähnen, die die AR zum Teil übernommen hat: **43**

> 3.3.1 Von Personennamen auf *-[i]sch* abgeleitete Adjektive werden großgeschrieben, wenn sie bei Wahrung des Sinns in ein mit dem betreffenden Namen gebildetes Genitivattribut umgewandelt werden können.
> 3.3.2 Von geographischen Namen auf *-er* abgeleitete Adjektive werden stets großgeschrieben.

Beispiele:

3.3.1: *die Platonischen Dialoge* (= die Dialoge Platons)
die Lutherischen Kirchenlieder (= die Kirchenlieder Luthers)
aber: *die platonische Liebe, die lutherische Kirche* (≠ die Liebe Platons bzw. die Kirche Luthers)
3.3.2: *Pfälzer Wurstsalat, Kölner Straßen, Nürnberger Einwohner, ...*[54]

Neuregelung: Die AR behält 3.3.2 bei, also gleichfalls *Pfälzer, Thüringer, Hamburger, ...* als Adjektive, gibt 3.3.1 dagegen auf: Grundsätzlich werden danach von Namen auf *-[i]sch* abgeleitete Adjektive kleingeschrieben, also:

die platonischen Dialoge, *die lutherischen Kirchenlieder* usw.;

oder aber der Name wird durch Apostroph abgesetzt und großgeschrieben, also:

die Platon'schen Dialoge, *die Luther'schen Kirchenlieder* usw.

Wir empfehlen diese Regelung nicht, sondern grundsätzlich die Kleinschreibung aller dieser Adjektive. Vgl. dazu oben Nr. 23.

Substantive

Wir kommen nunmehr zur Erläuterung der – alten – Substantivgroßschreibung. **44**
Deren Regelung war bzw. ist zwar klar, aber logisch nicht ganz einfach. Wir bitten die Leserin/den Leser daher um etwas Geduld. Immerhin läßt sich die alte Regelung auf einige klare Grundsätze zurückführen und damit verstehen. Dies kann man von der Amtlichen Regelung leider nicht sagen. Logisch ist sie ein hoffnungsloser Fall, den man nicht verständlich machen, sondern nur in Listen abhandeln kann, denn sie ist in sich widersprüchlich. Wir behandeln sie daher am Schluß dieses Kapitels und erläutern die Regelung der Substantivschreibung zunächst ohne Rücksicht auf die Neuregelung.

[54] In allen diesen Fällen handelt es sich wohlgemerkt nicht um Eigennamen.

Die herkömmliche Regelung (Duden) war folgendermaßen aufgebaut:

> 1. Substantive werden großgeschrieben (R 60 des alten Duden).
> 2. Alle Substantive, die nicht als Substantiv, sondern in der Funktion einer anderen Wortart, als Adjektiv, Adverb, Präposition usw. verwendet werden, werden kleingeschrieben (R 61 bis 64 des alten Duden).
> Alle Wörter, die wie ein Substantiv verwendet werden, werden großgeschrieben (R 65 bis 70 des alten Duden).

Die Neuregelung der AR übernimmt dieses Schema in seinen Grundzügen, ergänzt es aber in einem weiteren, fatalen Punkt: Viele Wörter werden auch dann kleingeschrieben, wenn sie – nach den eigenen Kriterien der AR – substantivisch verwendet werden.[55]

Man sieht sofort, daß schon die alte Duden-Regelung so nicht stimmen konnte. Die Regel (2.) sagt ja, daß nicht alle Substantive großgeschrieben werden – im Gegensatz zur Regel (1.) –, nämlich dann nicht, wenn sie nicht *wie Substantive* verwendet werden. Adererseits werden alle Wörter großgeschrieben, wenn sie *wie Substantive* verwendet werden, und daraus folgt,

45 > daß alle Wörter, auch Substantive, dann und nur dann großgeschrieben werden, wenn sie wie Substantive verwendet werden.

Was das heißt, ist zu klären. Dazu reicht das Kriterium, daß Substantive regelmäßig mit dem Artikel verbunden werden, allerdings nicht aus. Denn einerseits werden viele Wörter mit dem Artikel verbunden, ohne daß sie deshalb großgeschrieben würden, z. B.

der einzelne, das wenigste, der dritte in der Reihe, die vielen, das wenige, die drei, ...
im folgenden, im allgemeinen, im wesentlichen, ...,[56]

andererseits werden viele Wörter ohne Artikel verwendet und dennoch großgeschrieben wie in

Ich sage dir als Mensch und Christ, ...
Anzeige gegen Unbekannt
Das gilt ohne Wenn und Aber.

Zunächst ist also zu klären, unter welchen Umständen ein Wort als Substantiv angesehen wird. Wenn wir Wörter isoliert betrachten, ist der Fall meistens eindeutig:

Mensch, Pferd, Auto, Gesinnung, Demokratie, Umweltverschmutzung, ...

[55] Dies ist der erwähnte Widerspruch, der die gesamte Regelung zur Makulatur degradiert.
[56] Alle Beispiele nach der alten Regelung.

betrachtet jeder eindeutig als Substantive. Zweifel, darüber, ob ein Wort noch als Substantiv zu betrachten ist, treten immer nur bei bestimmten Verwendungsweisen auf:

in bezug/mit Bezug auf	*aber: der Bezug auf …*
ingang/in Gang setzen	*aber: der Gang der Dinge …*
eislaufen	*aber: das Eislaufen ist …*

Hier handelt es sich um Desubstantivierung, d. h. um den Verlust der Eigenschaft, Substantiv zu sein.
Dem entsprechen bei Substantivierungen folgende Erscheinungen:

im allgemeinen	*das Allgemeine dieser These …*
im folgenden	*das aus dieser Ansicht Folgende …*
der dritte in der Reihe	*ein Vertrag zu Lasten Dritter …*

Strittig sind – dies belegt auch die AR – nur die Fälle auf der linken Seite. Diesen „Zweifelsfällen" lassen sich die Kriterien ablesen, die die substantivische Verwendung eines Wortes ausmachen, d. h. eine Verwendungsweise, wie sie für Substantive „typisch" ist. Dabei handelt es sich um einen semantischen (die Bedeutung betreffenden) und um einen syntaktischen (die Verwendung des Wortes im Satz betreffenden) Sachverhalt. Wir betrachten zunächst den semantischen.

Grundsatz 3: Substantive werden in der Regel als Kennzeichnungen verwendet. 46

Maßgeblich für die Entwicklung der Substantivgroßschreibung ist die Tatsache gewesen, daß Substantive normalerweise dazu verwendet werden, Objekte[57], d. h. Lebewesen, Gegenstände, Sachverhalte, Ereignisse, Begriffe usw., zu kennzeichnen.[58] Die Bildung von Substantiven wie

Raumfähre, Versicherungsbetrug, Frustration oder *Wahrnehmung*

signalisiert, daß es Sachverhalte gibt, die im Deutschen allgemein, anerkanntermaßen „Raumfähre", „Versicherungsbetrug" usw. genannt werden. In gewissem Sinne kann man also sagen, daß die Substantive einer Sprache den Gesamtbestand dessen repräsentieren, was in der Gesellschaft, die diese Sprache spricht, als wohlbestimmtes Objekt gilt. Die Substantive bilden daher die weitaus größte Wortklasse einer Sprache.

57 *Objekt* nennen wir nicht nur Gegenstände, sondern alles, auf das wir uns erkennend oder handelnd beziehen können. Ein Begriff wie „Gerechtigkeit" z. B. ist kein Gegenstand im üblichen Sinn des Wortes, er existiert aber doch als Objekt unseres Nachdenkens, als etwas, an dem wir unser Handeln orientieren usw.
58 Vgl. die Erläuterung des Begriffs der *Kennzeichnung* im Abschnitt über die Eigennamen, Nr. 30 ff.

Zur Kennzeichnung war – wie wir gesehen haben – stets der Bezug auf das jeweilige Objekt erforderlich (Referenz). Hierin besteht die wesentliche Funktion des Gebrauchs der verschiedenen *Artikel*.[59] Der Bezug aufs Objekt kann dabei in verschiedener Weise realisiert werden:

1. als Bezug auf ein bestimmtes einzelnes Objekt:
   Der Zug hatte Paris um 6 Uhr verlassen: der [bekannte, vorher erwähnte] Zug, [die Stadt] Paris

2. als Bezug auf ein unbestimmtes einzelnes Objekt:
   Es war an einem schönen Sommertag: ein [nicht weiter gekennzeichneter] Sommertag

3. als Bezug auf eine bestimmte Menge:
   Er trank gern Saarwein, sie bevorzugte Rioja: [nicht näher bestimmter] Wein von der Saar bzw. aus der Rioja.

4. als Bezug auf eine Gattung:
   Der Mensch ist die größte Gefährdung der Natur: [die Gattung] Mensch
   Wasser ist lebensnotwendig: [jede Art von] Wasser

47 Daher gilt

> 4.1 Werden Substantive als Kennzeichnungen verwendet, so werden sie großgeschrieben, auch wenn sie ohne Artikel verwendet werden.[60]

Beispiele:

Jungen, Mädchen, Europäer, Säugetiere, Baum, Wasser, …
Staubsauger, Auto, Computer, …
Gerechtigkeit, Frieden, Begriff, Anweisung, …
Million, Hunderte von …, die Zehn, das Tausend …

Aus dem Grundsatz 3 folgt unmittelbar:

48

> 4.2 Zahlwörter und Indefinitpronomen werden in der Regel kleingeschrieben, auch wenn sie mit einem Artikel verbunden werden.

[59] Der Artikelgebrauch gehört also zur Semantik des Substantivs, nicht – wie in der AR (§ 57) fälschlicherweise angenommen – zu seiner Syntax (der Verwendungsweise des Wortes im Kontextes des Satzes). Der Artikelgebrauch dient – jedenfalls im Deutschen – immer zur Bezeichnung einer bestimmten Art von Referenz.

[60] *Substantiv* ist hier als Bezeichnung der Wortklasse verwendet: die Wörter, die ein bestimmtes Genus (grammatisches Geschlecht) aufweisen und dekliniert werden können.

Beispiele:

Die zwei vertrugen sich gut.
Es kamen manche nicht, obwohl alle eingeladen waren.
Der einzelne[61] *war in der Menge kaum zu erkennen.*
Der dritte[62]*, der über die Straße kam …*
Man sah niemanden auf der Straße.

Aber:

Ein Achtel Wein
Ein Vertrag zu Lasten Dritter

Der Grund für diese Regelung liegt darin, daß Zahlwörter[63] –

zwei, dritte, beide, viele, … –

und Indefinitpronomen –

jemand, kein, mancher, … –

nicht kennzeichnen. Sinn der Kennzeichnung eines Objekts war ja – vgl. Nr. 30 –, dieses Objekt von allen nichtgleichartigen zu unterscheiden, d. h. eben von all denen, auf die die Kennzeichnung nicht anwendbar ist. Aus

Es kamen viele

geht nicht im mindesten hervor, wer oder was da kam: ob z. B. Spieler oder Zuschauer, Reporter oder Züge. Man könnte, was da kam, aufgrund dieser „Bezeichnung“ (als viele) nicht von irgendwelchen anderen unterscheiden. Oder man vergleiche

der dritte, der über die Straße kam, … mit:
ein Vertrag zu Lasten Dritter.

Den hier großgeschriebenen Dritten kann man an einem bestimmten Kriterium unterscheiden: es ist ein nicht an dem betreffenden Vertrag Beteiligter. Doch wer oder was da als drittes über die Straße kam – ein Mann, ein LKW, ein Zug Soldaten –, ist dem Wort *dritte* schlechterdings nicht zu entnehmen. Zahlwörter und Indefinitpronomen können vielmehr – im Rahmen bestimmter Einschränkungen – auf beliebige Objekte angewandt werden. Sie kennzeichnen nicht, sondern sie *quantifizieren* gekennzeichnete Mengen, d. h.: sie geben (bestimmt oder unbestimmt) an, um wieviele oder um das wievielte Objekt einer bestimmten Menge es sich im betreffenden Fall handelt.

61 AR: *Der Einzelne*
62 AR: *Der Dritte, der …*
63 *Zahlwort* verwenden wir semantisch.

Beispiele:
zwei Kinder, mehrere hundert Zuschauer, der dritte Mann, …
viele Häuser, manche Bäume, einige Bedenken, wenig Geld, keine Lust, …

49 **Anmerkung 1:** Die Substantive *die Eins, die Zwei, …, die Siebenundvierzig, …* sind keine Zahlwörter, sondern kennzeichnen den betreffenden Zahlbegriff. Sie werden auch nicht zum Quantifizieren verwendet:
Die Eins und die Zwei sind Primzahlen. Aber:
Michael und Susanne spielten. Die zwei amüsierten sich …

Anmerkung 2: Parallel zu einigen Zahlwörtern existieren Substantive als Maßangaben:
das Hundert, das Tausend;

ohne paralleles Zahlwort:
die Million, die Milliarde, …

Im Unterschied zu den Zahlwörtern können diese Maßangaben nur entweder mit einem Zahlwort:
drei Millionen, fünfhundert Milliarden, …

oder aber mit dem bestimmten oder unbestimmten Artikel verwendet werden:
Das Hundert war voll; einige Hundert Zuschauer;
Tausende[64] *von Demonstranten, …*[65]

In diesen Zusammenhang gehört die – sinnvolle – Regelung

50

4.3 Als unbestimmte Zahlwörter verwendete Substantive werden kleingeschrieben.

Beispiele:
ein bißchen, ein paar, …

Aber:
eine Menge Leute, eine Reihe von Kunden, …

51 Es gibt allerdings Fälle, in denen Zahlwörter als Kennzeichnungen verwendet werden – einen hatten wir bereits erwähnt:
ein Dritter (= ein Unbeteiligter)
ein Achtel (= Flüssigkeitsmaß)

[64] Im Plural fällt der unbestimmte Artikel weg. Tausende von … = einige, mehrere Tausend …
[65] Möglich allerdings auch: *einige hundert Zuschauer, tausende von Demonstranten*.

ein gewisser Jemand (= eine bekannte, hier nicht genauer bezeichnete Person)
der Erste im Staat (= der Ranghöchste)
usw.

Hier liegt jeweils eine von der Normalverwendung der betreffenden Zahlwörter bzw. Indefinitpronomen abweichende Vewendungsweise vor, die es gestattet, das betreffende Objekt von nichtgleichartigen anderen zu unterscheiden. Folglich gilt hier die Regelung für die substantivische Verwendung von Nichtsubstantiven (siehe 4.7).

Wir müssen nun die anderen Fälle der Desubstantivierung beschreiben, d. h. Fälle, in denen Substantive nicht oder nicht mehr wie Substantive verwendet werden. Dazu benötigen wir eine weitere Charakterisierung der substantivischen Verwendung von Wörtern. Sie wird formuliert im 52

Grundsatz 4: Substantive können immer als Ergänzung (Subjekt, Objekte) oder als Angabe eines Satzes verwendet werden.

Wir nennen dieses Merkmal von Substantiven ihre *volle syntaktische Verwendbarkeit*.[66]
Beispiele:

Der Abend war schön.	*Der Abend* = Subjekt (Ergänzung 1)
Man erwartete den Abend.	*den Abend* = Akkusativobjekt (Ergänzung 2)
Wir erinnerten uns eines schönen Abends.	*eines schönen Abends* = Genitivobjekt (Ergänzung 4)
Eines Abends gingen wir ...	*Eines Abends* = Angabe
Jeden Abend wird getanzt.	*Jeden Abend* = Angabe

Auf der Einschränkung der vollen syntaktischen Verwendbarkeit beruhen alle Fälle von Desubstantivierung, die nicht auf den Grundsatz 3, d. h. das Kriterium der Kennzeichnung zurückgeführt werden können.[67] Einschränkung der Ver- 53

[66] Man hat häufig beklagt, daß die Wortart *Substantiv* nicht wie andere Wortarten durch bestimmte syntaktische Verwendungsweisen charakterisiert werden kann, wie z. B. die *Präposition* dadurch charakterisiert ist, daß sie immer mit einem Nomen in einem obliquen Kasus (d. h. Genitiv, Dativ oder Akkusativ) verwendet werden oder das *Verb* durch die Verwendung als finites Prädikat. Genau dieser „Mangel" ist das Charakteristikum des Substantivs. Nichts anderes besagt der Begriff der vollen syntaktischen Verwendbarkeit. Man muß ihn nur hinreichend operationalisieren, d. h. anwendbar machen.
[67] Die Grundsätze 3 und 4 beschreiben zusammen also *den* substantivischen Gebrauch eines Wortes.

wendbarkeit heißt, daß der Gebrauch des betreffenden Wortes an bestimmte Kontexte gebunden wird. Darauf beruht jede Desubstantivierung:

Substantiv:	Kontext:
Grund	*aufgrund des/der*
Gang	*ingang setzen/kommen*
Frage	*infrage stellen/kommen*
Hand	*überhand nehmen*
Dank	*dank des/der ...*

Weder *Grund* noch *Gang* usw. können in diesen besonderen Kontexten z. B. noch mit einem Artikel verbunden werden, obwohl alle diese Substantive im Singular normalerweise nie ohne Artikel verwendbar sind.[68] Da die Bestimmung der Wortart immer eine Folgerung aus der „typischen" syntaktischen Verwendung des betreffenden Wortes ist, verliert das betreffende Substantiv in einem Kontext, der seine „normale" syntaktische Verwendbarkeit einschränkt, die Substantiveigenschaft. Es bildet sich ein neues Wort, das mit dem ursprünglichen Substantiv noch die Form gemein hat – *Abend* : *abend*[69] bzw. *abends* – oder aber ein zusammengesetztes Wort, in dem die Form des betreffenden Substantivs als Teil vorkommt:

überhand, aufgrund, eislaufen, kopfrechnen, staubsaugen, ...[70]

54 Das Kriterium der vollen syntaktischen Verwendbarkeit muß allerdings – soll es hinreichend „trennscharf" sein – noch entsprechend handhabbar gemacht werden. Eine brauchbare Probe, ob es gegeben ist, besteht darin zu prüfen, ob das betreffende Wort in derselben Bedeutung als Subjekt (Ergänzung 1) verwendet werden kann, denn zur vollen syntaktischen Verwendbarkeit von Substantiven zählt immer ihre Verwendung als Subjekt eines Satzes. Kann ein Wort nicht (mehr) als Subjekt verwendet werden, dann ist die volle syntaktische Verwendbarkeit ganz sicher nicht mehr gegeben. Einige Beispiele:

*Die Anlage wurde in Betrieb genommen. (*Denn man kann fortfahren:
Der Betrieb funktionierte reibungslos.)

Dagegen: *Die Anlage wurde ingang gesetzt. (*Denn man kann nicht fortfahren:
Der Gang ...)

68 Dieses Argument spricht z. B. für die Schreibweise *infrage stellen* – statt: *in Frage stellen*.

69 In *heute/gestern abend* usw. kann *abend* nicht Substantiv sein, denn es ist Rechtsattribut zu *gestern*. *gestern* ist Adverb. Ein Substantiv ohne Artikel im Nominativ kann niemals Rechtsattribut eines Adverbs sein: *gestern den ganzen Tag lang, gestern tagsüber, gestern am Tag*, aber nie: *gestern Tag*. Die neue Schreibweise nach der AR: *gestern Abend/Morgen/Mittag* ist daher grammatisch falsch.

70 Mit der Neuregelung *Eis laufen* hat man daher schlicht und ergreifend ein Wort der deutschen Schriftsprache gestrichen – etwas, was nicht „geht".

Ebenso: *Die Völlerei nahm überhand.* (Denn man kann sich hier nicht sinnvoll auf eine Hand beziehen: *Die Hand …*)
Oder: *Er wurde dank der Hilfe der Nachbarn gerettet. Der Dank … (??)*

Also gilt: 55

4.4 Als Adverbien oder Präpositionen verwendete Substantive werden kleingeschrieben.

Beispiele:
Ich komme anfangs des Monats.
Sie stand mitten im Saal.
Er überlebte dank der schnellen Hilfe.

Aus dem Grundsatz 4 ist auch die folgende Regel abzuleiten: 56

4.5 Als Prädikatsadjektive ohne Andeutung des grammatischen Geschlechts verwendete Substantive werden kleingeschrieben.

Beispiele:
Mir ist angst.
Sie war an allem schuld.
Er hatte mit seiner Annahme recht.

Weder *angst* noch *schuld* noch *recht* können hier mit dem Artikel verbunden werden. Dies zeigt die Negation:
Mir ist nicht angst.
Sie war nicht schuld.
Er hatte mit seiner Annahme nicht recht.[71]

Daher können diese Wörter in ihrer besonderen Bedeutung nicht als Subjekt verwendet werden, denn dies erfordert immer die Möglichkeit, den Artikel verwenden zu können.
Aber:
Sie hatte daran keine Schuld.
Er hatte kein Recht auf einen Anteil.
Er hatte Unrecht.[72]

[71] Nicht: *…keine Angst, keine Schuld, kein Recht*.

[72] Ein „klassischer“ Grenzfall: Einerseits würde man auch hier die Negation mit *nicht* formulieren: *Er hatte nicht Unrecht*. Andererseits ist die Bildung *Un…* typisch für Substantive. Vertretbar wäre auch die Schreibweise: *… unrecht*.

57 Auf einer ähnlichen Desubstantivierung beruht:

> 4.6 In festen Verbindungen von Substantiv und Verb wird das Substantiv in der Regel kleingeschrieben. Bei festen Verbindungen von Präpositionalausdruck (Präposition + Substantiv) und Verb wird der Präpositionalausdruck in der Regel zusammen- und kleingeschrieben.

Beispiele:

Das tut not; das tat ihm leid[73] usw., auch:
eislaufen, hohnlachen, kopfrechnen[74]
radfahren (aber: *er fährt gern Rad)*
instand setzen, überhand nehmen, ingang kommen, zuwege bringen, zunutze machen, zutage treten, beiseite stehen, …

Anmerkung: In der Regel ist also die Desubstantivierung mit einem Bedeutungswandel verbunden, man vergleiche

Er konnte vor Kraft kaum laufen mit
kraft seines Amtes, oder
Er hatte mit dieser Annahme nicht recht mit:
Das Recht auf Arbeit

Es gibt hier allerdings eine Reihe von Grenzfällen wie

…hat Unrecht; infrage/in Frage stellen usw.,

die eindeutig nicht entschieden werden können. Das liegt in der Natur der Sache.[75] Also gilt der

58 > **Grundsatz 5**: Im Zweifelsfall schreibe man klein.

Damit haben wir die Fälle der Desubstantivierung abgehandelt und kommen nun zu den Fällen der Substantivierung. Die Hauptregel ergibt sich unmittelbar aus den Grundsätzen 3 und 4:

59 > 4.7 Nichtsubstantive werden großgeschrieben, wenn sie
> als Kennzeichnungen verwendet werden und
> im Sinne des Grundsatzes 4 syntaktisch voll verwendbar sind.

[73] AR: *… tut Not, …tut Leid* – Regelungen, die selbst der Systematik der AR widersprechen (vgl. § 57).

[74] AR: *Eis laufen*, aber: *hohnlachen, kopfrechnen*.

[75] Das Auftreten solcher Grenzfälle ist kein Versagen einer Regelung. Selbst für einen so klaren Begriff wie *Hauptstadt* gibt es solche Grenzfälle: Was war im Jahr 1997 die Hauptstadt der Bundesrepublik Deutschland? Theoretisch Berlin, aber praktisch immer noch

Merkmale des Gebrauchs von Substantiven wie
- vorausgehender Artikel,
- Andeutung des grammatischen Geschlechts oder einer Pluralform,
- vorausgehendes oder nachgestelltes Attribut oder
- Kasusmarkierung

können zwar bei Nichtsubstantiven Hinweise auf eine Substantivierung sein, doch sind diese Merkmale einerseits nicht notwendig, wie Schreibweisen wie

ohne Wenn und Aber; Anzeige gegen Unbekannt[76]

zeigen. Andererseits sind sie aber auch nicht hinreichend, man betrachte etwa

dem nächsten, der kam, ...; bei so manchen, die ...,

wo einige oder sogar alle genannten Merkmale erfüllt sind und wo dennoch nicht großgeschrieben wird (hier, weil es sich um Zahlwörter handelt).[77] Wo jedoch eine Verbindung mit einer Artikelform nicht möglich ist, ist dies in der Regel ein Indiz dafür, daß die volle syntaktische Verwendbarkeit nicht mehr gegeben ist. Man vergleiche etwa

(1) ohne Wenn und Aber; da half kein Wenn und Aber mit
(2) jung und alt; arm und reich; durch dick und dünn; ...[78]

Die feststehenden Wendungen in (2) können in ihrer jeweiligen Bedeutung nicht mit einem Artikel verbunden werden. Dies würde auch eher für eine Schreibung *auf biegen und brechen* sprechen statt (alt und neu) *auf Biegen und Brechen*. Entscheidend für die Substantivierung sind also die beiden Kriterien der *Kennzeichnung* und der *vollen syntaktischen Verwendbarkeit*.

Beispiele:

Das Ich ist ein wichtiger Begriff bei Freud.
Sie störten ihre Nachbarn mit lautem Singen.
Es gibt überall Gute und Böse.
Sie erörterten das Für und Wider.

Bonn. Man muß also die Regeln so klar formulieren, daß die Grenzfälle minimiert werden. Ist jedoch eine Regelung in sich widersprüchlich, dann produziert sie unentscheidbare Fälle in Hülle und Fülle. Dies ist – leider – bei der AR der Fall.

[76] AR: *...gegen unbekannt.*

[77] Hier weist die AR den bereits erwähnten grundlegenden Widerspruch auf, der die ganze Substantivregelung zur Makulatur degradiert: In § 57 werden diese Merkmale als hinreichende Bedingungen der Großschreibung definiert, im folgenden § 58 jedoch als nicht hinreichende.

[78] AR: *Arm und Reich*, *Jung und Alt*, aber: *durch dick und dünn.* Auch hier gibt es Grenzfälle: *Anzeige gegen Unbekannt : nach unbekannt verzogen* (alte Regelung, die man aber vertreten kann).

Es fehlte die Luft zum Atmen.
Das Lernen war nicht eben seine Stärke.
Faszinierendes Bergsteigen …
Im Kopfrechnen war er schwach.

Aber:
Sie verbrachten die Nacht mit singen und beten.
Er begann wieder zu atmen.
… aber lernen war nicht eben seine Stärke.
… weil bergsteigen Spaß macht.
… weil er schon immer gut kopfrechnen konnte.
Man muß zwischen gut und böse zu unterscheiden wissen.
Auf biegen und brechen, mit hängen und würgen.[79]

60 **Anmerkung 1:** Die Regel 4.7 gilt nicht für Anführungen (Zitate):
Sein „danke" kam von Herzen.
Die Arbeit wurde mit „gut" bewertet.
Die Note „ausreichend"[80]

Anmerkung 2: Insbesondere bei Farbbezeichnungen und Noten (Zensuren) ist zu berücksichtigen, daß es hier jeweils parallele Adjektiv- und Substantivformen gibt:
blau, das Blau; daher auch: *die Farbe Blau*
In Deutsch hat er ein Gut (ein „gut", s. o.) erhalten; die Note Ausreichend („ausreichend")

61 **Anmerkung 3:** Für die Schreibung von Einzelbuchstaben lassen sich keine festen Regeln angeben. Es haben sich folgende Schreibweisen eingebürgert:
Das A ist der erste Buchstabe des Alphabets.
Jemandem ein X für ein U vormachen.
Das a in abends wird kleingeschrieben. Besser:
Das „a" in „abends" wird kleingeschrieben.
Wer A sagt, muß auch B sagen.
X-Beine; V-Ausschnitt; S-Kurve; Blutgruppe A; das X-fache; aber:
(in der Mathematik) *das n-fache*
A-Dur, Des-Dur; aber: a-Moll, cis-Moll

62 Die *Verben* haben wir in den Beispielen oben bereits hinreichend behandelt. Für *Infinitive* gilt die Faustregel, daß sie regelmäßig großgeschrieben werden, wenn

[79] Alte Duden-Regelung: *Auf Biegen und Brechen, mit Hängen und Würgen.*
[80] Der Grund: die Anführung storniert die Kennzeichnungsfunktion.

sie mit einem Artikel oder einem Attribut verbunden sind. Werden sie ohne eine solche formale Markierung verwendet wie in den Beispielen ... *weil lernen nicht seine Stärke war* ... oder ...*weil bergsteigen Spaß macht* ..., so wäre hier Groß- oder Kleinschreibung möglich, nach dem Grundsatz jedoch, im Zweifelsfall kleinzuschreiben, ist hier die Kleinschreibung zu empfehlen.
Alle anderen Wortarten und sonstigen Substantivierungsfälle können im folgenden kurz abgehandelt werden. Hauptsächlich handelt es sich dabei um *Adjektive* und *Partizipien*:

> 4.8 Adjektive und Partizipien werden niemals großgeschrieben, wenn sie als Attribute auf ein aus dem Kontext zu ergänzendes Substantiv bezogen werden können, auch wenn ihnen ein Artikel vorhergeht. 63

Der Grund dieser Regel ist klar: Diese Wörter werden hier ja nicht als Substantive verwendet, sondern als attributive Adjektive, d. h. in der normalen Verwendung von Adjektiven. Man kann dies daran erkennen, daß der vorausgehende Artikel das grammatische Geschlecht des zu ergänzenden Substantivs andeutet.
Beispiele:

Viele Schüler waren da. Die älteren langweilten sich.
Mehrere Texte standen zur Debatte. Der wichtigste war ...
So verging das Jahr. Im folgenden sollte sich vieles tun.
Sie war die beste[81] *von allen, die vorgespielt hatten.*

Ein guter Beleg für die Auffassung, daß die volle syntaktische Verwendbarkeit tatsächlich charakteristisch für das Substantiv ist, ist die traditionelle Regel:

> 4.9 Adjektive und Partizipien in unveränderlichen Wendungen oder festen Verbindungen mit Verben werden kleingeschrieben. 64

Beispiele:

jung und alt; durch dick und dünn; auf dem laufenden bleiben; im großen und ganzen[82], ...

Auch diese Fälle sind ja durch die Einschränkung der syntaktischen Verwendbarkeit und eine damit zusammenhängende Veränderung der Bedeutung gekennzeichnet. Und es ist einsichtig, daß derselbe Grund, der Desubstantivierung bewirkt, eine Substantivierung verhindert.

81 AR: *die Beste.*
82 AR: *Jung und Alt, auf dem Laufenden bleiben, im Großen und Ganzen* (aber: *durch dick und dünn*[!]).

Anmerkung: Gelegentlich haben sich Substantive nur noch in festen Verbindungen erhalten. Hier ist Großschreibung dann zu empfehlen, wenn sie mit einem heute noch gebräuchlichen Substantiv kombiniert werden:

Mit Fug und Recht, auf Treu und Glauben, in Saus und Braus, …
Aber: *auf gedeih und verderb*[83]

65 Aus demselben Grund wie 4.9 gilt:

> 4.10 Metaphorisch (d. h. in übertragenem Sinn) oder adverbial verwendete Adjektive oder Partizipien werden kleingeschrieben.

Beispiele:

Das beste ist, wir verschwinden. (= Es ist am besten, …)
Mit seiner Vermutung traf er ins schwarze.
Sie kommt im allgemeinen (= normalerweise) *nie vor 5 Uhr.*
Er hat heute im wesentlichen (= hauptsächlich) *gefaulenzt.*[84]

Hier können *besten, beste, schwarze, allgemeinen, wesentlichen* nur in der jeweiligen Verbindung verwendet werden, nie dagegen als Subjekt. Entsprechendes gilt natürlich für alle Superlativformen wie
am besten, am kleinsten, am höchsten usw.

66

> 4.11 Wie Pronomen oder Zahlwörter verwendete Adjektive oder Partizipien werden kleingeschrieben.

Beispiele:

jeder beliebige, alles mögliche (= so manches)[85]

67 Weitere Wortarten wie *Adverbien, Konjunktionen* oder *Interjektionen* können kurz abgehandelt werden:

das Jetzt; nach vielem Hin und Her, mit lautem Weh und Ach, ein entschiedenes Sowohl-Als-auch[86]

83 Alte Duden-Regelung: *auf Gedeih und Verderb*.
84 AR: *Das Beste*, *ins Schwarze*, *im Allgemeinen*, *im Wesentlichen*.
85 AR: *jeder Beliebige, alles Mögliche* usw.
86 AR: *Sowohl-als-auch*.

Abweichend von der alten Duden-Regelung empfehlen wir: 68

> 4.12 Das erste Wort einer substantivierten Durchkoppelung wird großgeschrieben.[87]

Beispiele:

das In-den-Tag-hinein-leben
das andauernde In-Anspruch-nehmen[88]

Der Grund ist einfach: Substantiviert wird hier der gesamte Ausdruck. Innerhalb dessen bleiben auch hier die Verben Verben.

Bei fremdsprachigen substantivischen Wortgruppen ist keine generelle Regelung möglich. Als Faustregel empfehlen wir – in Analogie zu 4.12 –: 69

> 4.13 Bei fremdsprachigen substantivischen oder substantivierten Wortgruppen wird in der Regel das erste Wort großgeschrieben.

Beispiele:

Angina pectoris, Make-up, Advocatus diaboli, Afro-look, …

Die Neuregelung der Substantivschreibung nach der Amtlichen Regelung 70

> 1. Substantive schreibt man groß.
> 2. Substantive, die nicht substantivisch verwendet werden, schreibt man klein.
> 3. Nichtsubstantive, die wie Substantive verwendet werden, schreibt man groß. Substantivische Verwendung eines Wortes liegt dann vor, wenn mindestens eines der folgenden drei Merkmale erfüllt ist:
>   3.1 dem Wort geht ein Artikel voraus;
>   3.2 das Wort ist mit einem vorausgehenden oder nachgestellten Attribut verbunden;
>   3.3 das Wort ist als Satzglied oder Attribut kasusmarkiert.
> 4. In bestimmten Fällen werden Nichtsubstantive kleingeschrieben, auch wenn sie eine der Bedingungen (3.1), (3.2) oder (3.3) erfüllen.

[87] Kommt in einer solchen Durchkoppelung ein Substantiv oder Eigenname vor, so wird dieser natürlich auch großgeschrieben.

[88] Alte Duden-Regelung und AR: *das In-den-Tag-hinein-Leben*, *das In-Anspruch-Nehmen*.

Beispiele[89] (in der Klammer hinter der Neuschreibung geben wir jeweils die Regel an, auf die die betreffende Schreibung in der AR zurückgeführt wird. Ob dies richtig oder falsch ist, kommentieren wir hier nicht):

alt	**neu**
gestern abend	gestern Abend (1)
sich in acht nehmen	sich in Acht nehmen (1)
der achte, der …	der Achte, der … (3.1)
und ähnliches (*Abk.* u. ä.)	und Ähnliches (*Abk.* u. Ä.) (3.3)
im allgemeinen (*Abk.* i. a.)	im Allgemeinen (*Abk.* i. A.) (3.3)
… bleibt beim alten …	… bleibt beim Alten … (3.3)
alt und jung	Alt und Jung (3.3)
etwas anderes	etwas anderes, etwas ganz Anderes (3.3)
auf das, aufs äußerste	auf das, aufs Äußerste/äußerste (3.3)
bankrott gehen	Bankrott gehen (1)
jeder beliebige	jeder Beliebige (3.1)
… es ist das Beste, was wir haben	… das Beste … (3.1)
der erste beste	der erste Beste (3.1)
bravo rufen	Bravo rufen (1)
in deutsch/in Deutsch	in Deutsch (1)
auf deutsch	auf Deutsch (1)
der dritte, der …	der Dritte … (3.1)
im dunkeln tappen (= sich ungewiß sein)	im Dunkeln tappen (3.3)
Dutzende von Leuten	dutzende/Dutzende … (1)
der einzelne	der Einzelne (3.1)
als einziges	als Einziges (3.3)
feind sein, bleiben, werden	Feind sein, bleiben, werden (1)
im folgenden	im Folgenden (3.3)
im großen und ganzen	im Großen und Ganzen (3.3)
das gleiche	das Gleiche (3.1)

[89] Vgl. die vollständige Liste der neuen Schreibungen im Kapitel *Die Regeln im Überblick*, S. 23 ff. Beispiele für die Regel (4) kommen hier nicht vor, da die auf diese Regel (AR § 58) zuruckgeführten Schreibweisen mit den herkömmlichen übereinstimmen. Die Neuregelung läuft daher auf eine massive Ausdehnung der Großschreibung hinaus, was umso erstaunlicher ist, als die dafür dingfest gemachten Gründe auch nach der Systematik der AR für eine Großschreibung weder notwendig noch hinreichend sind. Der Leser/die Leserin sei hier um Verständnis gebeten: Diesen Widerspruch kann man nicht erklären, er geht auf das Konto derjenigen, die diese Regeln formuliert haben. Man kann ihn bestenfalls als solchen beschreiben.

das läuft auf das gleiche hinaus	… das Gleiche … (3.1)
guten Tag sagen	guten/Guten Tag sagen (?)
der hunderste, der …	der Hundertste … (3.1)
leid tun	Leid tun (1)
ein paar dutzend mal	ein paar dutzend Mal (1)
sein möglichstes tun	sein Möglichstes … (3.3)
der nächste, der …	der Nächste … (3.1)
das tut not	…tut Not (1)
recht haben, bekommen, tun, …	Recht haben, … (1)
schuld sein, geben, haben	Schuld geben, haben (1) *aber:* schuld sein (2)
ein solches ist …	ein solches/Solches … (3.1)
das Sowohl-Als-auch	das Sowohl-als-auch (3.1)
im übrigen (*Abk.* i. ü.)	im Übrigen (*Abk.* i. Ü.) (3.3)
Anzeige gegen Unbekannt	… unbekannt (2)
… es kamen ungezählte	… Ungezählte (3.3)
unrecht bekommen, haben	Unrecht … (1)
um Viertel acht	um viertel acht (2) (*aber:* Viertel vor acht) (1)
im vorhinein	im Vorhinein (3.3)
aus schwarz weiß machen	aus Schwarz Weiß … (1)
des, im weiteren	des, im Weiteren (3.3)

Alphabetische Wortliste

Vorbemerkung

Die alphabetische Wortliste enthält in erster Linie die Zweifelsfälle der Groß- und Kleinschreibung, die in der Datensammlung des Grammatischen Telefons erfaßt wurden. Die Zahlen verweisen auf die Kennummern. Sind zu einem Fall mehrere Beispiele aufgeführt, steht die Kennummer hinter dem letzten. In den Beispielen berücksichtigen wir die Regel Nr. 25 nicht: Das erste Wort wird grundsätzlich klein geschrieben, sofern es nicht aufgrund einer der Regeln Nr. 39 ff. groß zu schreiben ist. Neuschreibungen nach der Amtlichen Regelung sind jeweils hinter der „alten" Schreibweise in Klammern und rot aufgeführt, z. B.: *gestern abend* (AR: *gestern Abend*).
Sollte der in Frage stehende Einzelfall in der alphabetischen Wortliste nicht aufgeführt sein, so empfehlen wir dem Leser/der Leserin, analog zu den aufgeführten Beispielen zu verfahren; dazu die folgenden Hinweise:

Adjektive: Zur Groß- und Kleinschreibung von Adjektiven vgl. *allgemein, beste, groß, trocken* und die Regeln Nr. 59 und 63 bis 66.
Zur Groß- und Kleinschreibung von Adjektiven als Bestandteilen von Eigennamen, Titeln und Berufsbezeichnungen vgl. *amtlich, silbern, neu* und die Regel Nr. 40.
Zur Groß- und Kleinschreibung von Eigennamen (Personen- oder geographischen Namen) abgeleiteten Adjektiven vgl. *Platon, Rheingau, Schweiz* und die Regel Nr. 22.

Anredepronomen: Zur Groß- und Kleinschreibung von Anredepronomen vgl. *dich, euch, ihr* und die Regel Nr. 26.

Einzelbuchstaben: Zur Groß- und Kleinschreibung von Einzelbuchstaben vgl. *a, A-Dur, a-Moll* und Nr. 61.

Einzelwörter: Zur Groß- und Kleinschreibung von Einzelwörtern vgl. *ausreichend* und Nr. 60.

Farbbezeichnungen: Zur Groß- und Kleinschreibung von Farbbezeichnungen vgl. *Blau/blau* und die Regeln Nr. 47, 60, 63, 64 und 65.

Pronomina und unbestimmte Zahlwörter: Zur Groß- und Kleinschreibung von Pronomina und unbestimmten Zahlwörtern vgl. *all, einzeln, andere, einige* und die Regel Nr. 48.

Sprach- und Nationalitätsbezeichnungen: Zur Groß- und Kleinschreibung von Sprach- und Nationalitätsbezeichnungen vgl. *Deutsch/deutsch* und die Regeln Nr. 47, 59 und 63.

Substantive: Zur Groß- und Kleinschreibung von Substantiven in Substantiv-Verb-Verbindungen vgl. *in acht nehmen, achtgeben* und die Regel Nr. 57.
Zur Groß- und Kleinschreibung von Substantiven, die als unbestimmte Zahlwörter verwendet werden, vgl. *paar* und die Regel Nr. 50.
Zur Groß- und Kleinschreibung von Substantiven, die als Adverbien oder Präpositionen verwendet werden, vgl. *abend, mittag, dank* und die Regel Nr. 55.
Zur Groß- und Kleinschreibung von Substantiven, die als Prädikatsadjektive verwendet werden, vgl. *Angst, Klasse* und die Regel Nr. 56.

Substantivierte Durchkoppelungen: Zur Groß- und Kleinschreibung substantivierter Durchkoppelungen vgl. *das Auf-den-Kopf-stellen, das Sowohl-als-auch* und die Regel Nr. 68.

Fremdsprachige substantivische oder substantivierte Wortgruppen: Zur Groß- und Kleinschreibung fremdsprachiger substantivischer oder substantivierter Wortgruppen vgl. *Numerus clausus, Tête-à-tête* und die Regel Nr. 69.

Verben: Zur Groß- und Kleinschreibung von Verben vgl. *abkühlen, abschalten* und die Regel Nr. 59 und im Text Nr. 70.

Zahlen: Zur Groß- und Kleinschreibung von Zahlen vgl. *acht, erste, tausend, zehntel* und die Regel Nr. 48.

Abweichende Empfehlungen: In den Fällen, in denen wir in der älteren Regelung eine vom Duden abweichende Empfehlung gegeben haben, wurde dies ausdrücklich vermerkt, z. B.:
Aachen: *der Aachener Bürgermeister* (Empfehlung: *der aachener Bürgermeister* 23).

Wortliste

a: das a in abends wird klein geschrieben, das A in Aachener dagegen groß; das A war unsauber gesungen; das Stück war in A-Dur, nicht in a-Moll; man wußte nicht, ob der Verunglückte die Blutgruppe A oder AB hatte 61

a conto

a dato

à la carte

à la mode

Aachen: der Aachener Bürgermeister (Empfehlung: der aachener Bürgermeister 22); die Aachener hatten sich lange auf dieses Ereignis vorbereitet 59

ab Lager: die Lieferung ist frei ab Lager 47

Abbruch tun: der fehlgeschlagene Versuch tat dem Unternehmen keinen Abbruch 47

Abend: am Abend des folgenden Tages war sie wieder fit 47

abend: gestern abend (AR: gestern Abend) 55 beschloß er, vom heutigen Abend 47 an nur noch spätabends zu arbeiten, denn abends konnte er sich am besten konzentrieren 55

abendländisch: er schrieb ein Buch über die abendländische Kultur 34

abends: Dienstag abends (AR: dienstagabends/dienstags abends)

aber: da half ihr kein Wenn und Aber; ohne Wenn und Aber 59

aberhundert (AR: aberhundert/Aberhundert)

Aberhunderte (AR: aberhunderte/Aberhunderte)

Abfolge: die Veranstaltungen finden in Abfolge der genannten Termine statt 47

abhanden kommen: die entliehenen Bücher sind abhanden gekommen 57

abkühlen: der Tortenboden steht zum Abkühlen auf dem Tisch; ohne abkühlen zu verarbeiten 59

abschalten: nicht abschalten können; abruptes Abschalten ist zu vermeiden 59

abseits: der Schiedsrichter stand abseits (= weit weg), als er Abseits pfiff; der Spieler stand im Abseits 47

abzeichnen: reine Büroarbeit, d. h. Kontrolle und abzeichnen diverser Belege 59

abzugsfähig: es handelt sich dabei um abzugsfähige Einnahmen

Accent aigu 69

ach: die Kinder schrien ach und weh; alles Ach und Weh half ihnen nichts 59; mit Ach und Krach (Empfehlung: mit ach und krach 64)

acht: acht dividiert durch acht ist eins; die acht Kinder; alle acht; bei acht von ihnen; deine acht (Kinder); die acht letzten; die letzten acht; diese acht; es sind acht; acht zu vier (8:4); ein Viertel acht (Uhr) (AR: ein viertel acht); acht subtrahieren 48

Acht: außer acht lassen; in acht nehmen 57 (AR: außer Acht lassen; in Acht nehmen); außer aller (der) Acht lassen 47; in Acht und Bann tun 64
Acht: die Zahl Acht; eine Acht schreiben; mit der Acht (Buslinie) fahren 47
achte: der achte sein; jeder achte 48 (AR: der Achte …; jeder Achte 70); der Achte des Monats 47
achtgeben: er gab acht; obwohl er achtgab 57
achthaben: sie hatte acht auf alles, was er tat 57
achtmal: der Titel wurde achtmal verkauft; aber: acht mal zwei
Achtzig/achtzig: auf die Achtzig zugehen; in den Achtzigern sein (AR: auf die achtzig …; in den achtzigern sein 70); ich bedanke mich für die Glückwünsche zum Achtzigsten 47; er war ein Mann um die achtzig; eine achtziger Briefmarke; in den achtziger Jahren (des vorigen Jhs.); aber: in den Achtzigerjahren (über 80 Jahre alt); jemanden auf achtzig schätzen 48
ad absurdum
ad acta
ad infinitum
ad libitum
ad notam
ad rem
ad usum
ade sagen 60 (AR: Ade sagen/ade sagen 70)
adidas-Turnschuhe
adieu sagen (AR: Adieu sagen/adieu sagen 70)
Advocatus Diaboli (Empfehlung: Advocatus diaboli 69) (AR: Advocatus Diaboli)
Afro-Look (Empfehlung: Afro-look 69)
After-shave-Lotion 69 (AR: Aftershavelotion)
Agent provocateur 69
aha: aha, so ist das; ein lautes Aha 59
ähnlich: aufstellen von Tabellen und ähnlichem; oder ähnliches (o.ä.) 63 (AR: … und Ähnlichem; oder Ähnliches [*Abk.* o. Ä.] 70); ich glaube, daß Sie Ähnliches empfinden 59
Ähren lesen: beim Ährenlesen 59
Air-conditioner/Air-conditioning 69 (AR: Airconditioner; Airconditioning)
akademisch: akademischer Oberrat 34
all …: alle kamen; vor den Blicken aller; alles aussteigen; alles auf einmal; bei allem; das alles; einer für alle und alle für einen; Mädchen für alles; er fügt sich in alles; wir andern alle; euch allen wünschen wir; sie alle 48; alles beliebige; alle folgenden (anderen); alles folgende (andere) (AR: alle Folgenden; alles Folgende 70); aber: alles unten Folgende; alles mögliche (viel, allerlei) (AR: alles Mögliche 70); aber: alles Mögliche (alle Möglichkeiten); wir werden alles in unseren Kräften Stehende tun

allerbeste: zu diesem Jubelfeste wünschen wir das Allerbeste 59; es ist das allerbeste, wenn … (AR: … das Allerbeste 70)
allerchristlichste: die Allerchristlichste Majestät (hist. Titel der frz. Könige) 50
allerhand: auf allerhand vorbereitet sein
allerschlimmste: Hunde sind das Allerschlimmste 59
allgemein: es wurde Allgemeines, Vielfältiges und Buntes zusammengetragen; das Allgemeine und das Besondere 59; ich bin am Club im allgemeinen interessiert; im allgemeinen eine Sache gut machen (AR: im Allgemeinen; sich am allgemeinsten ausdrücken 65); aber: sich bei einer Rede nur im Allgemeinen bewegen; sich am Allgemeinen orientieren 59
alltags: nur alltags hat er Zeit 55
als ob: die Philosophie des Als-ob 59; die Als-ob-Philosophie 68
alt: Rudi, der ältere von beiden; die Leute des Dorfes, alte und junge, arme und reiche standen dabei 63; es trafen sich alt und jung 64; es bleibt beim alten; aus alt wird neu 65 (AR: ganz der Alte; beim Alten bleiben; Alt und Jung 70)
Alter ego 69 (AR: Alter Ego 70)
alters: von alters her; seit alters 55
Amen/amen: das Amen in der Kirche sprechen; sein Amen geben 47; zu allem ja und amen sagen 60 (AR: Ja und Amen sagen 70)
amtlich: das amtliche Kursbuch 34; das Amtliche Fernsprechbuch 40
An- und Von-Bord-Gehen (Empfehlung: das An-und-Von-Bord-gehen 68)
anbetracht: in Anbetracht der Tatsache, daß … 55 (Empfehlung: in anbetracht)
ander …: alles andere; die beiden anderen; wir anderen; kein anderer; er kannte auch den anderen nicht; von sich auf andere schließen; ein Wort gibt das andere; ein anderer; zum einen – zumanderen; jeder soll sich so verhalten, daß andere nicht gestört werden; etwas anderes gehört haben (AR: etwas Anderes/anderes 70); und andere mehr 48; andere Bekannte; anderes Wichtige
Anfang: Anfang Januar; von Anfang an 47
anfangs: er war anfangs damit nicht einverstanden 55
angesichts: ihm wurde angesichts der Kosten flau in der Magengegend 55
angewandt: die angewandte Mathematik; Institut für Angewandte Mathematik der RWTH 40
Angina pectoris 69
Angst/angst: Angst bekommen/kriegen/haben; angst machen (Empfehlung: Angst machen, wegen: das macht mir keine Angst) (AR: Angst machen); in Angst sein/geraten; vor Angst vergehen 47; den beiden wurde angst und bange 64; angst sein/werden; ihm wird nicht angst 56; aber: er hat keine Angst 47
anhand: anhand der Unterlagen 55
ansprechen: ein günstiger Zeitpunkt zum Ansprechen des Kunden 59
anstatt 55
anstelle: er ging anstelle seines Bruders 55

antik: die antike Philosophie 34
Antwort: Antwort erhalten 47
Après-Ski-Kleidung (Empfehlung: Après-ski-Kleidung 69)
arg: im argen liegen 64 (AR: im Argen liegen 70)
arm: es kamen arm und reich (AR: Arm und Reich 70); die Kluft zwischen Arm und Reich (Empfehlung: die Kluft zwischen arm und reich 64); aber: es kamen Arme und Reiche 59
atmen: Luft zum Atmen 59
auf seiten: auf seiten der Demonstranten 55
auf: das Auf und Ab 59; sie gingen auf und ab
Auf-den-Kopf-Stellen (Empfehlung: das Auf-den-Kopf-stellen 68)
aufgrund: aufgrund zahlreicher Zeugenaussagen 55
auftreten: das Auftreten der Mitarbeiter 59
ausgabenorientiert
ausgabeseitig
ausgangs: ausgangs des Gebäudes 55
ausreichend: er erhielt ein „ausreichend" auf seinem Zeugnis; er erhielt die Note Ausreichend (auch: die Note „ausreichend") 60
außen: von außen her; die Farbe für außen; er spielte außen
äußerst: auf das äußerste (höchst/sehr) erschrocken sein 65 (AR: aufs Äußerste/äußerste 70); das Äußerste (das Schlimmste) befürchten 59
außerstande: ich bin außerstande, ... 56 (AR: außerstande/außer Stande 70)
Auto fahren: wir fahren Auto 47; wir sind Auto gefahren
Auto-Cross

Bad Homburg: die Bad Homburger Hotels (Empfehlung: die bad-homburger Hotels 23)
bahamabeige: passend zu der Sanitärfarbe Bahamabeige 47; das Becken war bahamabeige
bald: auf bald 65
Bange: keine Bange haben 47; aber: den beiden war angst und bange 56
Bankrott/bankrott: Bankrott machen 47; bankrott gehen 57 (AR: Bankrott gehen 70)
bar: ich zahle in bar 59
Basic English (Empfehlung: Basic english 69)
Bausch: in Bausch und Bogen 64
bausparen: lohnt sich bausparen noch?; das Bausparen 59
Beat generation 69 (AR: Beatgeneration)
bedauern: zu unserem Bedauern müssen wir Ihnen mitteilen, ... 59
bedeutend: um ein bedeutendes größer 66 (AR: um ein Bedeutendes 70)
befriedigend: Zeugnisnoten vgl. ausreichend

beide: die beiden müssen weg; Euch beiden herzliche Grüße 48
beileibe: das ging beileibe nicht 55
beiseite: beiseite legen/stellen/schieben 57
beizeiten: sie ging beizeiten 55
beliebig: ein beliebiger; einige beliebige; jeder beliebige 66 (AR: ein Beliebiger; jeder Beliebige 70)
bergsteigen: er mochte bergsteigen nicht; das Bergsteigen 59
Bescheid: Bescheid erhalten 47
besondere: das Besondere daran war, … 59; im besonderen 65 (AR: im Besonderen 70)
besorgen: mit dem Besorgen der Karten 59
besprochen: das mündlich Besprochene wurde mitgeteilt 59
besser: sie suchte sich das Bessere aus 59; es wäre besser …
beste: der Beste in der Klasse sein; wir wünschen Euch das Beste; sein Bestes geben/tun; zu seinem Besten gereichen; es war das Beste, was er je gesehen hatte; ein Glas vom Besten; sie verlangt das Beste, was die kleine Nixe besitzt 59; jemandem zum besten dienen/gereichen; es gelang nicht zum besten; jemanden zum besten haben; etwas zum besten geben; es ist das beste, wenn du dich entschuldigst; sich zum besten wenden; nicht zum besten stehen 65 (AR: zum Besten dienen/gereichen, es gelang nicht zum Besten, zum Besten haben, etwas zum Besten geben, nicht zum Besten stehen 70); die Jury hat die Bilder ausgewertet; die besten werden prämiiert; er will das Beste vom Besten; er war der beste von allen Schülern; das war von allem das beste 63 (AR: das Beste 70); aufs beste (AR: aufs beste/Beste 70)
bestehen: im Falle des Nichtbestehens 59
Betreff/betreffs: in diesem Betreff 47; in betreff (AR: in Betreff 70); betreffs Ihrer Anfrage 55
Betrieb: auf ein nicht in Betrieb befindliches Förderband; in Betrieb nehmen 47
betriebsseitig
Beugungs-s 61
bezug/Bezug: Bezug nehmend auf, in bezug auf (Empfehlung: in Bezug auf 47) (AR: in Bezug auf 70); mit Bezug 47
Big Business (Empfehlung: Big business 69 (AR: Bigbusiness/Big Business)
bisherig: wie im bisherigen geschildert 65 (AR: im Bisherigen 70)
bißchen: ein bißchen; ein klein bißchen; das bißchen macht nichts aus 50
bitte schön: du mußt „bitte schön“ sagen 60; er rief ein lautes Bitteschön 59
Black Power 40 (AR: Blackpower/Black Power)
blasen: von Tuten und Blasen keine Ahnung haben 59
Blau/blau: eine Spritztour ins Blaue machen; ins Blaue fahren; ins Blaue hinein schießen; weiße Tupfen auf Blau; in Blau unterstreichen 47; das Schaltelement

wird in Farbe Blau dargestellt 60; die ersten beiden Gruppen soll blau sein; die Nummer 4 bedeutet blau
Blockschrift schreiben 47
blutdrucksenkend: blutdrucksenkende Wirkung (AR: Blutdruck senkend 70)
Bock springen/bockspringen: er hatte keinen Bock auf Bock springen (Empfehlung: bockspringen) (AR: Bock springen)
Boden gewinnen 47
Bogen: in Bausch und Bogen 64
Boot fahren 47
brandmarken 57
Bratsche spielen: sie spielt gut Bratsche 47
braus: in Saus und Braus leben (Empfehlung: in saus und braus 64)
breit: des langen und breiten darlegen 64 (AR: des Langen und Breiten 70)
Bruch: zu Bruch gehen 47
brustschwimmen: sie schwimmt gern Brust; er konnte nicht brustschwimmen 57
Buch: zu Buche schlagen 47
Bus fahren 47

chemisch: chemische Reaktion; chemische Werke; aber: Chemische Werke Hüls AG 40
chemisch-technisch: wir suchen einen chemisch-technischen Assistenten 38
christlich: der christliche Glaube; Christlicher Verein Junger Männer (CVJM); Christlich-Demokratische Union (CDU)
Common sense 69 (AR: Commonsense/Common Sense 70)
Conditio sine qua non 69
Countdown 47
Country-music 69 (AR: Countrymusic 70)

damals: von damals bis heute
Dame spielen 47
Dank/dank: Dank abstatten/bezeigen/ernten/sagen/schulden/zollen 47; dank der Hilfe des Passanten wurde er gerettet 55
dankeschön: als Dankeschön für geleistete Arbeit 47; „dankeschön" sagen 60
dein: mein und dein verwechseln (AR: Mein und Dein 70); tue das Deine dazu! 59
derselbe: es ist immer derselbe, der …
Deutsch/deutsch: der deutsche Schäferhund 34 (AR: der Deutsche Schäferhund); du verstehst wohl kein Deutsch; seine Muttersprache ist Deutsch; Staatsangehörigkeit: Deutsche(r); Muttersprache: Deutsch; wir lernen/sprechen Deutsch; er schreibt ebenso gut Deutsch wie Englisch; in Deutsch; Prospekte in Deutsch 47; wir reden deutsch miteinander (AR: Deutsch 70); mit dem muß man deutsch reden (AR: Deutsch 70); er schreibt seine Briefe

deutsch (AR: Deutsch); er geniert sich, das heißt zu deutsch (AR: Deutsch 70): er hat keinen Mut 55
Diät: diät leben; sie sollten nicht diät leben 57; ich mache/halte keine Diät 47 (AR: Diät leben/halten 70)
Dialekt sprechen 47
dich: fürchte dich nicht, ich habe dich beim Namen gerufen, du bist mein; Jungfrau Maria, ich bitte dich (lit. Texte); ich habe Dich leider nicht angetroffen (Brief) 26 (AR: ...habe dich leider ... 26)
dick: am 09.09. heiratet Dieter seine Dicke 59; durch dick und dünn gehen 64
Dienst: zu Diensten stehen 47
Dienstag: wir trafen uns Dienstag mittag (AR: Dienstag Mittag) ; wir trafen uns an einem Dienstagmittag 47
dienstags: dienstags mittags nie 55
dioxinhaltig: dioxinhaltige Stoffe
Disziplin: auf Disziplin halten 47
Doppelkopf spielen: wir spielen morgen wieder Doppelkopf 47
dortzulande 55
drei: ab drei (Uhr) verließen die ersten die Versammlung 48; vgl. acht, Acht
dreimal 48
dritte: erst dem dritten gelang es; im Ziel war er der dritte 48 (AR: der Dritte 70); bei von Dritten veranstalteten Veranstaltungen; er ist immer der lachende Dritte; der Dritte im Bunde 59
drum und dran: die Kaffeetafel mit allem Drum und Dran 59
du: mit jemandem auf du und du stehen (AR: auf Du und Du); das Du bei Martin Buber 59
dunkel: im Dunkeln fand er den Ausgang nicht 59; im dunkeln lassen/bleiben/liegen/tappen (AR: im Dunkeln 70); im Dunkeln ist gut munkeln 59
duschen: wir gehen duschen 59

ehebrechen: er brach die Ehe 57
eigen: er redet vom Sparen, seinem eigenen und dem anderer 63; etwas sein eigen nennen (AR: sein Eigen); sich etwas zu eigen machen (AR: zu Eigen 70); das war sein eigen 56
ein: das eine zeige mir; das eine, das not tut; der eine hat alles zugegeben; manch einer konnte das nicht verstehen; wenn einer etwas nicht versteht, dann ...; zum einen – zum anderen 48; er ist mein ein und alles 64
eindosen: kostenloses Eindosen beim Kauf von ... 59
einfach: es ist das einfachste, wenn du ... (AR: das Einfachste); aufs einfachste 65 (AR: aufs einfachste/Einfachste 70)
einfachheitshalber
Eingang: sich Eingang verschaffen 47

eingehend: auf das eingehendste 65 (AR: aufs eingehendste/Eingehendste 70)
eingreifen: jedes Eingreifen der Behörden 59
Einhalt gebieten 47
einige: einige wenige 48
einjährig: er besuchte die einjährige gewerbliche Berufsfachschule in Nürtingen 34
eins: in eins setzen; vgl. acht, Acht
einstweilig: eine einstweilige Verfügung 34
einzeln: der einzelne und die Allgemeinheit (AR: der Einzelne 70); vom einzelnen und von der Allgemeinheit wird erwartet … (AR: vom Einzelnen 70); der/die/das einzelne; in der Masse wird der einzelne nicht mehr gesehen; es konnte kein einzelner wagen, das Haus zu betreten 48 (AR: der Einzelne, kein Einzelner 70); vom Einzelnen zum Allgemeinen kommen 59
einzig: das ist das einzige, was zu tun ist (AR: das Einzige 70); ich bin nicht der einzige, der das weiß 48 (AR: der Einzige 70); er war unser Einziger 59
eislaufen 57 (AR: Eis laufen)
Empfang: in Empfang nehmen 47
en gros: en gros und en detail
Ende: bis Ende Dezember geschlossen; seit Ende März 47
eng: auf das engste befreundet sein 65 (AR: aufs engste/Engste 70)
Englisch: der umfangreiche Schriftwechsel in Englisch; wir wurden gebeten, den deutschen Text ins Englische zu übersetzen 47; vgl. Deutsch/deutsch
englischsprechend: er hörte dem Englisch sprechenden Helmut Schmidt zu, der ein Interview mit englischsprechenden (englischsprachigen) Journalisten gab (AR: Englisch sprechend)
entfernt: nicht im entferntesten 65 (AR: im Entferntesten 70)
enthalten: wir bitten Sie, das in Absatz 2 Enthaltene zu veranlassen 59
entweder: das Entweder-Oder 59 (AR: Entweder-oder)
erhalten: Antwort erhalten 47
Erholung suchen 47
Ernst/ernst: für ernst nehmen 56; Ernst machen (Empfehlung: ernst machen); ernst nehmen 57; ernst werden/sein 56
erste: ab erstem/ersten Mai verdoppelte sich die Anzahl der Besucher; ab erstem/ersten Erstem verdoppelte sich …; das erste, was ich höre; er war der erste, der am Unfallort eintraf (AR: der/das Erste, … 70); das erste beste 48 (AR: das erste Beste 70); fürs erste 65 (AR: fürs Erste 70); er war immer der Erste (Klassenprimus) in der Klasse 59; die Erste Hilfe (AR: die erste Hilfe), der Erste Weltkrieg 40
erstere: das erstere, ersteres 63 (AR: das Erstere, Ersteres 70)
Erwägung: in Erwägung ziehen 47
Esperanto: sprechen Sie Esperanto? 47

essen: der moderne Gourmet liebt essen und trinken
etwas: das besondere Etwas 59
euch: ich grüße Euch/Sie alle; ich grüße Euch andere herzlich (Brief) (AR: euch 26); aber: er sagte: „Ich kann euch sehen." 26
eucharistisch: die eucharistische Taube, der Eucharistische Kongreß 40
evangelisch: die Zufahrt zum evangelischen Krankenhaus; die evangelische Kirche 34; aber: die Evangelische Kirche in Deutschland (EKD) 40

Fach: unter Dach und Fach bringen 64; vom Fach sein; er ist zwar nicht vom Fach, aber ... 47
Fahrrad fahren: vgl. Auto fahren
falsch: es ist das falscheste (= ganz falsch), jetzt den Mut sinken zu lassen 65 (AR: das Falscheste 70); es ist das Falscheste, was je geschrieben wurde; nur ein Fachmann kann hier Falsches von Echtem unterscheiden 59; sie ist ohne Falsch 47
faul: er war der Faulste meiner Klasse (Empfehlung: der faulste 63)
fehlen: aufgrund des Fehlens 59
feiern: ich werde 45: Grund zum Feiern 59
Feind/feind: feind bleiben/sein; er ist mir nicht feind 56 (AR: Feind bleiben/sein/werden, ... nicht Feind 70); aber: er ist kein Feind der Familie 47
Feld: ins Feld ziehen; zu Felde ziehen; über(s) Feld gehen 47
Feuer fangen 47
finster: er konnte im Finstern nichts sehen 59; aber: er tappte bei diesem Kriminalfall im finstern 65 (AR: im Finstern 70)
Fluß: die Dinge sind im Fluß; im Fluß der Ereignisse 47
Folge: Folge leisten 47; vgl. infolge/zufolge
folgend: wir bitten Sie, das folgende zu berücksichtigen; zur Richtigstellung vorab folgendes: ...; das im folgenden genannte Honorar 66 (AR: das Folgende, Folgendes, im Folgenden 70); der Redner forderte Unterstützung für das Folgende: ...; die Folgenden trugen schwarze Trauerkleidung 59
Frage: außer Frage stehen; die Teilnahme an dem Kongreß steht außer Frage 47; in Frage kommen; es muß daher in Frage gestellt werden, ob ... 47 (AR: infrage/in Frage)
frei: sie kamen aus dem Freien in die warme Wohnung 59
Freude: außer sich sein vor Freude 47
freund sein: 56 vgl. Feind (AR: Freund sein/bleiben/werden)
für: alles Für und Wider 59
Fug: mit Fug und Recht 64
Fuß: gut zu Fuß sein; er faßte schnell Fuß in der neuen Stadt 47

Gang: in Gang kommen/bringen/halten/setzen (wegen: der Gang der Dinge) 47 ganz: das Buch als Ganzes; ich habe in der Notiz das Ganze nur abgestellt auf die vorliegenden Zahlen 59 aufs Ganze (= insgesamt) gesehen (Empfehlung: aufs ganze gesehen 65); im ganzen eindrucksvoll (AR: im Ganzen 70); im großen und ganzen 64 (AR: im Großen und Ganzen 70); im ganzen genommen/gesehen (AR: im Ganzen); bei dieser Frage ging er aufs Ganze 59

Gast: zu Gast sein 47

Gebot: zu Gebote stehen 47

Gebrauch: falls Sie davon Gebrauch machen wollen, bitten wir … 47

Gebühr: wir haben über Gebühr viele Strapazen auf uns genommen 47

Gedeih: auf Gedeih und Verderb ausgeliefert sein 64

gegeben: es ist das gegebene (= angebracht), heute nicht zu arbeiten 65 (AR: das Gegebene 70); aber: er behielt das einmal Gegebene 59

geheim: im geheimen (= insgeheim) forschte er schon seit langem auf diesem Gebiet 65 (AR: im Geheimen 70); alles Geheime wurde verschwiegen 59

Gemüt: zu Gemüte führen 47

genau: z.Zt. ist Genaues nicht bekannt 59; des genaueren, aufs genaueste 65 (AR: des Genaueren, aufs genaueste/Genaueste 70)

Genüge: der Form wird Genüge getan 47

Gericht: sie ging mit ihm hart ins Gericht 47

gering: alle waren versammelt, vornehm und gering 64; er dachte nicht im geringsten daran, … (AR: im Geringsten 70); die Löhne stiegen um ein geringes (AR: Geringes 70) und die Gewerkschaften taten ein geringes (AR: Geringes 70), dieses zu ändern; dieses Problem geht sie nicht das geringste an 65 (AR: das Geringste 70)

gesagt: aufgrund des bisher Gesagten ist klar, … 59

gesamt: im gesamten 65 (AR: im Gesamten 70)

gestellt: er hat das in Aussicht Gestellte erhalten 59

Gewähr: für die Einhaltung des Vertrages kann keine Gewähr geleistet werden 47; aber: wir können nicht gewährleisten, daß …

Ghostwriter 47

Glauben: auf Treu und Glauben 64

gleich: du sollst Gleiches nicht mit Gleichem vergelten 59; gleich und gleich gesellt sich gern 64 (AR: Gleich und Gleich 70); es ist doch immer das gleiche (AR: das Gleiche 70): ob wir dies tun oder das, es kommt das gleiche dabei heraus (= dasselbe) (AR: auf das gleiche 70); trotz vieler Rückschläge ist er noch immer der gleiche geblieben (= derselbe) 65 (AR: der Gleiche 70)

Glück wünschen 47

Goethe: ein Goethesches Gedicht (Empfehlung: ein goethesches Gedicht 23) AR: ein goethesches/Goethe'sches Gedicht 42

Go-go-Girl 69

golden: zur goldenen Hochzeit (Empfehlung: zur Goldenen Hochzeit 34); das Goldene Sportabzeichen 40

Gram: er ist mir gram 56; aber: er verursachte mir keinen Gram 47

groß: der Große Bär 40; sie leistete Großes; in der Taufe tut Gott noch Größeres 59; im großen und ganzen war es recht erfreulich (AR: im Großen und Ganzen 70); es waren groß und klein versammelt 64 (AR: Groß und Klein 70); eine Woche Urlaub wäre jetzt das größte (= am schönsten) (AR: das Größte 70); im großen und kleinen (en gros und en detail) betreiben 65 (AR: im Großen und Kleinen 70)

Grund: ohne Grund; von Grund auf 47; aufgrund der Tatsache, daß ... 55; zugrunde gehen/liegen 57; in Grund und Boden 64

grundpreisfrei: die Anlagen sind grundpreisfrei

gut: ich glaube, daß gut und böse als Möglichkeiten von Gott geschaffen sind; Gut und Böse unterscheiden können; jenseits von Gut und Böse (AR: von gut und böse); sie hielten im Guten sowie im Schlechten zusammen 59; die Note „gut“, auch: die Note Gut 60; der Vater, der gute 63; an diesem Abend gaben sich gut und böse die Hand 64; er sagte es ihr im guten 65 (AR: im Guten 70); guten Tag sagen (AR: guten/Guten Tag sagen)

halb: fünf vor halb (sechs) 63; ein Halber (Schoppen) 59

halt: haltmachen; er machte nicht halt 57; aber: er machte keinen Halt 47; Halt rufen (AR: Halt/halt rufen 70)

Hand: Hand anlegen; an die Hand gehen; bei der Hand haben; etwas unter der Hand (= in Arbeit) haben 47; aber: etwas unterderhand (= heimlich) verkaufen; zuhanden sein 55; überhand nehmen 57 (Duden: überhandnehmen)

Handball spielen 47

handhaben: das wird so gehandhabt

Harnisch: in Harnisch bringen 47

Haus: außer Hause; zu Hause; nach Hause; das Zuhause; ins Haus stehen 47

haushalten: er hält haus 57 (AR: Haus halten, er hält Haus)

heilig: meine erste heilige Kommunion; die Heilige Stadt 34; Vater, Sohn und Heiliger Geist; der Heilige Abend (= 24.12.); Hospital zum Heiligen Geist 40

hell: vermeide ein Zuviel an Hellem und Rotem; ein Helles (= Bier) 59; das hellste von allen Kleidern 63

herzlich: wir beglückwünschen Sie auf das herzlichste 65 (AR: aufs herzlichste/Herzlichste 70)

heute: zwischen vorgestern und heute liegt das Gestern

hierzulande 55

Hilfe: um Hilfe rufen; zu Hilfe kommen; nach Hilfe rufen 47

hinsehen: bei näherem Hinsehen 59

hin und her: nach langem Hin und Her 59

hoch: hoch und nieder/niedrig gaben sich ein Stelldichein 64 (AR: Hoch und Nieder/Niedrig 70); er war auf das höchste (höchst/sehr) erstaunt (AR: auf das höchste/Höchste 70); es geht hoch her 65

hören: im Hören auf Gottes Wort 59

Hof/hofhalten: er hielt großen Hof 47; aber: er hielt nicht hof 63 (AR: Hof halten; er hielt Hof 70)

hohnlachen/hohnsprechen: hohnlachend, er lachte ihm hohn; das spricht allem Recht hohn 57 (AR: Hohn lachen, auch hohnlachen, aber: er lachte ihm Hohn 70)

hundert: Hunderte von Zuschauern 47; er verdiente ein paar hundert (Mark); hundert DM; mehrere hundert Stellen, hunderte Menschen 48 (AR: hunderte/Hunderte Menschen 70)

Hunger: Hungers sterben 47 (AR: hungers sterben 70)

hurra: hurra schreien (AR: hurra/Hurra schreien 70)

ihr: bitte teilt mir mit, ob Ihr kommt; habt Ihr Euren Wintergarten fertig? (Brief) 26 (AR: … ob ihr kommt, habt ihr euren Wintergarten fertig 26)

im besonderen 65 (AR: im Besonderen 70)

im folgenden 65 (AR: im Folgenden 70)

im ganzen 65 vgl. ganz (AR: im Ganzen 70)

im voraus: im voraus besten Dank 65 (AR: im Voraus 70)

im weiteren 65 (AR: im Weiteren 70)

imstande sein 56

in Abfolge: die Veranstaltungen finden in Abfolge der genannten Termine statt 47

in acht nehmen: 57 vgl. Acht (AR: in Acht nehmen 70)

in Anbetracht: in Anbetracht der Tatsache … 47

in bezug: in bezug auf Ihr Schreiben vom … (Empfehlung: in Bezug auf … 47); aber: mit Bezug auf (AR: in/mit Bezug auf 70)

in concreto

in dubio

infolge: der Wagen wurde infolge erhöhter Geschwindigkeit aus der Kurve getragen 55; aber: sieben Treffer in Folge

in Frage/infrage: in Frage kommen/stellen; das kam nicht in Frage 47 (AR: in Frage/infrage kommen/stellen) 57

in medias res

inmitten: inmitten des Gedränges 55

in Mode kommen: es kam in Mode, zu … 47

in natura

in petto: er hat bei mir noch was in petto

ins Lächerliche ziehen 59

insbesondere

Insider 47
insonderheit (Empfehlung: in Sonderheit 47) (AR: in Sonderheit 70)
instand: instand halten/setzen 57 (AR: instand/in Stand 70)

ja: ja sagen 59 (AR: ja/Ja sagen 70)
Jargon sprechen 47
jedermann: hier kann jedermann mitmachen 48
jederzeit: hier kann jedermann jederzeit Mitglied werden 55
jemand: an jemanden schreiben 48; aber: ein gewisser Jemand 47
Jet-set 69 (AR: Jetset)
Jet-stream 69
Job-sharing 69 (AR: Jobsharing)
jung: viele Alte waren schneller am Ziel als so mancher Junge 59; das jüngste von drei Kindern 63; der Streit zwischen jung und alt 64 (AR: zwischen Jung und Alt 70)

kategorisch: der kategorische Imperativ 34
katholisch: das Fach katholische Religionslehre; die katholische Kirche/Soziallehre 34; die Katholische Arbeiterbewegung (KAB) 40
kegelschieben: er schob Kegel (AR: Kegel schieben, er schob Kegel)
Klage: zu(r) Klage Anlaß geben 47
Klasse: das ist klasse 56 (AR: das ist klasse/Klasse 70); aber: das ist große Klasse 47
klassisch: die klassische Philologie 34
Klavier spielen: vgl. Bratsche spielen
klein: der Kleine Bär (Sternbild) 40; der kleine Muck; aber: sie las den „Kleinen Muck“ 25; hallo Kleiner; gebt den Kleinen zu essen 59; groß und klein strömte zusammen 64 (AR: Groß und Klein 70); er hatte einen kleinen sitzen; es war ihm ein Kleines, das zu bezahlen (Empfehlung: ein kleines); im kleinen wirken (AR: *im Kleinen 70*); er war am kleinsten 65
Knockout: der Knockout 47; jemanden knockout (k.o.) schlagen 57 (AR:Knockout/Knockout)
Know-how-Transfer 69
kochen: er schwitzte beim Kochen; aber: kochen liebte er 59
Konkurrenz: außer/in/ohne/zur Konkurrenz 47
kopfrechnen 57
kopfstehen: er stand kopf bei dem Gedanken 57 (AR: Kopf stehen, er stand Kopf 70)
kräftig: das Kräftigste von XY: gebacken aus reinem Vollkorn (Werbeslogan) 59 (Empfehlung: das kräftigste 63)
Kraft/kraft: außer Kraft 47; er entschied den Streit kraft seiner Autorität 55

Kreuz/kreuz: aufs Kreuz legen; zu Kreuze kriechen 47; kreuz und quer laufen 57; in die Kreuz und in die Quere springen 64

Kriegsfuß: auf Kriegsfuß stehen 47

Kuchen: Kuchen backen/Kuchenbacken ist eine Kunst 47/59

Kurs halten 47

kurz: einen Kurzen (= Schnaps) trinken; ein Kurzer (= Kurzschluß) in der Leitung 47; über kurz oder lang 64; etwas des kürzeren darlegen; bei diesem Spiel zog er immer den kürzeren (AR: den Kürzeren 70); wir werden dies in Kürze beraten

lächerlich: ins Lächerliche ziehen 59

Land: Land sichten/gewinnen 47; dortzulande; hierzulande 55

lang: des langen und breiten erklärt (AR: des Langen und Breiten 70); seit langem; von lange her; über kurz oder lang 64

Last: das geht zu Lasten von … (AR: zu Lasten/zulasten); zur Last fallen 47

Latein/lateinisch: vgl. Deutsch/deutsch

Latinum: das kleine Latinum 34

laufend: auf dem laufenden bleiben/halten/sein 65 (AR: auf dem laufenden 70)

leben: 25 Jahre leben und wohnen/Leben und Wohnen in unserer Siedlung; zum Leben zu wenig 59

Leder: der Hund wollte ihm ans Leder; vom Leder ziehen 47

leer: ins Leere starren 59

Leib: zu Leibe rücken; bleib mir mit dem Käse vom Leib 47; das ist beileibe nicht alles

leicht: es war ihm ein leichtes, den Wagen zu öffnen 65 (AR: ein Leichtes 70)

Leid/leid: er tat ihr kein Leid an 47; aber: er war es leid, zu … 56; das tat ihm leid 57 (AR: tat ihm Leid 70); jemandem etwas zuleide tun 57

leistungsfähig: der wirtschaftlich Leistungsfähigste wird herangezogen 59

lesen: er muß lesen und schreiben lernen; viel Freude beim Lesen 59

Letzt: zu guter Letzt noch eine persönliche Bemerkung 47

letzte: das war aber das letzte, was er tun würde (AR: das Letzte, was … 70); die letzten beiden räumen den Tisch auf; er war immer der letzte; zum letzten; die Arbeiter erfuhren es als letzte 48 (AR: der Letzte, zum Letzten, als Letzte 70); die Ersten werden die Letzten sein; hier geht's ums Letzte; und ein Letztes hatte er noch zu sagen; der Letzte des Monats ist nah; er gab für diesen Sieg sein Letztes 59; beim letzten der Häuser biegen Sie links ab 63; eine Rechtslage, die wir nicht bis ins letzte klären wollen 65 (AR: bis ins Letzte 70)

letzterer: … weil letzterer 48 (AR: Letzterer 70)

Liebe: vgl. zuliebe; er sprang ihr zuliebe in die Brennesseln 55

liegend: der am Boden Liegende stand wieder auf 59

Lust: Lust haben/finden 47

Luther: die Lutherischen Kirchenlieder (= die Kirchenlieder Luthers) (Empfehlung: die lutherischen 23) (AR: die lutherischen Kirchenlieder); lutherische Kirche 34; der Lutherische Weltbund 40

Make-up 69
Mal: beim ersten Mal; zum ersten Mal 47; auch: beim erstenmal; zum erstenmal; ein paar dutzend mal 50 (AR: ein paar dutzend Mal 70)
manch: manch einer; man sah manche weinen; mancher Staunende 48
Mangel: aus Mangel an Beweisen 47
mangelhaft: vgl. ausreichend
mangels: ihm war mangels Beweisen nichts nachzuweisen 55
maschineschreiben: mit der Maschine schreiben 47; sie schreibt gut Maschine 55; sie konnte gut maschineschreiben 57 (AR: Maschine schreiben)
maßhalten: er hielt maß, maßgehalten 57 (AR: Maß halten, er hält Maß)
Maß nehmen: der Torjäger nahm Maß, er hat nicht Maß genommen (Empfehlung: maßnehmen, nahm maß 57)
maßregeln: er wurde gemaßregelt 57
medizinisch: die medizinische Klinik 34
mehr: üblicherweise entfällt ein Mehr an Kundigmachen 59
meiste: das meiste war bekannt; die meisten kamen 48
menschlich: das Menschliche am Computer ist … 59
Midlife-crisis 69 (AR: Midlifecrisis/Midlife-Crisis)
mindest: das mindeste ist …; nicht im mindesten 66 (AR: das Mindeste; nicht im Mindesten 70)
mindestfordernd: die Firma xy bleibt mindestfordernde 63
mit Ausnahme 47
mit Bezug: vgl. in bezug
mit Dank 47
mit Fug und Recht 64
mit Hilfe/mithilfe 47/55
mit Recht 47
mit Wissen 47
Mittag: kurz vor Mittag wurde das Essen geliefert; sie aßen zu Mittag 47
mittag/mittags: wir trafen uns Dienstag mittag/gestern mittag (AR: Dienstag Mittag/gestern Mittag); aber: wir trafen uns an einem Dienstagmittag; sie kam mittags nach Hause 55
Mitte: bis Mitte Juni muß die Arbeit beendet sein; verstellen der Papierschiene nach unten, in die Mitte und nach oben; unten: … Mitte: … oben: … (in einer Tabelle) 47; aber: inmitten 55
Mittel: die Temperaturen sanken im Mittel auf -5 Grad Celsius 47; ihm geht es mittel 55

mittels: der Wagen wurde mittels einer Kurbel gestartet 55
mitternachts 55
mittlere: die mittlere Reife 34; der Mittlere Osten 40
Mode: „weil es Mode ist“, antwortete sie 47
möglich: alles mögliche (= allerlei) tun 66; sein möglichstes tun 65 (AR: alles Mögliche; sein Möglichstes 70)
Moll: die a-Moll-Arie 61
morgen/Morgen/morgens: heute oder morgen kann das Pulverfaß explodieren; als er morgens aufwachte, dachte er an den ersten Morgen, den er hier verbracht hatte 55/47; vgl. abend/Abend
Moto-cross 69 (Duden: Moto-Cross)
mündlich: Kenntnisse der englischen Sprache, insbesondere im Mündlichen 59
müssen: es ist für mich ein inneres Muß, … 59
Mut: er faßte Mut; Mut machen 47; vgl. zumute 55

nachhinein: im nachhinein bitten wir Sie … 55 (AR: im Nachhinein 70)
Nachmittag/nachmittag: wir freuen uns alle auf den morgigen Nachmittag 47; morgen nachmittag wird das Fest stattfinden 55 (AR: morgen Nachmittag 70); vgl. Abend/abend
nächste: der nächste, der … 63 (AR: der Nächste, der … 70); als nächstes 65 (AR: als Nächstes 70)
Nacht: bei Nacht erscheint der Park gespenstisch und unheimlich 47
nacht/nachts: gestern nacht wurde das Feuerwerk gestartet (AR: gestern Nacht); er konnte nachts nicht schlafen 55
nachtwandeln: sie nachtwandelte regelmäßig 57
nah und fern: die Zuschauer kamen von nah und fern 64
namens: ein Kanzler namens Kohl 55
nämlich: das nämliche gilt … 66 (AR: das Nämliche 70)
national: betreffs Bewerbung „nationaler Verkaufsleiter“ 34; das Nationale Olympische Komitee (NOK); die Nationaldemokratische Partei Deutschlands (NPD) 40
nebenstehend: im nebenstehenden 65 (AR: im Nebenstehenden 70)
neu: ein gutes neues Jahr; die neue Post in Waiblingen (Post = Postamt) 34; der Neue Bund (bibl.) 40; ständig das Neueste zum Anziehen haben 59; auf ein neues; aufs neue; sich auf neues freuen; das neueste ist, daß er … 65; aber: das Neueste, was ich gehört habe; aufs neue 65 (AR: aufs neue/Neue 70)
neun: er warf alle neune 48; vgl. acht, Acht
Newcomer: der Newcomer Becker errang den Titel 47
nichts: für die vorgeschlagenen Aufwendungen spricht nichts Gegenteiliges; nichts Ganzes und nichts Halbes

nieder: allerhand Niederes; Hohe und Niedere; das Auf und Nieder 59; hoch und nieder 64 (AR: Hoch und Nieder 70)

Niederländisch: betr. Übersetzungen Niederländisch (Holländisch und Flämisch) 47; vgl. Deutsch/deutsch

niemand: niemand kam; niemand von uns hat etwas gesehen 48; aber: ein geheimnisvoller Niemand 47

Nord/Norden: der Wind kommt aus Norden; gen Norden; Nord und Süd 47

normal/Normal: der Wagen läuft normal, er braucht 7 Liter Normal 47

Not: Eile tut not 57 (AR: tut Not 70); vgl. vonnöten sein

nu: Georg, nu mach voran!

Nu: im Nu sind die Kekse weggegessen 59

nütze: er ist zu nichts nütze 56

Null/null: die Stunde Null; Null Komma nichts; das Thermometer steht auf Null 47; aber: null Komma acht (0,8); null Uhr 48; vgl. acht, Acht

Numerus clausus 69

Nutzen: von Nutzen sein 47

Obacht: in Obacht nehmen; Obacht geben 47

ober…: die Oberste Landesbehörde 40; aber: die oberste Instanz; die oberen Zehntausend

öffentlich: die öffentlich bestellten Vermessungsingenieure 34

oft: des öfteren 65 (AR: des Öfteren 70)

olympisch: die Olympischen Spiele 40; die olympischen Disziplinen; olympisches Gold

Ost/Osten: vgl. Nord/Norden

Outsider 47

Paar/paar: das ungleiche Paar trank an der Theke ein paar Glas Bier 47/48

Paroli bieten 47

päpstlich: die päpstlichen Insignien; ein päpstlicher Segen; aber: der Päpstliche Segen (= urbi et orbi) 40

Parterre/parterre: das Parterre wurde geräumt 47; er wohnt parterre 55

Pas de deux 69

Paso doble 69

Persona grata/non grata 69

personenbezogen: die Speicherung von personenbezogenen Daten

peu à peu: sie arbeiten die Aktenberge peu à peu ab

Pfeife rauchen: sie rauchen Pfeife 47

Pin-up-Girl 69

Platon: platonische Liebe; Platonische Schriften (Empfehlung: platonische Schriften) 23

Platz nehmen 47
Pleite/pleite: Pleite machen; er würde keine Pleite machen 47; pleite sein/gehen; die Firma ging pleite 56
prämiensparen (nur im Infinitiv gebräuchlich) 57
Preis: hoch im Preis stehen 47
preisgeben: er gibt das Geheimnis preis; er hat das Geheimnis preisgegeben 57
preiskegeln 57
pro: das Pro und Kontra 59
Pro-Kopf-Verbrauch 68
probefahren: er fährt Probe, er ist probegefahren 57 (AR: Probe fahren)
probelaufen: er läuft Probe, ist probegelaufen 57 (AR: Probe laufen)
probesingen: er singt Probe, hat probegesungen 57 (AR: Probe singen)
Public Relations 69 (AR: Publicrelations/Public Relations)
punktschweißen: punktgeschweißt 57

qua
querbeet: querbeet laufen
querfeldein: er läuft querfeldein; aber: er läuft Querfeldein (= er nimmt an einem Querfeldeinrennen teil) 47
Quickstep 47
Quidproquo 47
Quiproquo 47
quitt: mit jemandem quitt sein
Quivive: er war in dieser Situation auf dem Quivive 47

radfahren: ich fahre Rad 57 (AR: Rad fahren 70)
radschlagen: er konnte gut radschlagen 57; er schlug ein Rad 47 (AR: Rad schlagen 70)
Rand: außer Rand und Band 64; vgl. zurande
Rat: mit Rat und Tat 55; vgl. zurate ziehen
Recht/recht: die Klage wurde zu Recht abgewiesen; von Rechts wegen; sein Recht finden; das (ein) Recht haben, etwas zu tun; im Recht sein; er hatte kein Recht; Recht muß Recht bleiben (sein); Recht bekommen; er hat kein Recht bekommen 47; aber: er hatte nicht recht bekommen 56; Recht erhalten; er hat trotz guter Anwälte kein Recht erhalten; Recht sprechen; vor Gericht Recht suchen/finden 47; das ist mir recht; er hat nicht recht 56; das geschieht dir recht; ich muß ihm recht geben; recht bekommen; das ist nicht recht; das finde ich recht; da gebe ich dir recht 56
rechtens: er ist rechtens verurteilt worden 55; er hält die Nachversteuerung für Rechtens; das ist nicht Rechtens (Empfehlung: ist nicht rechtens 56); (AR: ist nicht rechtens 70)

reich: arm und reich (AR: Arm und Reich); vgl. arm
rein: er wird mit sich ins reine kommen 57; der Brief muß noch ins reine geschrieben werden 65 (AR: ins Reine 70)
Rheingau: prägnanter Rheingauer Riesling (Empfehlung: rheingauer Riesling)
rheinisch: rheinische Mundarten; die Rheinische Sinfonie (von Schumann) 40
richtig: genau das Richtige für ihr Bad; er tat das Richtige im richtigen Moment, denn er gewann sechs Richtige 59; ein Bewerber, der der richtige war … 63; das richtige wäre zu warten 65 (AR: das Richtige wäre … 70)
roh: der Bau ist im rohen schon fertig 65 (AR: im Rohen 70)
rot: niemand soll bei Rot über die Straße gehen 47; rotsehen; er sah rot 57; der Rote (= Indianer) 47; vgl. Blau/blau
rückenschwimmen: vgl. brustschwimmen
Russisch/russisch: vgl. Deutsch/deutsch

sämtlich: er kam mit sämtlichen gut aus 48; vgl. alle
sandstrahlen (nur im Infinitiv gebräuchlich) 57
saus: in Saus und Braus leben 64
Schaden: zu Schaden kommen; niemand ist bei dem Unfall zu Schaden gekommen 47
Schande: zu seiner Schande 47; zuschanden werden 57
Schimpf: mit Schimpf und Schande 64
schlecht: Gute und Schlechte; Schlechtes tun 59; die schlechteste von drei Arbeiten 63; es wäre das schlechteste (= am schlechtesten), jetzt so zu reagieren 65 (AR: das Schlechteste 70)
schlimm: jemanden aufs schlimmste behandeln 65 (AR: aufs schlimmste/Schlimmste 70)
schlußfolgern 57
schön: das Schönste, was ich je gesehen habe; Schönes und Häßliches; eine Schöne betrat den Saal 59; jetzt wäre es das schönste (= am schönsten) zu schlafen 65 (AR: das Schönste 70); das Barometer steht auf „schön“ 60
schrecklich: aufs schrecklichste 65 (AR: aufs schrecklichste/Schrecklichste 70)
Schuld/schuld: schuld sein/geben/haben (Empfehlung: Schuld geben/haben 47) (AR: Schuld geben/haben 70); er gab ihm keine Schuld an dem Vorfall; ich habe keine Schuld, daß … 47; ich bin nicht schuld, daß … 56; sich etwas zuschulden kommen lassen 57
Schwarz/schwarz: die Katze war weiß und grau gefleckt mit Schwarz drin 47; mit dieser Behauptung traf er ins Schwarze (Empfehlung: ins schwarze 65); aber: der Schütze traf ins Schwarze 59; schwarzsehen; er sah schwarz 57; vgl. Blau/blau
Schwarzer Peter: sie spielten Schwarzer Peter 40 (AR: schwarzer Peter 42)
Schweiz: aus Schweizer Sicht (Empfehlung: aus schweizer Sicht 23)

schweizerisch: das schweizerische Bankwesen 34
schwimmen: langes Schwimmen bekommt mir 59; ich gehe gern schwimmen
sehr gut: vgl. ausreichend
sein: er behielt nur das Seine/Seinige 59; aber: es ging um Autos, das seine war in Ordnung 63
seit alters: vgl. alters
seit Ende 47
Seite: von/auf seiten; es bestehen von/auf seiten der Firma keine Einwände 55 (AR: aufseiten/auf Seiten; vonseiten/von Seiten); beiseite legen 57
seitens: … seitens der Geschäftsführung 55
seitenschwimmen (nur im Infinitiv gebräuchlich) 57
Short story 69 (AR: Short Story)
sich ändern: das Sichändern 59
sich anfreunden: das Sichanfreunden 59
sicher: beim nächsten Wurf muß er auf Nummer Sicher gehen 60 (AR: auf Nummer sicher/Sicher); noch einen Schritt und wir sind im sichern (= sicher) 65 (AR: im Sichern)
sicherstellen: Auswertung der gemachten Erfahrungen und Sicherstellen/sicherstellen des Erfahrungsflusses 59
silbern: die silberne Hochzeit (Empfehlung: die Silberne Hochzeit 34); er bekam das Silberne Lorbeerblatt 40
sitzen: arbeiten im Sitzen und Gehen 59
Skat spielen 47
S-Kurve
S-Laut
solch: ein solches ist … 48 (AR: ein solches/Solches 70)
Soll: Soll und Haben 64
sommers: er fährt sommers wie winters mit seinem Surfbrett 55
Sonderheit: insonderheit 55 (Empfehlung: in Sonderheit 47); (AR: in Sonderheit)
sowohl … als auch: ein entschiedenes Sowohl-Als-auch 68 (AR: Sowohl-als-auch)
Spitze/spitze: Schiffeversenken ist Spitze/spitze 56
staatlich: staatlich anerkannter Luftkurort 34
Stand: vgl. außerstande/imstande/zustande sein
standhalten: sie hielten den Versuchungen stand 57
Statt/statt: an Eides Statt; der Befragte gab die Erklärung an Eides Statt ab; an Kindes Statt annehmen 47 (AR: an Eides/Kindes statt); er kann statt meiner 55; vgl. anstatt; vonstatten
stattfinden: die Veranstaltung findet heute statt; die Veranstaltung hat heute stattgefunden 57

staubsaugen: er saugte Staub; er staubsaugte; er hat Staub gesaugt/staubgesaugt 47/57
Steckscheiben: die Durchführungsanweisung versteht unter Steckscheibensetzen auch das Steckscheibenziehen 59
stehen: ihr abseits Stehende 59
Stelle: vgl. anstelle

tabula rasa machen (AR: Tabula rasa)
Tag: die Maschine wird unter Tage eingesetzt 47; zutage treten/bringen 55
Tal: zu Tal fahren 47
tausend: in tausend Bildern 48; vgl. hundert
technisch: ein technisches Problem; die Rheinisch-Westfälische Technische Hochschule (RWTH) Aachen 40
Teil: zuteil werden 57
teilnehmen: an dem Ausflug nahmen viele teil; an dem Ausflug haben viele teilgenommen 57
Tête-à-tête 69 (AR: Tete-a-tete/ Tête-à-tête)
Tie-Break (Empfehlung: Tie-break 69); (AR: Tiebreak/Tie-Break)
tief: wir bedauern den Vorfall auf das tiefste 65 (AR: aufs tiefste/Tiefste 70)
treu: auf Treu und Glauben 64
trocken: sie saßen im Trockenen 59; als die Gäste auf dem trockenen saßen …; sein Schäfchen ins trockene bringen 65 (AR: auf dem Trockenen; ins Trockene 70)
tuten: von Tuten und Blasen keine Ahnung haben 59

Übel: von Übel sein 47
über Kopf 47
übereck: stellen Sie die Couch bitte übereck
überhand: überhand nehmen (Duden überhandnehmen); es nimmt überhand; es hat überhand genommen 57
üblich: die Alternative zum üblichen 59
übrig: die übrigen 48; ein übriges tun 66; uns wurde die Fahrt im übrigen (i.ü.) auch zu lang 65 (AR: die Übrigen; ein Übriges tun; im Übrigen [i. Ü.])
umstürzen: durch umstürzen der Mauer; ein Umstürzen der Mauer 59
unbekannt: Anzeige gegen Unbekannt 59 (AR: gegen unbekannt)
ungenügend: vgl. ausreichend
ungewiß: im ungewissen sein 65 (AR: im Ungewissen 70)
ungezählt: es kamen ungezählte 66 (AR: Ungezählte 70)
unklar: im unklaren sein 65 (AR: im Unklaren 70)
unmöglich: das Unmöglichwerden, das weder der Schuldner noch der Gläubiger zu vertreten hat, … 59

Unrecht: mit dieser Behauptung setzte er sich ins Unrecht 47; unrecht geben; ich habe nicht unrecht (bekommen) 57 (AR: Unrecht bekommen); vgl. Recht/recht
unser: „Unsere kleine Stadt" (Titel) 25; Unsere Liebe Frau 40; das Unsere/Unsrige (= Habe) 59; aber: von allen Kindern war das unsrige am schmutzigsten 63
unter Tage: vgl. Tag
unzählige: es kamen unzählige 66 (AR: Unzählige)
urlaubsbedingt: urlaubsbedingter Ausfall der Sprechstunden

verborgen: die Drahtzieher blieben im verborgenen (= verborgen) 65
verderb: auf gedeih und verderb 64 (Duden: auf Gedeih und Verderb)
vereinzelt: es kamen vereinzelte 66 (AR: Vereinzelte)
verschieden: Verschiedenes (Tagesordnungspunkt) 59; sie diskutierten verschiedenes (= einiges); wir haben verschiedenes (= dies und das) getan 66 (AR: Verschiedenes 70); aber: sie redeten von Verschiedenem (= Unterschiedlichem)
verwalten: ein Mehr an Verwalten/verwalten und Regieren/regieren 59
viel: das war der Wunsch vieler; plötzlich stand noch einer statt vieler vor dem Haus; die vielen; sich in vielem ergänzen/unterscheiden; sie hat ja in vielem recht, aber was zuviel ist, das ist zuviel 48
viertel: ein viertel Liter 48; aber: ein Viertelliter 47; eine dreiviertel Stunde 48; aber: um Viertel vor acht (AR: um viertel vor acht); in drei Vierteln aller Haushalte 47
vis-à-vis: das Visavis
voll: er schöpfte aus dem vollen; ins volle greifen 65 (AR: aus dem Vollen; ins Volle 70)
von Grund auf 47
von Rechts wegen 47
von Nutzen sein 47
vonnöten sein 57
vonstatten: die Arbeit ging vonstatten 57
voraus: im voraus besten Dank 65 (AR: im/zum Voraus 70)
vorhinein: im vorhinein 65 (AR: im Vorhinein)
vorzeiten: ich bin vorzeiten dort zur Schule gegangen 55

Walkie-talkie 69 (AR: Walkie-Talkie)
warm: hier läßt er den Gegensatz zwischen warm und kalt spielen 64
wasserabweisend: der Stoff ist wasserabweisend (AR: Wasser abweisend)
wechseln: auch bei häufigem Wechseln keine Beanstandung 59
Weg: zuwege bringen 57
weh: mit lautem Weh und Ach 59; vgl. ach
weit: er war bei weitem der schnellste; bis auf weiteres; des weiteren; ohne weiteres 65 (AR: bei Weitem; bis auf Weiteres; des Weiteren; ohne Weiteres); falls Weiteres (= mehr) abzuklären wäre, bitten wir Sie, … (Empfehlung: falls weite-

res … 66); alles Weitere (Empfehlung: alles weitere) wird sich finden 66; aber: dieses Kleid ist zu eng, alles Weitere käme in Frage 59
wenig: das wenige, was sie verdient, wird auch noch hoch besteuert; ein Weniger an leeren Versprechungen 59; ich kann euch zwar nur wenig überlassen, aber dieses wenige ist, … nur einige wenige sagten diesen Ausgang voraus 48
wenn: der Plan wird ohne Wenn und Aber durchgeführt; da hilft kein Wenn und Aber 59
Werk: zu Werke gehen 47
wesentlich: im wesentlichen 65 (AR: im Wesentlichen 70)
wetteifern 57
wetterleuchten: es wetterleuchtete 57
wichtig: das Wichtigste sei noch einmal zusammengefaßt 59
Willen: das tat er nur wider Willen 47
wissenschaftlich: wissenschaftliche Hilfskraft 34
Wunder: er hat wunder was getan 55 (AR: Wunder was)
x-Achse 61
x-Beine: x-beinig 61 (AR: x-beinig/X-beinig)
x-mal 61

y-Achse 61

zehn: die Zehn Gebote 40; ein Zehner (= Zehnmarkschein); Einer und Zehner zusammenzählen 47; vgl. acht, Acht
zehnte: den Zehnten (= Steuer) eintreiben 47; er ging als zehnter durchs Ziel 48 (AR: als Zehnter 70)
zehntel: in der Größe von einigen zehntel Millimetern 48; vgl. viertel
Zeit: beizeiten; vorzeiten; zuzeiten; zeit seines Studiums; zeitlebens; er blieb zeitlebens dem Alkohol verfallen 55; zur Zeit 47
zentral: in der Bundesrepublik Deutschland gibt es eine zentrale Studienvergabe; die Unterlagen sind bei der Zentralen Studienvergabe Dortmund (ZVS) einzureichen 34/40
zufolge: den Angaben zufolge waren sie … 55
Zuge: im Zuge der Maßnahmen 47
zugrunde gehen 57
zugunsten 55
zugute halten 57
zu Händen: zu Händen (z. Hd.) von … 47
zuhanden: zuhanden sein 55
zu Hause: vgl. Haus
Zuhause: manche Tiere haben kein Zuhause 47
zu Lande/zulande: zu Wasser und zu Lande 47; bei uns zulande; hierzulande 55

zuleide tun: jemandem etwas zuleide tun 57
zuliebe: dir zuliebe bin ich gekommen 55
zu Mittag: sie aßen zu Mittag 47
zumute: ihr war traurig zumute 57
zunutze: sich etwas zunutze machen 57
zu Rande kommen: er kam gut zu Rande (Empfehlung: zurande 57); (AR: zurande/zu Rande)
zu Rate ziehen 47 (AR: zurate/zu Rate)
zurecht: die Frisur zurecht machen; ich komme gut zurecht 57
zu Schaden kommen 47
zuschulden kommen lassen 57
zustande kommen 57
zustatten kommen 57
zutage treten/bringen 57
zu Tal fahren 47
zuteil werden 57
zuungunsten 55 (AR: zuungunsten/zu Ungunsten)
zuviel: ein Zuviel an Veranstaltungen 59
zu Wasser 47
zuwege bringen 57
zur Zeit 47 (AR: zurzeit)
zuzeiten: ich gehe zuzeiten (= bisweilen) schwimmen 55; aber: zu Zeiten Karls des Großen 47
zwei: den zwei(en); vgl. acht, Acht
zweite: ein Auto rast bei Gelb über die Ampel, dahinter gleich ein zweites; er wurde zweiter 48 (AR: Zweiter 70)

Kleines Verzeichnis grammatischer Begriffe

Adjektiv	Eigenschaftswort	groß, gut, schön, durstig
Adverb	Umstandswort	heute, gleich, nachher, dort
Angabe	adverbiale Bestimmung	**Nach dem Essen** gingen wir; wir fuhren **nach Köln**
Apostroph	Auslassungszeichen	Ohm'sches Gesetz
Apposition	Beisatz	Karl, der Sachsenschlächter, ...
Artikel	Geschlechtswort	der, die, das, ein, eine
Attribut	Beifügung	guter französischer Rotwein, eine Nacht im Heu
Deklination	die "Beugung" von Nomen, Pronomen, Artikeln und Adjektiven s. Fälle, Singular, Plural	
Desubstantivierung	Überführung eines Substantivs in eine andere Wortart	**dank** eurer Hilfe, ich gehe **abends**, **aufgrund** dieser Tatsache
Fall	Deklinationsform von Artikeln, Nomen und Pronomen	1. Fall (Nominativ): ich, der 2. Fall (Genitiv): meiner, des 3. Fall (Dativ): mir, dem 4. Fall (Akkusativ): mich, den
Infinitiv	Grundform des Verbs	können, sein, machen, sagen
Kasus	s. Fall	
Konjugation	die "Beugung" des Verbs	ich gehe, du gehst, ..., ich ging, du gingst, ..geh, geht, ...
Konjunktion	Bindewort	und, oder, daß, sodaß
Nomen (Substantiv)	Namenwort	Haus, Mensch, Autobahn, Joghurt
Nominalisierung	Umwandlung in ein Nomen	das In-den-Tag-hinein-Leben
Objekt	Verbergänzung im zweiten, dritten oder vierten Fall	Ich sehe **dich**; ich danke **dir**; wir gedenken **unserer Toten**
Partikel	unveränderliches Wort	ziemlich, irre, beileibe, anheim
Partizip I	Mittelwort I	singend, stehend, seiend, sagend
Partizip II	Mittelwort II	gesungen, gestanden, gewesen, gesagt
Plural	Mehrzahl	die Häuser; wir gehen, ihr geht, sie gehen
Possesivpronomen	besitzanzeigendes Fürwort	mein, dein, sein
Prädikat	Satzaussage	Er **kommt**, ... **hat** ... **gesagt**, ... **ist** ... **befördert worden**
Prädikativ	Prädikatserganzung	... ist **groß**, ...bleibt **ein Schuft**
Präposition	Verhältniswort	in, an, auf, nach, aufgrund, entlang
Pronomen	Fürwort	ich, du, er/sie/es, dieser, jener
Relativpronomen	rückbezügliches Fürwort	der, die, das, ..., welcher, welche, welches
Singular	Einzahl	das Haus; ich gehe, du gehst, er/sie/es geht
Subjekt	Satzgegenstand	**Ich** komme. **Meine Frau** wird uns abholen.
Substantiv	s. Nomen	
Substantivierung	s. Nominalisierung	
Syntax	Satzbau	Sie (= Subjekt) gab (= Prädikat) mir (= indirektes Objekt) einen Kuß (= direktes Objekt)
Verb	Zeitwort	singen, gehen, sagen, bleiben, können, mögen
Wortart	Klassifizierung der Wörter nach ihrer Form	Substantiv, Verb, Adjektiv, Pronomen, ...
Zahladjektiv	Zahlwort, das formal ein Adjektiv ist	der dritte, viel(e) , wenig(e)
Zahlpronomen	Zahlwort, das formal ein Pronomen ist	einige, manche, jeder

Register

Die Zahlen hinter dem jeweiligen Stichwort beziehen sich auf die Seiten, in denen es aufgeführt bzw. der entsprechende Begriff behandelt ist.

A

Adjektiv 17, 21, 37, 42 f., 55, 67
Adverb 37, 63, 68
adverbiale Bestimmung 34, 41
Amtliche Regelung (AR) 14, 16, 17, 23 ff., 54 f.
Anführung 20
Angaben 34
Anreden 44 f.
Anredepronomen 14
Artikel 37
Attribut 34
Ausrufezeichen 44

B

Berufsbezeichnungen 53

C

Deklination 36
Desubstantivierung 61 ff.
Doppelpunkt 14, 44
Durchkoppelung 22, 69

E

Eigenname 15, 16, 45 ff., 49
Eigennamen, einteilige 15, 53
Eigennamen, mehrteilige 15, 53 f.
Eigennamen, zusammengesetzte 50
Ergänzungen 32 ff.

F

Fall 33
Familiennamen, fremdsprachige 16, 54
Fragezeichen 44

G

Grundbegriffe, grammatische 32 ff.
Grundsatz 1 39
Grundsatz 2 41
Grundsatz 3 57
Grundsatz 4 61
Grundsatz 5 64

I

Indefinitpronomen 18, 58
Interjektion 38, 68

K

Kasus 33
Kennzeichnen 46
Kennzeichnung 18, 47
Klein- und Großbuchstaben 39
Komparation 37
Konjugation 35
Konjunktion 38, 68

M

Majuskel 39
Markierung 47
Minuskel 39

N

Namen, geographische 42
Neuregelung der Substantivschreibung 22 ff., 69 ff.
Nichtsubstantive 20, 64
Normalform, lexikalische 35

O

Objekte 33 f.

P
Partizip 21, 22, 67 f.
Personalpronomen 15
Personennamen 42
Pflanzennamen 52
Possessivpronomen 15
Prädikat 32
Prädikatsadjektiv 63
Prädikatsteil 32
Präposition 38, 63
Pronomen 37

Q
quantifizieren 59

R
Referenz 46, 58
Reflexivpronomen 45

S
Satz 32
Satzanfang 49
Sprechhandlung 45
Subjekt 33
Substantiv 18, 19, 36 f., 55 ff.
Substantive in festen Verbindungen 68
Substantivierung 64 ff.
substantivische Verwendung 57
syntaktische Verwendbarkeit, volle 61 ff.
Syntax 32

T
Taufe, ursprüngliche 15, 48 ff.
Tiernamen 52
Titel 14, 15, 53

U
Überschrift 14, 43

V
Verb 35
Verb, infinite Formen 35
Vornamen, fremdsprachige 16, 54

W
Werktitel 14, 43
Wortarten 34 ff.
Wortarten, flektierbare 35
Wortarten, nichtflektierbare 35
Wortgruppe, fremdsprachige 69
Wortgruppe, substantivierte 22
Wortliste, alphabetische 72 ff.

Z
Zahlwort 18, 58
Zahlwort, unbestimmtes 19
Zitat 20

Getrennt- und Zusammenschreibung verständlich erklärt

Alte & neue Regelung

Vorwort

Dieses Buch behandelt die Getrennt- und Zusammenschreibung – das heikelste Kapitel der Orthographie. Zusammen schreibt man ein Wort: aber was wäre dies? Die einzig nachvollziebare Antwort auf diese Frage lautet: Das, was man zusammenschreibt. Das scheint ein Zirkel, ist es aber nicht. Die Regularitäten der Getrennt- und Zusammenschreibung haben sich über die Jahrhunderte hin entwickelt. Man hat auf Dauer zusammengeschrieben, was man als *ein* Wort begriff, weil man mit der bestimmten Folge von Silben *eine* Bedeutung verband. Als Beispiele mögen hier die Worte *wohlbekannt* und *laubtragend* dienen. Zu Goethes – bzw. Adelungs – Zeiten schreibt man sie noch *wohl bekannt* und *Laub tragend*.

Wohl kann im Zusammenhang mit *bekannt* viele Bedeutungen haben: *Der Herr ist Ihnen wohl bekannt?* Doch wenn wir von dem in Oggersheim *wohlbekannten Herrn Kohl* reden, dann sind alle möglichen Bedeutungen von *wohl* ausgeschlossen bis auf eine, und die Silbenfolge *wohl* + *be* + *kannt* hat eine einzige Bedeutung angenommen: Man könnte sie als ‚bestens bekannt' umschreiben. So dient die Zusammenschreibung nun als Kennzeichen einer „neuen" Bedeutung.

Ähnlich verhält es sich mit *laubtragend*. Nicht jeder laubtragende Baum trägt Laub. Im Winter sind sie alle kahl, und auch im Sommer gibt es abgestorbene Birken. Laub tragend und laubtragend ist – wie man sieht – nicht dasselbe. Im Winter zeigt sich, daß Birke, Buche, Eiche – alles wunderschöne laubtragende Bäume –, so schön sie auch sind, doch kein Laub tragen. Der Widerspruch ist keiner, das weiß jeder. Und dem hat die Orthographie Rechnung getragen, indem sie irgendwann zwei verschiedene Schreibweisen ausbildete: *Laub tragend* und *laubtragend* – und dadurch zwei verschiedene Bedeutungen unterschied.

Auf diese Weise sind viele „Zusammenschreibungen" zustande gekommen: der *blindspielende* Großmeister (der doch nicht blind ist), das *frischgebackene* Ehepaar (das vermutlich kaum frisch, auf keinen Fall aber gebacken ist), die *alleinstehende* Frau (die sicher nicht alleiner steht als jeder Mann) usw. usw.

Der „alte" Duden hat diese Entwicklung durchaus sorgfältig registriert – bis auf manche Irrtümer: Die Konjunktion *sodaß* hatte längst ebenso ‚eine' Bedeutung gewonnen wie vergleichbare Konjunktionen *sobald*, *sowie* usw. Die Schreibweise *so daß* war, schlicht und ergreifend, falsch – widersprach den eigenen Regeln des Duden. Das kommt vor. Doch im großen und ganzen waren die Schreibweisen, die der alte Duden in puncto Getrennt- und Zusammenschreibung registriert hatte, durchaus akzeptabel. Er hat mit der Zusammenschreibung manchmal übertrieben, doch das wäre ohne großes Aufheben reparierbar gewesen.

Mit der amtlichen **Neuregelung** der Orthograhie hat sich dies – leider – geändert. Wiederum ist darauf hinzuweisen, daß der Begriff „amtliche Regelung“ nicht mehr besagt als:

> Diese Regelung ist verbindlich allein für die Schulen. Für den „Rest“ der Sprachgemeinschaft – dies hat das Bundesverfassungsgericht definitiv festgestellt – ist diese Regelung nicht verbindlich[a]. Da kann jeder entscheiden, ob er ihr folgen will oder nicht. Große Teile des Literaturbetriebes, der Publizistik, der Wissenschaft werden sie wohl kaum übernehmen, einfach weil sie in allzu vielen Punkten problematisch ist.

[a] Wörtlich heißt es in der Begründung des Urteils vom 14. Juli 1998: „Personen außerhalb des Schulgebrauchs sind rechtlich an die neuen Regeln nicht gebunden; sie sind vielmehr frei, wie bisher zu schreiben.“

Die Neuregelung der Getrennt- und Zusammenschreibung ist, von allen umstrittenen Teilen der unumstrittenste, will sagen: derjenige, über den man sich einig ist, daß er *unhaltbar* ist. Dies hatte selbst die von der Kultusministerkonferenz eingesetzte Kommission so gesehen und hier bereits vor dem offiziellen Inkrafttreten der Regelung Korrekturen vorgeschlagen. Doch die Bürokratie hat sich durchgesetzt[1], was bedeutet, daß wir nun in der Schule und im Behördendeutsch Schreibweisen begegnen werden, die befremdlich, häufig den Leser irreführend, manchmal komisch sind. In der Sprachgemeinschaft werden sich Schreibungen wie *ein frisch gebackenes Ehepaar*, *eine allein stehende Frau*, *ein wohl geratenes Kind* usw., aber auch Bedeutungsunterschiede nivellierende Schreibungen wie *Englisch sprechend* (nach der alten Regelung: *Englisch sprechend – englischsprechend*) u. ä. nicht durchsetzen. Deshalb ist gerade in diesem Bereich Zurückhaltung bei der Übernahme von neuen Schreibungen angesagt. Insbesondere gilt dies für die forcierte Zusammenschreibung von Fremdwörtern, vor der man nur warnen kann. Man blamiert sich damit. Es hat seinen Grund, wenn die überwiegende Mehrheit der deutschsprachigen Schriftsteller sich gegen die Neuregelung ausgesprochen hat.
Daß ich bei dieser Sachlage lieber bei der alten Regelung bleibe, versteht sich fast von selbst, auch wenn mir einige – wenige – der Neuregelungen durchaus sinnvoll schei-

[1] Die Amtschefs der Kultusminister haben die Änderungsvorschläge der Kommission, die diese Ende Januar 1998 vorgelegt hatte, kurzerhand vom Tisch gefegt. Das erste Mal in der Geschichte einer literalen Gesellschaft bestimmen nunmehr fachfremde Verwaltungsbeamte, wie die Schriftgemeinschaft zu schreiben hat. Und zum ersten Mal wird somit in der Schule eine andere Orthographie gelehrt als die, die außerhalb der Schule praktiziert wird. Jeder mag sich darauf seinen Reim machen.

nen. Die meisten aber eben nicht, und es ist klarer, dann insgesamt bei einem System zu bleiben.

Wir stehen also vor der einigermaßen absurden Situation, daß die Neuregelung, die doch die Homogenisierung der Orthographie zum Ziel hatte, für eine Fülle konkurrierender Schreibungen gesorgt hat, und es wird eine gewisse Zeit dauern, zehn bis zwanzig Jahre, bis der Gebrauch wieder für eine gewisse Homogenität gesorgt hat.[2] Für unsere Darstellung der Regularitäten der Getrennt- und Zusammenschreibung blieb daher nur der Weg übrig, von der alten Regelung, die relativ systematisch war, auszugehen und die „neuen" Regelungen von Fall zu Fall darzustellen. Das Verzeichnis der neuen Schreibweisen (S.162 ff.) führt genügend Fälle auf, an denen man sich orientieren kann, natürlich nicht alle.[3]

Wie bei der Zeichensetzung und der Groß- und Kleinschreibung habe ich auch in diesem Buch versucht, in einem systematischen Kapitel die grundlegenden Regularitäten zu erklären, die die Getrennt- und Zusammenschreibung bestimmen. Alles geht auf zwei Grundsätze zurück – einen syntaktischen, der die grammatische Verwendung des Wortes im Satz berücksichtigt; vgl. Nr. 9, S.122 ff., und einen semantischen[4], der die Auswirkungen auf die Bedeutung erfaßt, die mit der Getrennt- bzw. Zusammenschreibung zweier Wörter verbunden sind; vgl. Nr. 10, S.124 ff. Dieser Zusammenhang ist auf Anhieb nicht ganz leicht zu verstehen. Ich habe daher versucht, das Problem Schritt für Schritt zu verdeutlichen. Dabei geht es leider ohne Grammatik nicht ab. Das liegt in der Natur der Sache. Ich hoffe jedoch, daß die vielen Beispiele helfen, die manchmal spröde Materie zu verstehen. Ohnehin orientiert man sich ja beim Schreiben an Beispielen, nicht an Regeln. Wer längere Zeit mit diesem Band arbeitet, wird ohne Zweifel eine viel größere Sicherheit auf diesem Gebiet gewinnen – je besser er bzw. sie die Grundregeln versteht, die im Spiel sind. Im Kapitel „Grundsätze und Regeln im Überblick" (S.176 ff.) sind diese – durch Beispiele erläutert – noch einmal zusammengestellt. Die Nummern am Rand verweisen auf den entsprechenden Abschnitt der systematischen Darstellung.

[2] Es ist ohnehin ein Treppenwitz, daß eine Bürokratie sich anmaßt, die Orthographie einer Sprachgemeinschaft zu regeln, wie das in diesem Fall geschehen ist. Irgendwann wird man wohl einsehen, daß sich Sprachen so nicht regeln lassen, denn sie sind sich selbst regulierende Systeme.

[3] Das wäre auch gar nicht möglich. Auch im neuen Duden – der i. ü. entgegen seinen eigenen Verlautbarungen mit der Amtlichen Regelung jeden offiziellen und auch nur offiziösen Status verloren hat und künftig nicht mehr ist als ein Wörterbuch unter anderen – sind natürlich keineswegs alle neuen Schreibungen aufgeführt. Der Rechtschreibduden führt ja von den Komposita eines Grundwortes immer nur wenige Beispiele auf. Die Mehrzahl aller Komposita des Deutschen sind dabei nicht berücksichtigt. Gerade bei ihnen stellt sich aber die Frage der Getrennt- und Zusammenschreibung. Auch die Liste in diesem Buch kann nur eine Auswahl aus allen Neuschreibungen bringen. Aber das genügt.

[4] Semantik = Bedeutungslehre.

Kein Buch kann alle Fragen des Schriftgebrauchs erschöpfend beantworten, zumal nicht auf so gedrängtem Raum. Wo hier Fragen offengeblieben sind, sei der Leser/die Leserin wiederum auf das Grammatische Telefon verwiesen, das 1981 an der RWTH Aachen gegründet wurde und sich inzwischen zur wohl meistkonsultierten Sprachberatungseinrichtung im deutschsprachigen Raum gemausert hat. Seit 1997 gibt es diese Einrichtung erfreulicherweise nun auch an der Universität Potsdam.[5] Hier die Rufnummern:

Grammatisches Telefon der RWTH Aachen: 0241 – 8096074
Grammatisches Telefon der Universität Potsdam: 0331 - 9772424

Die Mitarbeiter/innen an beiden Telefonen werden – das bin ich mir aus Erfahrung sicher – in den allermeisten Fällen weiterhelfen können.

Christian Stetter

[5] Geleitet von Prof. Dr. Peter Eisenberg.

1. Grundsätze und Regeln der Getrennt- und Zusammenschreibung

Die Getrennt- und Zusammenschreibung ist nach der Buchstabenfolge das **zweite orthographische Register**, das wir benötigen, um in unserer, d. h. der Alphabetschrift, hinreichend eindeutig ausdrücken zu können, was wir meinen, dem Leser sagen wollen. Das dritte Register ist die Groß- und Kleinschreibung, das vierte die Zeichensetzung[1]. Diese vier Register haben sich im Gebrauch des Alphabets entwickelt, in jeder Sprache entsprechend den Besonderheiten dieser Sprache. Sie sind also keine ‚willkürlichen' Regelungen, die man ebensogut anders hätte treffen können. Vielmehr sorgen sie zusammen dafür, daß der Text für den Leser möglichst eindeutig lesbar dargestellt wird.[2] 1

Die Regularitäten der Getrennt- und Zusammenschreibung gelten seit jeher als der am schwierigsten in handfeste Regeln zu fassende Teilbereich der Orthographie.[3] Um sie zu verstehen, muß man ihren Zweck kennen: Kurz gesagt legen sie fest, was in der betreffenden Sprachgemeinschaft als **ein Wort** angesehen wird. Wo das Problem liegt, wird erkennbar, wenn man bedenkt, daß z. B. in diesem Absatz die Wörter *Kleinschreibung*, *Zeichensetzung* und *Buchstabenfolge* zusammengeschrieben wurden, obwohl sie Buchstabenfolgen enthalten, die in anderen Kontexten als selbständige Wörter auftreten: *klein*, *Schreibung*, *Buchstaben*, *Folge* usw.[4]

[1] Vgl. die beiden Bücher „Groß- und Kleinschreibung" und „Zeichensetzung".

[2] Manche zunächst kaum verständlichen Regeln der Orthographie erklären sich aus dieser **leserorientierenden** Funktion, in unserem Fall etwa die Unterscheidung von „Englisch sprechend" (= spricht gerade Englisch) und „englischsprechend" (= kann Englisch sprechen). Für den Schreiber ist sie schwerer zu lernen, für den Leser macht sie jedoch auf einen Blick einen Sinnunterschied klar.

[3] ‚Regularitäten' sind mehr oder weniger „regelmäßige" Phänomene in einem bestimmten Bereich. In ‚Regeln' versucht man solche Regularitäten möglichst zutreffend zu fassen. Z. B. gibt es auch im dichten Gewühl eines Schlußverkaufs ziemlich klare Regularitäten des Verhaltens, sonst würde ein solches Aufeinandertreffen von aufgeregten Leuten auf engstem Raum zu vielen Verletzungen, Unfällen usw. führen. Doch kaum eine der Personen, die da nach billigen Strümpfen, Oberhemden oder Pyjamas suchen, wäre wohl imstande, die Regeln zu formulieren, die ihr Verhalten beschreiben. Man kann also eine Regularität durchaus „beherrschen" und nach ihr handeln, ohne die entsprechende Regel formulieren zu können. Auch in der Orthographie kommt es letztlich auf das Können, nicht auf das Regelwissen an. Regeln helfen jedoch, das eigene Handeln durchsichtiger und sicherer zu machen. Einen anderen Zweck haben die hier formulierten Grundsätze und Regeln nicht.

[4] Man sieht an diesen Beispielen sehr schön, daß die Groß- und Kleinschreibung die Getrennt- und Zusammenschreibung voraussetzt.

Die Getrennt- und Zusammenschreibung legt fest, was als **ein Wort** angesehen wird.

Wir haben also zu klären, was ein Wort ‚ist'. Das mag zunächst vielleicht befremdend klingen, doch hängt das Verständnis der Rätsel, die die Getrennt- und Zusammenschreibung aufgibt, an genau diesem Punkt. Wir beginnen mit dem einfachsten Fall, dem einsilbigen Wort.

2 1.1 Einsilbige Wörter

Niemand, der das Deutsche beherrscht, wird daran zweifeln, daß es sich bei folgenden Ausdrücken um je genau ein Wort handelt:

in, *an*, *auf*, *nach*, *durch*, *hier*, *der*, *die*, *das*, *ist*, *wird*, *Sinn*, *Wort*, *denkt*, *nicht*, ...

Dies liegt an zwei Gründen: Erstens sind alle diese Ausdrücke Einsilber, d. h. die kleinsten und damit einfachsten „vollständigen" sprachlichen Ausdrucksformen. Nur Silben sind aussprechbar. Sie bestehen jeweils aus einem vokalischen „Kern" (a, au, e, i, ie, o, u, ...) und aus konsonantischen „Rändern" (n, f, ch, d, s, st, ...).[5] Zum zweiten verbinden wir mit jedem dieser Ausdrücke einen bestimmten Sinn bzw. eine bestimmte Bedeutung. Im Schriftlichen unterscheidet die besondere Buchstabenfolge die durch eben diese Buchstabenfolge ausgedrückte Bedeutung und damit das betreffende Wort von jedem anderen:

in z. B. von: *in*, *an*, *ihn*, *ein*, ...,
auf von: *auch*, *lauf*, *aus*, ...
usw.

Wir könnten die betreffenden Buchstabenfolgen nicht weiter zerlegen, ohne sinn- bzw. bedeutungslose Elemente zu erhalten. Zwar könnten wir *auch* in *au* und *ch* zerlegen, und dem *au* eine bestimmte Bedeutung zusprechen (Ausdruck des Schmerzes oder des Erstaunens), aber dem *-ch*, das übrig bliebe, könnten wir keine Bedeutung mehr zusprechen. Bedeutungslose Laut- oder Buchstabenfolgen kommen aber (normalerweise) als sprachliche Einheiten nicht vor.[6] Wir

[5] Die Details, insbesondere den Unterschied von Sprech- und Schreibsilbe, übergehe ich hier. Für die Erläuterung der Getrennt- und Zusammenschreibung ist dies ohne Belang. Für die Schreibsilbe lautet die Grundregel: Jeder Vokal (a, e, i, o, u, ä, ö, ü) oder Diphthong (ai, au, ei, eu) bildet – in der Regel zusammen mit Konsonanten (b, c, d, f, ...) – eine Silbe.
[6] Nur wenn wir uns versprechen oder verschreiben. Aber das korrigieren wir aus eben diesem Grund, daß die „normale" Rede bzw.der „wohlgebildete" schriftliche Text keine bedeutungslosen Ausdrücke kennt.

können daraus zwei grundlegende Einsichten (Grundsätze) ableiten, auf denen die Regularitäten der Getrennt- und Zusammenschreibung aufbauen:

> **G_1**: Jedes Wort ist eine Einheit aus einer bestimmten Buchstabenfolge, d. h. einem Ausdruck, und einer Bedeutung.[7]
> **G_2**: Jeder (geschriebene) Satz besteht aus einer **wohlgebildeten Folge** von Wörtern. Buchstabenfolgen, die keine Wörter sind, kommen im Satz nur als Teile von Wörtern vor.

Wie grenzt man nun Wörter von Teilen von Wörtern und von größeren Einheiten ab? Dazu dient ein Kriterium, das wir im folgenden Kapitel erörtern: Wörter können im Satz stets ‚frei' verwendet werden.

1.1.1 ‚Freier' und ‚gebundener' Gebrauch von Ausdrücken 3

Jedes der oben genannten einsilbigen Wörter – *in, an, auf, nach, durch, hier, …* – können wir in beliebigen Sätzen verwenden, ohne daß die Verwendung eines dieser Wörter die Verwendung eines bestimmten anderen Wortes voraussetzen würde. Verwenden wir das Wort *in* z. B., so können wir es mit beliebigen Ausdrücken unserer Sprache kombinieren:

in diesem Haus
in Frage
in Anbetracht der Tatsache,
in Ansehung des …

Alles ist nach *in* zugelassen, wenn es nur ein Nomen[8] bzw. eine Nominalgruppe enthält. Der Gebrauch von *in* setzt also nicht die Verwendung *bestimmter* Wörter voraus: Anstatt *diesem* hätte man auch *dem*, *jenem*, *einem*, *welchem* usw. setzen können, anstatt *Haus* jedes andere Substantiv des Deutschen, das ein Maskulinum oder Neutrum ist. Entsprechendes gilt für jedes der anderen oben genannten Wörter. Es gibt andererseits im Deutschen einsilbige Ausdrücke, denen wir durchaus eine bestimmte Bedeutung zusprechen wie z. B.

un-, *des-* oder *miß-*.

[7] In diesem Satz haben wir die ganze Schwierigkeit der Getrennt- und Zusammenschreibung zusammengefaßt: Den Ausdruck, die Folge von Buchstaben, kann man sehen, die Bedeutung nicht, die muß man verstehen. Was ein Wort ‚ist', kann man also nie sehen, man muß es verstehen.
[8] Nomen = Substantiv: [das] Haus, [die] Frage, [die] Tatsache, [der] Abend, …

Sie kommen regelmäßig in mehrsilbigen Ausdrücken vor wie *Unrecht*, *unbekannt*, *Desorientierung*, *Mißbilligung* usw. Sie kommen jedoch nie „allein" im Satz vor, will sagen: ihre Verwendung ist stets daran gebunden, daß sie zusammen mit einem bestimmten anderen Wort (*Recht*, *bekannt*, *Orientierung*, *Billigung* usw.) verwendet werden. Wo ein Ausdruck ohne diese Zusatzbedingung im Satz verwendet werden kann, wo dieser Ausdruck also als Teil eines übergeordneten Ausdrucks bzw. des ganzen Satzes verwendet werden kann, ohne daß dies an den Gebrauch eines bestimmten anderen Ausdrucks gebunden wäre, wollen wir vom **‚freien'** Gebrauch sprechen. Damit haben wir den dritten Grundsatz, den wir für die Erläuterung der Getrennt- und Zusammenschreibung benötigen:

G_3: Jedes Wort kann im Satz ‚frei' verwendet werden.

Wo dies zusammenkommt, daß wir einer bestimmten einsilbigen Buchstabenfolge eine bestimmte Bedeutung zuordnen, sodaß dieser Ausdruck ‚frei' im Satz verwandt werden kann, wollen wir im folgenden von einem **einsilbigen Wort** sprechen. Für jedes Wort – einsilbige wie mehrsilbige, die wir anschließend behandeln – gilt die Grundregel

R_1: Ein Wort wird im Text durch eine Buchstabenlücke von dem vorausgehenden und/oder folgenden Wort getrennt, es sei denn,
a) das Wort steht am Anfang oder Ende eines Textes oder Textabschnitts oder
b) dem Wort geht ein Satzzeichen voraus oder
c) dem Wort folgt ein Satzzeichen.[9]

Jedem orthographischen Wörterbuch, in dem die Wörter ja kontextfrei aufgezählt sind, aber auch jedem gedruckten Text lassen sich beliebig lange Beispiellisten von in diesem Sinne ‚einsilbigen Wörtern' entnehmen, im letzten Abschnitt etwa die Wörter

in, *dem*, *die*, *ja*, *sind*, *aber*, *auch*, *Text*, *sich*, *von*, *im*, *die*.

[9] Weitere Komplikationen wie etwa den Fall, daß ein Wort in Klammern vor ein anderes gesetzt werden kann – *(Grund-)Recht* o. ä. – vernachlässige ich hier. Als Grundregel dürfte die Formulierung von R_1 genügen. Beispiele für die Regel und ihre Sonderfälle a), b) und c) liefert der vorhergehende Abschnitt.

Damit haben wir den einen, unteren „Grenzwert“ für das festgelegt, was ein Wort ist. Nun müssen wir den „oberen“ ermitteln. Die Frage ist: Wie unterscheidet man ein mehrsilbigesWort von einem mehrsilbigen Ausdruck, der kein, d. h. „mehr“ als ein Wort ist?

1.2 Mehrsilbige Wörter 4

Auch bei den mehrsilbigen Ausdrücken des zitierten vorletzten Absatzes, die zwischen zwei Buchstabenlücken stehen, zweifelt, wer das Deutsche beherrscht, nicht daran, daß es sich dabei jeweils um ein Wort handelt:

jedem, orthographischen, Wörterbuch, Wörter, kontextfrei, aufgezählt, gedruckten, lassen, beliebig, lange, Beispiellisten, diesem, Sinne, einsilbigen, entnehmen, letzten, Abschnitt.

Nun sind diese Wörter auf unterschiedliche Weisen gebildet. Betrachten wir z. B.

(1) *lange, Sinne, lassen, Wörter*
(2) *jedem, diesem, letzten*
(3) *gedruckten, beliebig, entnehmen, einsilbigen*
(4) *Wörterbuch, kontextfrei, aufgezählt, Beispiellisten*

Die Wörter in (1) weisen auch einsilbige Formen auf:

lang, *Sinn*, *laß/laßt*, *Wort*

Die Endungen *-e*, *-en* und *-er*[10] in (1) dienen dazu, bestimmte Wortformen im Unterschied zu anderen zu kennzeichnen, *lange* etwa als deklinierte Pluralform im Unterschied zur undeklinierten Wortform *lang*, die prädikativ verwendet wird: *der Abend war lang*. *Sinne* als Dativ- bzw. Pluralform im Unterschied zu *der Sinn*, *des Sinnes*, *Wörter* als Pluralform im Unterschied zu *Wort*, *Wortes* usw.

Die Wörter in (2) haben keine einsilbigen, sondern nur mehrsilbige Formen:

jeder, jedes, jede, ..., dieser, diese, dieses, ...letzter, letzte, letztes usw.,

[10] Diese Endungen sind nicht identisch mit Silben: *lange* z. B. besteht aus den beiden Silben *lan-ge*, *Wörter* aus *Wör-ter*. Die (gesprochene oder geschriebene) Ausdrucksform ist in Silben unterteilt, die Bedeutung in sogenannte Lexeme und Morpheme, die Bedeutung von *lange* also in die von ‚lang‘ und ‚Plural‘ (-e). Doch diesen Unterschied können wir im folgenden vernachlässigen.

aber auch hier dienen die Endungen *-e*, *-er*, *-es*, *-em*, *-en* dazu, bestimmte Formen desselben Wortes von anderen zu unterscheiden.[11] Endungen wie die, die wir hier in (1) und (2) betrachtet haben, nennt man Flexionsmorpheme oder auch Suffixe. Sie „ergänzen" den sogenannten **Wortstamm** zum vollständigen Wort. Deshalb kommen sie auch nie allein vor, sondern stets nur in Verbindung mit dem Wortstamm. Die Frage der Getrenntschreibung stellt sich hier nicht.

Ähnlich ist es im Fall (3). Auch hier finden wir Flexionsendungen:

gedruckt-en, entnehm-en, einsilbig-en.

Doch zusätzlich weisen diese Wörter noch andere Bildungselemente auf, nämlich einmal Vorsilben wie

ge-, *ent-* und *ein-*,

und das Wort *gedruckten* zusätzlich noch ein Element *-t-*, das Wort *einsilbigen* noch ein Element *-ig*.
Die Silbe *ein* kann frei im Satz verwendet werden. Es kann mit einem einzelnen Wort oder auch mit einer ganzen Wortgruppe verbunden werden:

ein Haus, ein und derselbe, ein jeder, der ... usw.

Anders dagegen die Vorsilben *ge-* und *ent-*. Ihr Gebrauch ist stets an den bestimmter anderer Wörter gebunden. Die Kombination der Elemente *ge ... t* verwendet man, um zusammen mit dem Wortstamm von (regelmäßigen) Verben deren Partizip II zu bilden:

druck-en	***ge**-druck-**t***
sag-en	*ge-sag-t*
fühl-en	*ge-fühl-t*
usw.	

Entsprechend bei den sogenannten „starken" oder unregelmäßigen Verben die Kombination *ge ... en* deren Partizip II:

sing-en	***ge**-sung-**en***
geh-en	*ge-gang-en*

[11] Alle Wörter, die mehrere verschiedene Formen haben wie Substantive (*Sinn, Sinnes, Sinne, ...*), Verben (*lasse, läßt, laß, ließ, ...), Adjektive (lang, lange, langer, ...)* Pronomen (*er, seiner, ihm, ihn*), Artikelwörter (*der, die, das, jeder, jede, jedes, ...)* usw. *sind also Wortmengen.* ‚Der' bestimmte Artikel z. B. besteht aus der Menge der Wörter {*der, die, das, dem, den, des*}. Auch das können wir aber im folgenden vernachlässigen.

bieg-en *ge-bog-en*
usw.[12]

Sie sind zu den **Flexionselementen** zu rechnen. Diese Vor- oder Endsilben gehören also als interne Bestandteile zu dem jeweiligen Wort. Sie geben ihm seine spezifische grammatische Form und Bedeutung, wie beides im Kontext des betreffenden Satzes erforderlich ist. Oben war im Satzzusammenhang z. B. die Wortform „gedruckten" erforderlich, nicht „gedruckt" oder „gedrucktem" usw.

Ähnlich verhält es sich mit Wortbildungselementen wie

be-, de-, des-, ent-, ver-, miß-, ..., -artig, -heit, -keit usw.

Auch sie können niemals frei verwendet werden, sondern immer nur zusammen mit bestimmten anderen Wörtern bzw. Wortstämmen, man sagt auch: ‚gebunden'. Also kommt auch hier Getrenntschreibung nie in Frage. Der Grund dafür ist oben in den Grundsätzen G_1 bis G_3 benannt. Wir können ihn in einem weiteren Grundsatz zusammenfassen:

G_4: Sprachelemente, die nur gebunden zu verwenden sind, sind keine Wörter.

In allen diesen Fällen taucht daher die Frage der Getrenntschreibung nie auf – und wird de facto auch nie zum Problem. Damit haben wir die „untere" und „obere" Grenze dessen umschrieben, was in jedem Fall im Deutschen als ein Wort anzusehen ist. Für beide Grenzbereiche geben wir einige Beispiele:

1.2.1 Einsilbige Wörter bzw. ‚freie' Wortstämme[13]:

ab, er, im, ob, Öl, auf, ein, ...
bei, da, ja, Kai, Re, so, Tau, wo, ...
Bad, das, Fan, gib, ...
Blei, drei, grau, ...
Klaus, Trab, Stein, ..., Brand, Glanz, Spalt, ...

12 Die Details dieser Bildungen übergehe ich hier. Sie sind für die Getrennt- und Zusammenschreibung unerheblich.
13 Wortstamm = Wort ohne Flexionselemente, z. B. *Öl-e, Kai-s, gib-st, Stein-e, ...*

1.2.2 Mehrsilbige Wörter: ‚freie' Wortstämme + ‚gebundene' Wortbildungselemente:

Verben:

be-steig-en, de-aktiv-ier-en, er-wach-en, …
entzünden, geleiten, mißtrauen, reorganisieren, verbrennen, zerbeißen, …

Substantive:

Ge-hör, Miß-bild-ung, Rück-fahrt, Un-menge-n, …
Antikörper, Epizentrum, Hyperphosphat, Hypothek, Isobare, Makrogefüge, Megawatt, Semifinale, Subkultur, Ultraschall, …
Kindheit, Nachbarschaft, Schlagzeuger, Herzogtum, Schwächling, Kolonialismus, …

Adjektive:

un-mög-lich, in-aktiv, a-polit-isch, dis-harmon-isch, ur-alt, …

Diese Beispiele mögen genügen, um die Möglichkeiten der Wortbildung aus freien und gebundenen Elementen zu verdeutlichen. Sie sind im Deutschen außerordentlich reich, aber nirgends, dies war der Zweck der Demonstration, stellt sich jemals die Frage, ob hier getrennt- oder zusammenzuschreiben wäre. Damit ist der Bereich „diesseits" der Getrennt- und Zusammenschreibung wohl hinreichend umrissen, den Bereich „jenseits", beschreibt das folgende Unterkapitel.

5 **1.2.3 Wortgruppen (syntaktische Fügungen)**

Eine ‚Wortgruppe' nennen wir einen Zusammenhang mehrerer aufeinander folgender Wörter im Satz, die in bestimmter Weise „zusammengehören", z. B. in diesem Satz die Folgen

Eine + Wortgruppe
einen + Zusammenhang+ mehrerer + aufeinander + folgender + Wörter
in + bestimmter + Weise
usw.

Mit Ausnahme des Wortes *aufeinander* taucht bei keinem der zwischen zwei + … + gesetzten Ausdrücke die Frage auf, ob sie nicht zusammengeschrieben werden sollten, auch nicht bei dem Ausdruck *Wortgruppe* – der somit klar als ein Wort identifiziert ist, auch wenn die Gründe dafür noch nicht benannt worden sind.[14] Jede die-

[14] Dies wird unten in dem ‚syntaktischen Grundsatz der Zusammenschreibung' geklärt. Vgl. S.122, Nr. 9

ser Wortgruppen besteht aus ‚frei' verwendbaren Wörtern. Daher werden alle diese Wörter „getrennt" voneinander, d. h. eben als selbständige Wörter geschrieben. Solche Wortgruppen, die im Satz größere Einheiten bilden, z. B. das Subjekt, nennt man auch ‚syntaktische Fügungen'. Auch diesen Zusammenhang fassen wir noch in einen Grundsatz:

G_5: **Syntaktische Fügungen** bestehen aus frei miteinander kombinierbaren Wörtern.

Wir haben damit die „Intervallschachtelung" beieinander, die wir benötigen, um die Regularitäten der Getrennt- und Zusammenschreibung zu erläutern: Die „kritische" Zone befindet sich zwischen mehrsilbigen Wörtern, die aus einem ‚freien' und ‚gebundenen' Elementen bestehen, und Wortgruppen bzw. syntaktischen Fügungen – der Bereich des Kompositums.

1.3 Komposita 6

Anders als mit allen bisher betrachteten Fällen verhält es sich mit den auf S. 111 in (4) zitierten Wörtern:

(4) *Wörterbuch, kontextfrei, aufgezählt, Beispiellisten*

Sie können alle in Elemente zerlegt werden, die – in anderen Kontexten – frei im Satz verwendet werden können und die daher selbständige Wörter sind:

Wörter und *Buch*, *Kontext* und *frei*, *auf* und *gezählt*, *Beispiel* und *Listen*.

Dennoch handelt es sich auch hier keineswegs um strittige Fälle der Zusammenschreibung. Es „gibt" eben Wörterbücher, kontextfreie Verwendungen, aufgezählte Fälle und Beispiellisten. Alle diese Ausdrücke haben ihre spezielle Bedeutung und werden in dieser in unserer Sprache ganz regelmäßig verwendet. Daher sind in jedem (ausführlicheren) Wörterbuch der deutschen Sprache die Ausdrücke

Wörterbuch, kontextfrei, aufgezählt (bzw. *aufzählen*) und *Beispiellisten*

auch als „eigene" Wörter aufgeführt. Dies hat einen bestimmten Grund: Ihre **Bedeutung** ist nicht identisch mit der Zusammensetzung der Bedeutungen der Wörter, aus denen sie gebildet sind: Nicht jedes Buch, das Wörter enthält oder aus Wörtern „zusammengesetzt" ist, ist ein Wörterbuch[15], nicht alles, was keinen Kontext hat, ist kontextfrei, nicht jede Liste, die Beispiele enthält, ist eine Bei-

[15] Auch eine Grammatik enthält z. B. viele Listen von Wörtern, und doch ist eine Grammatik etwas anderes als ein Wörterbuch.

spielliste, und aufgezählte Fälle oder Dinge werden überhaupt nicht gezählt, sondern eben aufgezählt.
Wörter wie die hier als Beispiele aufgeführten nennt man Komposita. Die Definition dieses Begriffs ergibt sich aus den bisherigen Erläuterungen:

> **D_1: Kompositum** = Wort, das aus Ausdrücken zusammengesetzt[16] ist, die in anderen Kontexten ‚frei' im Satz verwendet werden können (d. h. nach G_3 selbständige Wörter sind).

Alle eben genannten Wörter –

Wörter, Buch, Kontext, frei, auf, gezählt, Beispiel, Listen –

können in anderen Kontexten ‚frei' verwendet, d. h. mit beliebigen anderen Wörtern kombiniert werden.[17] Zunächst einige Beispiele für die häufigsten Typen von Komposita:

Substantive:

Kindergeschrei, Gartentor, Septembertag, Puderzucker, Pflaumenkuchen, ...
Beethovensonate, Berlinabkommen, Köchelverzeichnis, ...
Mischgetränk, Kühlanlage, Rasierapparat, Sitzbad, ...
Nachsommer, Vorstadt, Untergeschoß, Überstunde, ...

Verben:

achtgeben, haltmachen, standhalten, punktschweißen, ...
kennenlernen, spazierengehen, sitzenbleiben, ...
stillsitzen, übrigbleiben, jmdm. nahestehen, blindschreiben, falschspielen, ...

Adjektive:

meterlang, stadtbekannt, nachtblind, hitzebeständig, grasgrün, ...
taubstumm, blaugrau, hellrot, schwerkrank, ...

Adverbien:

flußabwärts, stadteinwärts, kopfüber, tagein, tagaus, ...
daher, dorthin, hinterher, hierauf, wodurch, ...
jederzeit, keineswegs, kurzerhand, ...

[16] Lat. compositum = zusammengesetzt.
[17] So wie wir es hier mit den Wörtern „Wörter" und „Kontext" gemacht haben.

Soweit die wichtigsten Typen. Die Beispiele machen deutlich, daß die Regularitäten der Getrennt- und Zusammenschreibung die Auszeichnung von Komposita im Text betreffen. Die Getrenntschreibung von Wörtern ist nicht nur der „normale“ Fall, sondern die „eiserne“ Grundregel: Wo immer „zusammengeschrieben“ wird, handelt es sich um die Kennzeichnung der Verbindung zweier (oder mehrerer)[18] Wörter zu **einem** Wort, eben zu einem Kompositum.[19]

1.4 Die Bildung von Komposita 7

Um die Regularitäten der Getrennt- und Zusammenschreibung zu verstehen, muß man sich kurz mit den wichtigsten Grundzügen, d. h. den grammatischen Mustern der Kompositumsbildung vertraut machen. Wie wir gesehen haben, handelt es sich hierbei um die Bildung „neuer“ Wörter in der Sprache. Ein Wort ist – in aller Regel – einer bestimmten Wortart zuzurechnen. Bei Komposita ist es nicht anders: *Wörterbuch* und *Beispielliste* sind Substantive, *kontextfrei* und *aufgezählt* Adjektive[20].

Es gibt im Deutschen zwei Typen von Kompositumsbildungen. Erstens sogenannte **‚Kopulativzusammensetzungen‘**, die Verbindung zweier Wörter, die derselben Wortart angehören und die gleichrangig miteinander verbunden werden, wie etwa

(1) *Strumpf + (die) Hose*	*die Strumpfhose*
Chlor + (der) Wasserstoff	*der Chlorwasserstoff*
blau + grau	*blaugrau*

Die Strumpfhose ist weder Hose noch Strumpf, sondern eine Kombination aus beidem. Blaugrau ist kein bläuliches Grau, sondern eine Mischung aus Blau und Grau. Man schreibt solche Zusammensetzungen, die häufiger in Fachsprachen auftreten, daher gelegentlich auch mit Bindestrich: *Chlor-Wasserstoff*, *blau-grau*, *der Dichter-Komponist* (E.T.A. Hoffmann) usw. Dieser Kompositumstyp ist je-

[18] Der Normalfall ist die Bildung eines Kompositums aus zwei Wörtern, dem Bestimmungs- und dem Grundwort. Wo ein Kompositum aus mehr als zwei Wörtern besteht wie etwa *Armbanduhr* oder *Reiseschreibmaschine*, handelt es sich entweder um ein Kompositum aus Kompositum + Einzelwort ([*Arm* + *Band*] + *Uhr*) oder umgekehrt (*Reise* + [*schreib* + *Maschine*]. Die weiteren Details brauchen wir hier nicht zu behandeln.

[19] Der Ausdruck „Getrennt- und Zusammenschreibung“ ist also hochgradig irreführend. Der ganze Jammer der amtlichen Neuregelung – von einem solchen ist hier in der Tat zu sprechen – besteht darin, daß sie sich diesen Sachverhalt nicht klargemacht hat: **Man kann weder zwei Wörter zusammenschreiben noch eines getrennt**. Die Amtliche Regelung kennt – m. a. W. – nicht den Begriff des Kompositums.

[20] Genau genommen ist *aufgezählt* ein Partizip, das wie ein Adjektiv verwendet wird.

doch insgesamt selten, und da er die grammatischen Eigenschaften mit dem Haupttyp teilt, betrachten wir im folgenden nur noch diesen: die Zusammensetzung aus einem Bestimmungswort und einem Grundwort:

(2) *Wörter + (das) Buch*	*das Wörterbuch* (= Substantiv)
Kontext + frei	*kontextfrei* (= Adjektiv)
auf + gezählt	*aufgezählt* (= Adjektiv/Partizip)
Beispiel + (die) Liste	*die Beispielliste* (= Substantiv)[21]

Die Wortart, der ein Wort angehört, legt fest, wie das Wort im Satz verwendet werden kann. Jedes Kompositum muß daher einer bestimmten Wortart angehören. Diese legt im Deutschen jeweils der zweite Wortbestandteil fest[22], die Basis bzw. das ‚Grundwort' des Kompositums. Der die Basis erweiternde Teil gibt seinen Status als selbständiges Wort auf und verliert entsprechend seine grammatischen Eigenschaften. In *kontextfrei* ist der Ausdruck *kontext* nicht mehr Substantiv. Er wird semantisch[23] Attribut des Grundwortes, nicht aber syntaktisch[24]. Wir haben es nur noch mit einem Wort zu tun, das hier eben ein Adjektiv ist und darum hier kleingeschrieben wird. Dies hat auch auf die Bedeutung Auswirkung. Nehmen wir etwa das Beispiel:

Blauhai ≠ blauer Hai

Der Ausdruck *blauer Hai* bezeichnet alle Haie, die man in irgendeiner Hinsicht „blau" nennen kann. Er schränkt also die Bedeutung des Wortes „Hai" ein, und das syntaktisch selbständige Attribut „blauer" bezeichnet das Kriterium dieser Einschränkung. Der gesamte Ausdruck bezeichnet alle und nur die Haie, die in welchem Sinne auch immer blau sind. Um das zu verstehen, muß man nicht Meeresbiologe sein, sondern nur Deutsch verstehen. Möglicherweise gibt es gar keine Haie, die man im normalen Sinn des Wortes „blau" nennen kann.
Auch in *Blauhai* schränkt das Erweiterungswort „blau" die Bedeutung des Grundwortes „Hai" ein. Blauhaie sind eine bestimmte Spezies von Haien. Doch ist damit nicht gesagt, daß Blauhaie im üblichen Sinn des Wortes blau sind[25], vielleicht sind sie eher blaugrau – oder es gibt einen anderen Grund, weshalb sie so genannt wurden. Das Wort „Blauhai" bezeichnet vielmehr eine bestimmte Art

[21] Meistens, aber nicht immer bleibt das Genus (grammatisches Geschlecht) des Basissubstantivs erhalten, vgl. z. B. *groß + (der) Mut*, aber *die Großmut*.

[22] Dies gilt auch für die Kopulativzusammensetzungen, vgl. die Beispiele unter (1).

[23] Semantisch = die Bedeutung betreffend

[24] Syntax = die Bildung des Satzes aus Satzgliedern bzw. Konstituenten. Vgl. Kap. 1.5.0, S. 120 ff.

[25] Ebensowenig wie z. B. die Blaumeise im üblichen Sinn des Wortes blau ist.

von Haien, die der Spezialist von anderen Haiarten unterscheiden kann.[26] Es hat also eine besondere Bedeutung, die aus der einfachen Kombination von „blau" + „Hai" nicht zu erschließen ist.
Charakteristisch für ein Kompositum sind also zwei Eigenschaften:

(1) nimmt die Verbindung von Erweiterungs- und Grundwort die **Wortart des Grundwortes** an[27];
(2) nimmt das Kompositum eine **spezielle Bedeutung** an, die sich nicht ohne weiteres aus der Kombination der Bedeutungen von Erweiterungs- und Grundwort ableiten läßt.[28]

Z. B. bezeichnet die Verbindung der beiden Wörter *so* + *daß* die reine Folge:

Er fiel, sodaß er sich den Arm brach ≠ Er fiel so, daß er sich den Arm brach.

Das Wort *sodaß* ist also ein geradezu „klassisches" Kompositum und war auch nach den Regularitäten der „alten" Orthographie zwingend zusammenzuschreiben.[29]
Diesen Überlegungen können wir entnehmen, daß die Kompositumsbildung wesentlich etwas mit der Neubildung von Wörtern von spezieller Bedeutung zu tun haben muß, und daß dabei, da das Kompositum immer die Wortart des Grundwortes annimmt, auch die Syntax eine bestimmte Rolle spielen muß. Wir fassen diese Zusammenhänge im folgenden in den zwei Hauptregeln der Getrennt- und Zusammenschreibung zusammen: in einer syntaktischen (R_1) und in einer semantischen (R_2).[30]

26 Noch drastischer kann man diesen Bedeutungswandel beim Walroß erkennen: Weder handelt es sich um ein Roß, noch wäre dieses irgendwie „walartig".
27 Diese Eigenschaft, die bei Kopulativzusammensetzungen keine Rolle spielt (da die beiden miteinander verbundenen Wörter ja stets derselben Wortart angehören), macht die Fruchtbarkeit des zweiten Kompositumstyps aus: In ihm können Wörter verschiedener Wortarten miteinander verbunden werden.
28 Auch dies gilt entsprechend für Kopulativzusammensetzungen.
29 Die Getrenntschreibung im Duden war ein Fehler. Man sieht hieran, daß man die orthographischen Regeln bzw. Regularitäten des Deutschen nicht mit ihrer Beschreibung im Duden verwechseln darf. Der Duden ist „nur" eine mehr oder weniger zutreffende Beschreibung des orthographischen Gebrauchs, und er hat – wie jede Beschreibung – seine Schwächen und Fehler. Die Getrenntschreibung *so daß* hat sich nur durchsetzen können, weil in den meisten Verlagen nach Duden korrekturgelesen worden ist.
30 Das Grundproblem der Amtlichen Regelung besteht darin, daß sie die semantische Hauptregel vernachlässigt hat. Die ist aber – wie wir sehen werden – der Kern des Ganzen.

8 1.5 Die Hauptregeln der Getrennt- und Zusammenschreibung

1.5.0 Voraussetzungen: Was ist Syntax?

Zunächst müssen wir einige elementare Dinge der Satzbildung (der Syntax) behandeln. Wir beginnen dazu mit folgendem Grundsatz:

> G_6: Jedes Wort hat im Satzzusammenhang eine syntaktisch **eindeutig** definierte Funktion – nämlich als Konstituente (Bestandteil) einer übergeordneten Konstituenten (Attribut oder Satzglied [Ergänzungen oder Angaben]) oder des Satzes selbst.

Das klingt kompliziert, ist jedoch relativ einfach. Der Grundsatz G_6 besagt in etwa folgendes: So wie bei einem Uhrwerk oder einem Motor jedes Teil, jedes Zahnrad etwa, eine ganz bestimmte Rolle spielt, damit die Uhr bzw. der Motor als Ganzes funktioniert – kein Teil kann einfach weggelassen werden, jedes hat seinen bestimmten Zweck –, *so spielt auch im Satz jedes Wort eine ganz bestimmte Rolle*, um nämlich die genaue Gesamtbedeutung des Satzes zustande zu bringen.[31] Kein Wort ist überflüssig und keines spielt genau dieselbe Rolle wie ein anderes. Und wie im Uhrwerk manche Teile zu größeren verbunden werden, so werden auch im Satz manche Teile zu größeren verbunden. In dem Satz z. B.

Jedes Wort spielt im Satz eine ganz bestimmte Rolle

sind einige Wörter zu größeren „Teilen" zusammengefaßt:

Jedes + *Wort*	→	*Jedes Wort*
im + *Satz*	→	*im Satz*
ganz + *bestimmte*	→	*ganz bestimmte*
eine + [*ganz bestimmte*] + *Rolle*	→	*eine ganz bestimmte Rolle*

Fassen wir diese zusammengesetzten Teile durch eckige Klammern zusammen, so erhalten wir folgende Zusammensetzung des Satzes:

[*Jedes Wort*] + *spielt* + [*im Satz*] + [*eine ganz bestimmte Rolle*]

Alle Wörter in den Klammern sind **Konstituenten** (Bestandteile) des gesamten Klammerausdrucks und alle durch „+" verbundenen Ausdrücke sind Konstituenten des ganzen Satzes. Dieser ist also auf eine genaue Weise aufgebaut. Den

[31] Hätte ich z. B. in diesem letzten Teilsatz das Wort *nämlich* weggelassen, so fehlte ihm etwas von seiner Bedeutung, nämlich hier das „Seht hier, genau das ist es, worum es geht", das mit diesem Wort *nämlich* zum Ausdruck gebracht wird. Ohne dieses Wort hätte der betreffende Teilsatz zwar einen ähnlichen, aber nicht genau diesen Sinn.

Aufbau des Satzes aus seinen Einheiten nennt man seine **Syntax**.[32] Die Syntax beschreibt also den Aufbau des Satzes aus seinen Konstituenten und deren Aufbau aus kleineren, letztlich aus Wörtern. In unserem Beispielsatz etwa haben wir ein zusammengesetztes **Subjekt**:

Jedes Wort

und ein zusammengesetztes **Objekt**

eine ganz bestimmte Rolle,

und im Subjekt ist

das Wort *jedes* **Artikelwort** zu *Wort*

und im Objekt sind

die Wörter *ganz bestimmte* **Attribut** zu *Rolle*.

Nur das **Prädikat** besteht hier aus einem einzigen Wort: *spielt*.
Um nun auf das Problem der Getrennt- und Zusammenschreibung zurückzukommen: In dem letzten Abschnitt finden wir die Komposita

Klammerausdrucks, *Beispielsatz* und *zusammengesetztes*.

Wir haben hier keinerlei Zweifel daran, daß *Klammerausdrucks*, *Beispielsatz* und *zusammengesetztes* hier jeweils **ein** Wort ist, obwohl diese Ausdrücke jeweils aus zwei Wörtern zusammengesetzt sind, die in anderen Zusammenhängen als selbständige Wörter vorkommen: *Klammer* und *Ausdruck*, *Beispiel* und *Satz*, *zusammen* und *gesetztes*. Hier aber bilden sie jeweils zusammen ein Wort, und der Grundsatz G_6 nennt den ersten Grund dafür: weil sie hier zusammen eine „Rolle" im Satz spielen. Um dies zu sehen, brauchen wir nur die Kontexte zu betrachten, in denen diese Ausdrücke stehen:

des gesamten Klammerausdrucks:

Hier kann *Klammer* nicht Attribut zu *Ausdrucks* sein, denn links von einem Substantiv können im Deutschen nur Adjektivattribute stehen[33]; *gesamten* ist also Attribut zu *Klammerausdrucks*, nicht nur zu *Klammer* oder *Ausdrucks.* Bei

in unserem Beispielsatz:

handelt es sich um denselben Sachverhalt wie im ersten Fall. Auch hier könnte

[32] Aus dem Griechischen: Syntax = Zusammensetzung.

[33] Nur in ganz seltenen Fällen akzeptieren wir ein Substantiv als Linksattribut zu einem Substantiv, etwa bei *ein klasse Spiel*, und dies auch nur in der mündlichen Umgangssprache, nicht im Schriftlichen. „Normalerweise" müssen Linksattribute im Deutschen dekliniert sein: *ein tolles, aufregendes, langweiliges Spiel*.

Beispiel nicht Attribut zu *Satz* sein, und wir verstehen *unserem* als Attribut zu dem Gesamtausdruck Beispielsatz. Bei

ein zusammengesetztes Subjekt

liegt der Fall allerdings etwas anders. Hier würde die Schreibweise *zusammen gesetztes* etwas anderes bedeuten.[34]

9 **1.5.1 Die syntaktische Hauptregel der Zusammenschreibung:**

Aus dem Grundsatz G_6 ergibt sich unmittelbar die erste Hauptregel der Getrennt- und Zusammenschreibung:

> **R_1**: Man schreibt zwei aufeinander folgende Wörter $W_1 + W_2$ zusammen, wenn bei Getrenntschreibung entweder W_1 oder W_2 syntaktisch nicht interpretierbar wäre.[35]

Das klingt kompliziert. Wir erläutern diese Regel deshalb an zwei bekannten Beispielen:

einen Text korrekturlesen / Korrektur lesen
einen Brief maschineschreiben / Maschine schreiben

Der „alte" Duden verzeichnete *Korrektur lesen*, aber *maschineschreiben*, nach der amtlichen Neuregelung ist in beiden Fällen Getrenntschreibung vorgesehen. Wie erklärt sich die alte Schreibweise *maschineschreiben*? Sie ist der erläuterungsbedürftige Fall[36]:
einen Brief ist hier Ergänzung (Akkusativ-Objekt) zu *maschineschreiben*. Das Verb *schreiben* läßt als Ergänzungen nur Subjekt und Akkusativ- und/oder Dativobjekt zu:

Ich (= Subjekt, Nominativ) *schreibe den Brief* (= Objekt, Akkusativ),

eine weitere Ergänzung nicht. In der Schreibung *einen Brief Maschine schreiben* wäre neben dem Objekt *einen Brief* nun aber ein weiteres Substantiv, nämlich *Maschine*, separat aufgeführt, das in irgendeiner grammatischen Beziehung zu

[34] Die Rede ist nicht von einem Subjekt, das von irgendwem zusammen mit etwas anderem gesetzt wäre, sondern eben von einem ‚zusammengesetzten', d. h. einem komplexen Subjekt. Vgl. dazu unten 1.1.2.

[35] Positiv formuliert besagt diese Hauptregel: $W_1 + W_2$ haben zusammen eine einzige, nicht weiter untergliederbare Funktion im Satz.

[36] Hier geht es leider nicht ganz ohne Grammatik. Vgl. dazu auch das kleine Verzeichnis grammatischer Grundbegriffe in diesem Band, S. 185 f.

dem Wort *schreiben* stehen müßte. *Maschine* könnte dann eine Angabe (adverbiale Bestimmung) sein. Dafür würde sprechen, daß man eine Wendung wie

Er schreibt den Brief Maschine

eher vermeiden würde und stattdessen die Formulierung

Er schreibt den Brief auf der Maschine

wählen würde, wo *auf der Maschine* klar adverbiale Bestimmung (der Art und Weise) ist. Nun lautet der fragliche Ausdruck aber nicht

einen Brief auf der Maschine schreiben –

hier tritt ein Problem der Getrennt- und Zusammenschreibung nicht auf –, sondern eben

einen Brief Maschine schreiben,

und *Maschine* für sich allein kann nicht als adverbiale Bestimmung zu *schreiben* genommen werden. In *Maschine schreiben* kann *Maschine* weder mit „wie?" noch mit „wo?", „wann?" oder irgendeiner anderen Frage „erfragt" werden, mit der man Angaben bzw. adverbiale Bestimmungen von Objekten („wen?", „wem?", „wessen?") unterscheidet. Nur die Frage „wen oder was?" stünde zur Verfügung, doch die ist schon für *den Text* vergeben. Das Segment *Maschine* ist also in diesem Zusammenhang **syntaktisch nicht interpretierbar**. An der Position von *Maschine* wäre hier als Einzelwort nur ein Adverb zugelassen, etwa:

einen Brief maschinell schreiben

oder ähnliches. Substantive können aber normalerweise nur im Genitiv oder im Akkusativ (*des Abends*, *den ganzen Tag*) oder in Präpositionalphrasen (*bei Sonnenaufgang*, *auf der Maschine* usw.) als Angabe verwendet werden. Folglich war und ist die Schreibweise *Maschine schreiben* grammatisch falsch, die alte Schreibweise dagegen ganz in Ordnung: *Maschine* tritt als Bestimmungswort zu *schreiben*, und die beiden Wörter verbinden sich zu einem wie z. B. *Kopf* mit *rechnen* in *kopfrechnen*, und dieses eine Wort *maschineschreiben* hat in dem betreffenden Ausdruck genau eine syntaktische Funktion, nämlich die des Prädikats.
In der Schreibweise *maschineschreiben* hatte sich, mit anderen Worten, bereits das Gefühl einer Vielzahl von Schreibenden niedergeschlagen, daß es sich bei der Folge von Wörtern

Maschine + schreiben

nicht um verschiedene Satzglieder handelte (Objekt oder Angabe + Prädikat), sondern nur um ein einziges Satzglied: eben das Prädikat. In diesem Beispiel ist

einen Brief also Objekt zum Prädikat *maschineschreiben*. Die Zusammenschreibung *maschineschreiben*, bei der sich die Kleinschreibung als Folge der Zusammenschreibung ergibt, war die konsequente Lösung dieses Problems: das Kompositum *maschineschreiben* erlaubte hier eine grammatisch korrekte Schreibung. Genau dies besagt die erste Hauptregel R_1.
Dieselbe Argumentation gilt für das zweite Beispiel *einen Text Korrektur lesen*. Auch hier hätte die grammatisch korrekte Schreibweise

korrekturlesen

lauten müssen.[37]

> Die Kompositumsbildung setzt also – in der Schrift wohlgemerkt, im Mündlichen stellt sich das Problem nicht – systematisch immer dort ein, wo die Getrenntschreibung grammatisch (syntaktisch) nicht mehr interpretierbar wäre.[38]

Wir können damit zur zweiten Hauptregel der Getrennt- und Zusammenschreibung kommen:

10 **1.5.2 Die semantische Hauptregel der Getrennt- und Zusammenschreibung**
Die **Semantik** befaßt sich mit der Bedeutung von Wörtern und Ausdrücken. Die zweite Hauptregel hat also etwas mit der Wortbedeutung zu tun. Sie ist der eigentliche Grund für die Bildung von Komposita.

> $\mathbf{R_2}$: Ergibt sich aus der Verknüpfung zweier Wörter eine besondere Wortbedeutung, die sich von dem Sinn der regulären syntaktischen Verknüpfung der beiden Wörter unterscheidet, so werden die beiden Wörter zusammengeschrieben: sie bilden ein Kompositum.

[37] Der „alte“ Duden enthielt eine Reihe von derartigen, der Regel widersprechenden Einzelregelungen. Die amtliche Neuregelung bringt hier insofern eine „Verschärfung“ der Situation, als sie die grammatisch korrekte Schreibung explizit ausschließt.
[38] Dieser Grundsatz hat sich erst im Lauf von vier Jahrhunderten entwickelt. Noch zu Goethes Zeiten sind Getrenntschreibungen geläufig, über die wir heute den Kopf schütteln würden. Jedenfalls hat die orthographische Praxis allmählich zu einer *grammatisch durchgängig korrekten* Schreibung geführt. Die neue Amtliche Regelung bedeutet in dieser Hinsicht an einigen Stellen (leider) einen Rückschritt.

Man nennt diese Regel häufig das Prinzip der **semantischen Differenzierung**. Wir haben damit den Grund für die Zusammenschreibung unseres obigen Beispiels

zusammengesetzt.

Die beiden Wörter *zusammen* und *gesetzt* bilden in dem Ausdruck *ein zusammengesetztes Subjekt* eine einzige Bedeutung, die nicht einfach die Zusammensetzung der Bedeutung ‚zusammen' und der Bedeutung ‚gesetzt' ist. Es handelt sich hier nicht einfach um etwas, das von wem und wie auch immer oder mit wem auch immer zusammen gesetzt wäre – im Gegensatz etwa zu einzeln oder getrennt gesetzt.[39] Hinzu kommt hier der Aspekt, das das Zusammengesetzte ein Ganzes ergibt. Wenn man etwa Kinder in der Klasse zusammensetzt, so heißt das auch etwas Besonderes, nämlich daß man ihnen zwei benachbarte Sitzplätze zuweist. Daher ist das Wort *zusammensetzen* längst in den festen Wortbestand des Deutschen eingegangen. Wenn man es verwendet, denkt man normalerweise gar nicht daran, daß es ein Kompositum ist.

> Die Getrennt- und Zusammenschreibung hat es grundsätzlich mit der Bildung neuer Wörter zu tun. Sie erweitern den Grundbestand der Sprache an ‚einfachen' Wörtern.

Einige weitere Beispiele:

gerade stehen – [für etwas] *geradestehen*,
sitzen bleiben – [in der Schule] *sitzenbleiben*[40],
eine Erdöl exportierende Firma – ein erdölexportierendes Land[41],
so daß – sodaß.

In anderen Fällen wie z. B.

Erdöl exportierend – erdölexportierend
Laub tragend – laubtragend

[39] Z. B. können zwei Grabsteine getrennt oder zusammen gesetzt werden, auch wenn sie nur aus einem einzigen Stück Stein oder Marmor bestehen, d. h. nicht zusammengesetzt sind.

[40] Nach der alten Schreibweise; neu: *sitzen bleiben*, s. S. 76.

[41] Z. B. der Irak, der, obwohl er aufgrund der Uno-Sanktionen jahrelang kein Erdöl exportieren durfte, dennoch weiterhin zur Gruppe der erdölexportierenden Länder gezählt wurde. Auch diese Zusammenschreibung nur nach der alten Schreibweise; neu: *Erdöl exportierendes*, s. S. 165.

Englisch sprechend – englischsprechend[42]
usw.

ist der Bedeutungsunterschied nicht so trennscharf. Auch bei den („alten“) Zusammenschreibungen blieb ja die Bedeutung der Einzelwörter erhalten, doch hat das Kompositum die neue Bedeutung ‚Fähigkeit zu …‘ dazugewonnen. Das rechtfertigt die Zusammenschreibung.

Anmerkung: Das Grundproblem der Neuregelung liegt darin, daß das Prinzip der semantischen Differenzierung zwar auf der Ebene der Regelformulierungen aufgegeben, auf der der Einzelregelungen jedoch teilweise beibehalten wurde: <sitzenbleiben> z. B. soll künftig <sitzen bleiben> geschrieben werden[43], es bleibt jedoch bei <geradestehen>. Hinter AR 34, 2.2[44], auf das die Schreibweise „geradestehen“ zurückgeführt wird, verbirgt sich das abgeschaffte semantische Prinzip der Zusammenschreibung.

11 1.5.3 Im Zweifelsfall: getrennt

Nicht immer ist trennscharf zu unterscheiden, ob die beiden in R_1 und R_2 ausgedrückten Kriterien für die Zusammenschreibung –

eine syntaktische Funktion + **eine** besondere Bedeutung –

42 Schreibung nach der alten Regelung: nach der neuen wäre hier durchgängig getrennt zu schreiben – eine semantisch bzw. logisch problematische Regelung. Auch wenn eine Birke im Winter kein Laub trägt, so bleibt sie doch ein Laub tragender Baum. Die alte Schreibung vermied diesen Widerspruch. Die Neuregelung bedeutet – genau genommen – den Ausschluß bestimmter Wörter aus dem Schriftdeutschen. Sie ist also streng genommen keine orthographische Regelung.

43 Nach der Regel: „Infinitiv + Verb stets getrennt“ (AR § 34 E3 (6)).

44 Zusammengeschrieben werden danach „Zusammensetzungen aus Adverb oder Adjektiv + Verb, bei denen … der erste Bestandteil in dieser Verbindung weder erweiterbar noch steigerbar ist …“, z. B.: *bereithalten, bloßstellen, fernsehen, festsetzen* (= bestimmen) usw. Das Kriterium gibt sich als syntaktisches bzw. morphologisches (erweiterbar [z. B. *sofort bereit*; *ganz bloß*; …] bzw. steigerbar [*bereiter*, *bloßer*, *ferner*, *fester*, …], ist aber tatsächlich ein rein semantisches: Nur wenn ich *fernsehen* im Sinne von „ein TV-Programm betrachten“ o. ä. verstehe, ist eine „Erweiterung“ *ganz fern sehen* oder eine Steigerung *ferner sehen* nicht möglich. In jedem anderem Sinn selbstverständlich. Also haben wir hier doch genau das Prinzip der semantischen Differenzierung beibehalten, das in der Regelformulierung aufgegeben wurde (die alte R 205 des Duden, für die es in den neuen Duden-Regeln (R 35 – R 44) keine Nachfolgerin gibt.

eindeutig erfüllt sind.[45] In der alten Regelung gab es nebeneinander die Schreibweisen

Auto fahren → ich fahre Auto
radfahren → ich fahre Rad
eislaufen → ich laufe eis.

Auch hier konnte man fragen, ob die Bedeutung von „Auto fahren“ in *ich kann Auto fahren* genau dieselbe war oder ist wie in *ich fahre gerade ein Auto*. Denn es gibt ja Fälle, wo jemand ein Auto fährt, ohne deswegen Auto fahren zu können. Aber die Bedeutung der Ausdrücke lag doch nahe beieinander, und da *fahren* ein Akkusativ-Objekt verlangt und hier *Auto* als Akkusativ-Objekt aufgefaßt werden konnte, hat sich die Schreibweise „Auto fahren“ durchgesetzt.
Umgekehrt konnte aber in *eislaufen eis* nicht als Objekt zu *laufen* aufgefaßt werden, möglich war hier nur *auf dem Eis laufen* oder ähnliches, was aber eben nicht dasselbe bedeutet wie *eislaufen*, denn man kann ja durchaus auf dem Eis laufen, ohne deshalb eiszulaufen. Der Fall liegt hier wie bei *kopfrechnen*, *maschineschreiben* oder *korrekturlesen*. In diesem Fall war also sowohl das syntaktische wie das semantische Kriterium für Zusammenschreibung klar erfüllt. Die Schreibung

eislaufen – ich laufe eis

war also grammatisch wie semantisch in Ordnung. Der klassische Grenzfall war

radfahren – ich fahre Rad.

Die Zusammenschreibung ging auf das Konto von R_2, die Großschreibung von *Rad* bei der durch die Grammatik bedingten Getrenntschreibung ging dagegen auf das Konto von R_1, denn wie bei *Auto fahren* kann in *Rad fahren* das Wort *Rad* als Objekt zu *fahren* aufgefaßt werden. Ein solcher Widerspruch in einer Schreibung war natürlich ärgerlich und schwer erklärbar.
Fälle wie dieser haben zu der dritten Hauptregel der Getrennt- und Zusammenschreibung geführt:

R_3: Sind die Kriterien für Zusammenschreibung nicht eindeutig erfüllt, so schreibe man getrennt.

Im Zweifelsfall also getrennt. Die amtliche Neuregelung hat versucht, diesem Grundsatz stärkeres Gewicht zu geben. Nach ihr schreibt man künftig auch

Rad fahren – ich fahre Rad –

45 Solche Grenzfälle sind unvermeidlich, zumal in einem so komplexen System wie der Sprache.

was, wie wir gesehen haben, durchaus sinnvoll ist. Leider aber auch

Eis laufen – ich laufe Eis
Kopf stehen – ich stehe Kopf –

was ebenso eindeutig problematisch, weil grammatisch fragwürdig ist.[46]
Damit können wir nun die einzelnen Möglichkeiten der Kompositumsbildung im Deutschen betrachten, und zwar in der Reihenfolge: Verb, Substantiv, Adjektiv und andere Wortarten. Die hier beschriebenen Muster dürften mithilfe der oben erläuterten Grundsätze und Regeln leicht zu interpretieren sein. Für die Praxis des Schreibens – das sei noch einmal betont – genügt es, wenn man sich an das Beispiel dieser Muster hält. Denn wir sprechen und schreiben nicht – schon gar nicht, wer es kann – nach Regeln, sondern nach Beispielen.[47]

[46] Die Amtliche Regelung geht hier rein formal vor, vgl. dazu unten (S. 136 ff.).
[47] Welcher routinierte Autofahrer würde in einer kritischen Situation nach der Straßenverkehrsordnung entscheiden oder nach einer Regel, die ihm sein Fahrlehrer eingebleut hat? Er handelt „nach Gefühl“, d. h. aufgrund seiner Erfahrung. Beim Schreiben ist es nicht anders – ein Grundsatz, der in der Orthographiedidaktik leider allzu oft mißachtet wird.

2. Die Muster der Kompositumsbildung

2.0 Wortarten

Jedes Wort gehört einer bestimmten Wortart an. Diese legt fest, wie das Wort im Satz verwendet werden kann und wie nicht. Substantive z. B. können nie als vollständiges Prädikat verwendet werden, wohl als Teil eines Prädikats:

... ist ein Schuft,

stets jedoch als Subjekt oder Objekt eines Satzes:

Ein Schuft ist, wer ...; man nahm den Schuft in Gewahrsam;

umgekehrt finite Verben[1] wie *sagt, ging, würde, hattet* immer als vollständiges Prädikat:

Man sagt; er ging; das würde wohl; ihr hattet ihn im Keller;

nie jedoch als Subjekt eines Satzes. Deklinierte Adjektive (*großer, dünne, weites* usw.) kann man als Linksattribute zu einem Substantiv oder auch anstelle eines Substantivs verwenden:

ein großer Mann, ein dünnes Kleid, ein weites Land;
ein Großer, eine Dünne, etwas Weites
usw.

Die wichtigsten Wortarten, bei denen die Bildung von Komposita häufig vorkommt, sind **Verben**, **Substantive** und **Adjektive**, darüber hinaus begegnet Kompositumsbildung aber auch bei anderen Wortarten wie **Adverbien**, **Präpositionen** oder **Konjunktionen**.[2]
Wie wir oben gesehen haben, ist die Bildung eines Kompositums ein Verfahren, bei dem zu einem Grundwort ein Erweiterungs- oder Bestimmungswort tritt:

Kopf + rechnen → *kopfrechnen*; *blau + Hai* → *Blauhai*; *tropf(en) + naß* → *tropfnaß* usw.

Das Grundwort legt wie bereits erwähnt die Wortart des neugebildeten Kompositums fest: *kopfrechnen* ist ein Verb, *Blauhai* ein Substantiv, *tropfnaß* ein Adjek-

[1] ‚Finites' Verb: ein nach Person, Tempus [Zeitform] und Modus [Aussageform] ‚bestimmtes' Verb, z. B. *sagtest* im Unterschied zum Infinitiv (= unbestimmte Form) *sagen*. Vgl. 2.1.
[2] Vgl. das kleine Verzeichnis grammatischer Grundbegriffe, S. 185 f.

tiv, während das Bestimmungswort seine Wortart aufgibt und als Wortteil, der sozusagen nur mehr als Bedeutung „existiert“, zum Grundwort tritt. Beide Bestandteile bilden ein, nämlich ein ‚zusammengesetztes‘ Wort. Alle diese Bildungen gehen in den Wortschatz der betreffenden Sprache über und werden daher auch in den Wörterbüchern dieser Sprache als „eigene“ Einträge verzeichnet. Die Komposita erweitern die aus ‚einfachen‘ Wörtern gebildeten Wortklassen. Gerade im Deutschen sind die Möglichkeiten der Bildung von Komposita außerordentlich vielfältig. Man erfaßt die Muster der Kompositumsbildung daher am besten, wenn man von der jeweiligen Grundwortart ausgeht.

13 2.1 Verbkomposita

2.1.1 Zur Grammatik des Verbs

Das Verb ist die syntaktisch wichtigste und vielfältigste Wortart. Man unterscheidet **finite** (konjugierte) Formen, die nach **Person**, **Tempus** und **Modus** unterschieden sind wie

bin (1. Person Singular [Einzahl] Präsens [Gegenwart] Indikativ), *bist*, *ist*, *sind*, *seid*, *sei* (Imperativ [Befehlsform] oder 3. Person Singular Konjunktiv, *war* (1./3. Person Präteritum [Vergangenheit]) Indikativ), *warst*, *waren*, *wärst* (2. Person Singular Präteritum Konjunktiv), *wären*, ...
gehe, gehst, geht, [er/sie/es] gehe, geh, ging, gingst, gingest, ...
usw.

Diese Formen verwendet man ausschließlich zur Bildung des Prädikats oder Prädikatkerns. Er bzw. es steht im Hauptsatz stets an zweiter Position, im Nebensatz meist am Satzende:

Ich *bin* in Köln gewesen; ich *war* damit zufrieden; ...
..., weil ich in Köln gewesen *bin*; ..., weil ich damit zufrieden *war*; ...
Du *gehst* spazieren? Ich *ging* dort zur Schule; ...[3]

Daneben gibt es **infinite** Verbformen:

den **Infinitiv**: *sein, gehen, werden, können*, ...;
das **Partizip I**: *seiend, gehend, werdend, könnend*, ... und
das **Partizip II**: *gewesen, gegangen, geworden, gesagt, gekonnt*, ...

[3] Bei manchen Fragesätzen und bei Aufforderungssätzen bleibt die erste Position im Hauptsatz unbesetzt: *Gehst du spazieren? Komm nach Hause!*

2.1.1.1 Der prädikative Gebrauch von Verben

Diese Formen verwendet man erstens zur Bildung zusammengesetzter Prädikate, nämlich zusammen mit einer finiten Verbform:

... bin ... gewesen, ... wollte ... kommen, ... werde ... gehen, ... bin ... versetzt worden, ...

Wir wollen in diesem Fall vom **prädikativen** Gebrauch infiniter Verbformen sprechen. Hier gibt es nun im Deutschen einen Sachverhalt, der für die Getrennt- bzw. Zusammenschreibung wichtig ist: In prädikativer Verwendung stehen die infiniten Verbformen im Hauptsatz am Ende der sogenannten Satzklammer:

Hauptsatzstellung: *Ich **bin** gestern mit meinen Freunden zum ersten Mal wieder nach langer Zeit in Köln **gewesen**, um in die Oper zu gehen.*

Im Nebensatz stehen sie unmittelbar vor der finiten Verbform:

Nebensatzstellung: *..., weil ich gestern mit meinen Freunden zum ersten Mal wieder nach langer Zeit in Köln gewesen **bin**, um ...*

Diese Stellungsregularitäten bestimmten die Regelung der Getrennt- und Zusammenschreibung des Verbs.

2.1.1.2 Der nominale Gebrauch von Verben

Zweitens verwendet man infinite Verbformen **nominal**, nämlich als Substantive oder Adjektive:

Infinitive: *das Können, das Spazierengehen, das Laufen, das Sich-Freuen, ...*
Partizipien: *eine blühende Blume, vor Selbstbewußtsein strotzend, lachende Kinder, ...mein gewesener Freund, ein zugeparktes Auto, eine gespickte Keule, ...*

Bei den Verben sind also zu unterscheiden: **finite** und **infinite** Formen, und bei den infiniten Formen wiederum **prädikativer** und **nominaler** Gebrauch.
In den folgenden beiden Kapiteln geht es zunächst nur um den prädikativen Gebrauch von Verbformen. Die Zusammenschreibung beim nominalen Gebrauch von infiniten Verbformen wird in den Kapiteln zum Adjektiv und Substantiv behandelt.

2.1.2 Verbkomposita: die Grundregel 14

Bei den Verbkomposita ist im Unterschied zu allen anderen Wortarten eine Besonderheit zu beachten, die wir als Grundregel der Bildung und Schreibung zusammengesetzter Verben formulieren:

R_3: Verbkomposita sind stets zweigliedrig und im allgemeinen trennbar. Nur im Infinitiv, in der Partizipialform und bei Endstellung im Nebensatz treten sie dann zu einem Wort zusammen. Nicht unter diese Regel fallen die ‚untrennbaren' Verbkomposita (vgl. R_4).

Beispiele: *freisprechen* → *Man sprach ihn frei*, aber: *Man hat ihn freigesprochen*; *jemanden freisprechen*; *weil man ihn freisprach*, …
kennenlernen → *Er lernte sie kennen*; aber: *Er hat sie kennengelernt*; *jemanden kennenlernen*; *weil er sie kennenlernte*, …
zusammensetzen → *Man setzte den Motor zusammen*; aber: *Man hat ihn zusammengesetzt*; *etwas zusammensetzen*; *weil man den Motor zusammensetzte*, …

15 2.1.2.1 Untrennbare zusammengesetzte Verben

Eine Klasse von Verbkomposita weicht von dieser Grundregel ab. Sie sind häufig aus Substantivkomposita abgeleitet, z. B.

gewährleisten aus *Gewährleistung*
kurpfuschen aus *Kurpfuscher*
maßregeln aus *Maßregel*
notlanden aus *Notlandung*
staubsaugen aus *Staubsauger*
wehklagen aus *Wehklage*
usw.

Wir formulieren für diese Verben zunächst die Regel und erläutern diese dann an Beispielen:

R_4: Bleibt in einer Zusammensetzung aus Verb (V) und nichtverbalem Element (NV) auch bei den finiten Verbformen stets die Reihenfolge NV + V erhalten und wird beim Partizip II (1) NV zwischen Präfix *ge-* und Verbstamm eingeschlossen oder (2) ersetzt NV das Präfix, so werden NV und V zusammengeschrieben.

Beispiele:

(1) *brand* (= NV) + *marken* (= V): *er brandmarkte, hat gebrandmarkt*
schluß + folgern: er hat richtig geschlußfolgert
gehandhabt, *gemaßregelt*,
(2) *durchbrechen*: *er durchbrach*, *hat durchbrochen*
übersetzen: *er übersetzte*, *hat übersetzt*
widersprechen: *er widersprach*, *hat widersprochen*
usw.

Man kann kann hier vier Hauptklassen von Kompositumsbildungen unterscheiden:

1. Ableitungen aus Substantiven: *drehbohren*, *maßregeln*, *mähdreschen*, *sandstrahlen*, *streckwalzen*, *wehklagen*, *wetteifern*, ...

2. Substantiv + Verb: *brandmarken*, *handhaben*, *lobpreisen*, *nachtwandeln*, *schlußfolgern*, ...

Anmerkung: Viele dieser Bildungen werden in der Regel nur im Infinitiv, seltener auch im Partizip gebraucht, d. h. nominal:
bauchreden, *bergsteigen*, *brustschwimmen*, *notlanden*, *punktschweißen*, *schutzimpfen*, *segelfliegen*, *seitenschwimmen*, *sonnenbaden*, *wettlaufen*, *wettrennen*, ...

3. Adjektiv + Verb: *frohlocken*, *langweilen*, *liebäugeln*, *liebkosen*, *vollbringen*, *vollenden*, *weissagen*, ...

4. Präpositionen + Verb:
durch-: durchbrechen, durchbohren, durchsetzen, ...
hinter-: hintergehen, hinterlegen, hintertragen, ...
über-: übersetzen, übertragen, übervorteilen, ...
um-: umfahren, umgehen, umlaufen, umwinden, ...
unter-: unterlaufen, unterliegen, unterstreichen, ...
wider-: widerrufen, widersetzen, widersprechen, ...

Anmerkung: Im Gesprochenen tragen diese Bildungen den Akzent auf dem Verbstamm:

ich beántworte, beántwortete, habe beántwortet, zu beántworten
ich durchbréche, durchbrách, habe durchbróchen, zu durchbréchen
ich übersétze, übersétzte, habe übersétzt, zu übersétzen –

im Gegensatz zu:

ich breche dúrch (eine Wand, ...), *bin dúrchgebrochen*, *um dúrchzubrechen*
ich setze ´über, habe ´übergesetzt, *um ´überzusetzen*
usw.

2.1.2.2 Trennbare zusammengesetzte Verben 16

Alle Verben, die nicht unter die Regel R_4 fallen, sind ‚trennbar' und fallen unter die Hauptregel R_3, die wir jetzt noch etwas ausführlicher erläutern. Trennbare zusammengesetzte Verben sind Verben wie die letzten Beispiele

dúrchbrechen, *´übersetzen*, ...,

deren nichtverbaler Bestandteil bei der Verwendung im Hauptsatz hinter den finiten verbalen Bestandteil tritt, genauer gesagt: an das Ende der Satzklammer:

*Ich **breche** durch diese Wand **durch**, weil ....*
*Er **setzte** mit vieler Mühe über den Fluß **über, um** ...*

Bei den infiniten Formen bleibt dagegen die Reihenfolge NV + V erhalten:

ab + ändern, ab + ändernd, ab + geändert
fehl + schlagen, fehl + schlagend, fehl + geschlagen
fest + setzen, fest + setzend, fest + gesetzt[4]
usw.

Erhalten bleibt diese Reihenfolge auch in Nebensätzen, wenn das finite Verb an das Ende der Satzklammer rückt:

*..., weil er seinen Plan **abänderte***
*..., da der Versuch **fehlschlug***
*..., obwohl sich das in seinem Kopf **festsetzte***
usw.

Eine Zusammenschreibung kommt bei diesen **trennbaren** zusammengesetzten Verben also nur bei infiniten Formen oder in Nebensätzen in Frage. Die Frage ist nun: **wann**? Leider läßt sich hier über die Grundregel hinaus keine „trennscharfe" Regel formulieren[5]. Man kann nur bestimmte Gruppen von Fällen zusammenstellen:

Die Kompositumsbildung vollzieht sich nach Mustern, nicht nach Regeln. Alle Muster allerdings sind entsprechend den Hauptregeln R_1 und R_2 gebildet.

Wir gehen diese Gruppen nun einzeln durch und erläutern dabei – dies ist der einfachste Weg – die Neuerungen der Amtlichen Regelung. Man beachte dabei – eine gute Orientierung für die Zusammenschreibung –, auf welcher Silbe der Wortakzent liegt.

4 In diesen Fällen bleibt also das Präfix *ge-* erhalten und tritt zwischen das nichtverbale Element und das „eigentliche", sprich finite Verb.

5 Die Amtliche Regelung versucht es (§ 34), aber dieser Regelungsversuch ist – vorsichtig gesagt – problematisch.

2.1.2.2.1 Substantiv + Verb

17

Bei diesem Typ handelt es sich um Zusammensetzungen nach zwei ähnlichen Mustern.

1. ursprüngliches Akkusativ-Objekt + Verb:

   Muster: *Ich fahre (ein) Rad, sage (einen) Dank*, ...

   achtgeben, danksagen, haltmachen, leidtun, maßhalten, radfahren, standhalten, teilnehmen, ...
   Man beachte hier die Groß- bzw. Kleinschreibung in getrennter Verwendung: *man gab acht; ... sagte Dank; ... machte halt; es tat mir leid; man fuhr Rad; ... hielt maß; ... hielt stand; ...nahm teil*[6]

2. ursprüngliche adverbiale Bestimmung + Verb:

   Muster: *auf dem Eis laufen, im Kopf rechnen*, ...

   eislaufen, kopfrechnen, maschineschreiben, korrekturlesen,
   insbesondere in der technischen Fachsprache: *feuerverzinken, punktschweißen, sandstrahlen, topfglühen, ...*[7]

Die amtliche Neuregelung regelt diesen ganzen Bereich schematisch. Sie formuliert folgende Regel:

> Gehen folgende Substantive oder „verblaßte" Substantive einer Verbform unmittelbar voraus, so werden sie mit dieser zusammengeschrieben:
> *heim-*, *irre-*, *preis-*, *stand-*, *statt-*, *teil-*, *wett-*, *wunder-*[8]
> In allen anderen Fällen wird getrennt geschrieben.

[6] Die Gründe für diese Unterschiede sind nicht trennscharf auseinanderzuhalten. Sie haben im wesentlichen mit der Bedeutung zu tun, die man den betreffenden Wörtern gibt: Man sagt zwar in der Tat noch einen Dank oder fährt ein Rad, aber man gibt nicht eine Acht, man macht nicht einen Halt, niemand tut im wörtlichen Sinne ein Leid usw. Eine Regel kann man daher hier nicht formulieren. Dies ist ein Bereich des Schriftgebrauchs, wo man sich nur an Beispielen orientieren kann.

[7] Die meisten dieser Bildungen verwendet man nur im Infinitiv: Zwar sind Verwendungen wie *ich laufe ... eis*; *ich lese Korrektur* durchaus gängig, doch „normalerweise" sagt man nicht: *ich rechne ...kopf*; ... *schweiße ...punkt* usw.

[8] Zumindest das Wort *heim* ist in dieser Liste fehl am Platz: es ist zweifellos Adverb und würde daher eigentlich in die Gruppe 2.1.2.5 Adverb (Partikel) + Verb gehören. Daher gibt es in diesem Fall auch eine ganze Reihe von Komposita: *heimgehen, heimreisen, heimzahlen* usw. Auch *irre-* und *wett-* sind wohl kaum als Substantive anzusprechen. Wir lassen dies aber auf sich beruhen.

Man schreibt nach der AR also zusammen:

heimbringen, heimfahren, heimführen, heimgehen, …
irreführen, irreleiten, irrewerden, …
preisgeben, preiskegeln, preisschießen, …
standhalten, …
stattfinden, stattgeben, statthaben, …
teilhaben, teilnehmen, …
wetteifern, wettlaufen, wettmachen, wettrennen, …
wunderheilen, wundernehmen, …[9]

Getrennt wird in allen anderen Fällen geschrieben, also:

Angst haben, *Auto fahren*, *Diät halten*, *Diät leben*, *Eis laufen*, *Feuer fangen*, *Feuer speien*, *Fuß fassen*, *Kopf stehen*, *Leid tun*, *Maß halten*, *Not leiden*, *Not tun*, *Pleite gehen*, *Pleite machen*, *Posten stehen*, *Rad fahren*, *Rat suchen*, *Schlange stehen*, *Schuld tragen*, *Ski laufen*, *Walzer tanzen*, …

Schon hier muß man auf eine Komplikation hinweisen, die sich aus dieser Regelung ergibt: Nach § 36 (3) der Amtlichen Regelung werden Zusammensetzungen mit Partizip –

laufend, *gelaufen*
fangend, *gefangen*
stehend, *gestanden*
usw. –

nur dann zusammengeschrieben, wenn auch sonst beim betreffenden Verb zusammengeschrieben wird, also z. B.:

teilnehmen, *teilnehmend*, *teilgenommen*
irreleiten, *irreleitend*, *irregeleitet*
wundernehmen, *wundernehmend*
usw.

Die Neuregelung führt daher zu Getrenntschreibungen wie:

ein Not leidender Mensch
ein Feuer speiender Drache
ein Rat suchendes Kind
usw.

[9] Die Pünktchen in dieser Liste besagen, daß die hier aufgezählten Wörter nur Beispiele sind. Grundsätzlich gilt diese Regel für alle Zusammensetzungen mit den genannten Ausdrücken.

2.1.2.2.2 Verb + Verb 18

Dieser Bildungstyp ist relativ selten. Es gibt zwei Bildungsweisen:
1. Verbstamm + Verb:

drehbohren, mähdreschen, preßschweißen, spritzlöten, streckwalzen, streckziehen, trennschleifen, ...[10]

Der Grund für die Zusammenschreibung dieser Bildungen geht klar auf die erste Hauptregel R_1 zurück: die Wortteile *dreh-*, *mäh-*, *preß-* usw. wären allein im Satz syntaktisch nicht interpretierbar. Die Zusammenschreibung ist daher zwingend.

2. Infinitiv + Verb:

kennenlernen, spazierengehen, sitzenbleiben, ...

Der Grund für diese Zusammenschreibungen ist semantischer Natur. d. h.: hängt mit der Bedeutung dieser Komposita zusammen:
Anmerkung: Die Amtliche Regelung formuliert hier eine Regel, die diesen Bedeutungsaspekt vernachlässigt:

Verbindungen von Infinitiv + finiter oder infiniter Verbform werden stets getrennt geschrieben.

Beispiele:

sitzen bleiben (*bleibend*, *geblieben*), *liegen lassen*, *kennen lernen*, *spazieren gehen*, ...

2.1.2.2.3 Adjektiv + Verb 19

Jedes Adjektiv kann im Deutschen grundsätzlich als Adverb verwendet werden, z. B.

er ist schnell – er kann schnell laufen
diese Ansicht ist schön – man kann hier schön spielen
usw.

Die Komplikation bei diesem Kompositumstyp liegt für die Getrennt- und Zusammenschreibung darin, daß adverbial verwendete Adjektive sich formal nicht von „normalen“ Adverbien unterscheiden. Sie sind undekliniert, und damit unterscheiden sie sich auch nicht von prädikativ verwendeten Adjektiven. Man vergleiche etwa

10 Auch diese Komposita werden in der Regel nur im Infinitiv verwendet.

das Dach ist fest
die Schraube sitzt fest
etwas fest drehen
er drehte eine Schraube fest.

In *die Schraube sitzt fest* und *etwas fest drehen* ist *fest* jeweils als Adverb verwendet: Etwas sitzt bzw. wird so und so gedreht. Würde man nun

er hat die Schraube fest gedreht

schreiben, so würde die Getrenntschreibung von *fest* dieses Wort unvermeidlich als Adverb kennzeichnen. Eine Schraube fest drehen ist aber etwas anderes als eine Schraube festdrehen. Letzteres ist – mit einem entsprechenden Schraubenzieher – durchaus möglich, ohne überhaupt im wörtlichen Sinn fest zu drehen.[11] Grammatisch gesprochen ist hier *Schraube* also Objekt zu *festdrehen*, nicht zu *drehen*. *Festdrehen* ist also ein Kompositum mit eigener Bedeutung, daher die Zusammenschreibung. Es gilt also folgender Grundsatz:

> Folgen ein undekliniertes Adjektiv und eine (finite oder infinite) Verbform unmittelbar aufeinander und ist das Adjektiv nicht als adverbiale Bestimmung des Prädikats zu verstehen, dann werden Adjektiv und Verbform zusammengeschrieben, d. h.: dann liegt ein Verbkompositum vor.

Als Regel ist dieser Satz ziemlich unhandlich, denn woran kann man erkennen, daß ein Adjektiv nicht als Adverb gemeint ist? Betrachten wir dazu einige Beispiele:

jemanden bloßstellen, einen Betrag festsetzen, den Angeklagten freisprechen, eine Zahlung gutschreiben, das Endergebnis hochrechnen, jemanden totschlagen, jemandem wahrsagen usw.[12]

Würden die hier auftretenden Adjektive *bloß*, *fest*, *frei* usw. als Adverbien verwendet, dann könnten sie im Satz stets an verschiedenen Stellen verwendet werden, z. B.:

er hat die Statue bloß an die Wand gestellt
... fest auf die Erde gesetzt
... frei mit jedermann gesprochen
usw.

[11] Wiederum macht der Wortakzent den Bedeutungsunterschied deutlich: etwas *fest dréhen*, aber etwas *féstdrehen*.
[12] Man achte auch hier wieder auf den Wortakzent.

Sprechen wir jedoch davon, daß jemand ‚bloßgestellt', etwas ‚festgesetzt', jemand ‚freigesprochen' wurde, dann ist dies nicht möglich, und zwar deswegen, weil das betreffende Prädikat –

wurde … bloßgestellt
wurde … festgesetzt
wurde … freigesprochen –

jeweils durch ein Adverb erweitert werden könnte:

wurde … gründlich bloßgestellt
wurde … definitiv festgesetzt
wurde … glücklich freigesprochen –

In jedem der betreffenden Sätze

Hans wurde gründlich bloßgestellt
Der Betrag wurde definitiv festgesetzt
Der Angeklagte wurde glücklich freigesprochen

steht das Adverb an der vorletzten Stelle im Satz – und dort, d. h. vor der letzten Stelle in der sogenannten Satzklammer[13], die stets nur eine infinite oder (im Nebensatz) eine finite Verbform einnehmen kann, – kann es im Deutschen auch **immer** stehen. Dieses Adverb kann aber auch immer an anderer Stelle stehen, das hängt jeweils von dem ab, was man sagen bzw. betonen will:

Hans wurde gründlich von seinem Nachbarn bloßgestellt
Hans wurde von seinem Nachbarn gründlich bloßgestellt
Der Betrag wurde definitiv festgesetzt
Definitiv wurde der Betrag erst gestern festgesetzt
usw.

Damit haben wir den entscheidenden grammatischen Zusammenhang, den wir als Regel formulieren können:

> **R_5**: Kann in der Reihenfolge Wort_i + (finite oder infinite) Verbform das Wort_i nie in eine andere, nämlich vorhergehende Position im Satz gebracht werden, ohne die Satzbedeutung zu verändern, dann bilden das und die Verbform ein Verbkompositum.

13 Nach der Satzklammer können im Deutschen normalerweise nur Nebensätze oder erweiterte Infinitive stehen: *Er hat das gesagt, weil er wütend war. Er ist in die Stadt gefahren, um einzukaufen.*

Wir sprechen in diesem Zusammenhang vom **Endstellungsgebrauch** des Wortes $Wort_i$. R_5 gilt nicht nur für Substantive, sondern auch für alle anderen Wortarten, z. B.

Präpositionen:

weil er … abgearbeitet war, … mitgeteilt hat, … entgegengekommen war, … ,

Adverbien:

weil er … emporgestiegen war, … herübergeschaut hatte, … vorübergegangen war, …
usw.

In allen diesen Fällen kann also das Wort im Endstellungsgebrauch nicht ‚frei' verwendet werden, daher ist die Zusammenschreibung in jedem Fall zwingend.[14]

20 **2.1.2.2.3.1 Erweiterung:**

In diesem Zusammenhang müssen wir eine Besonderheit betrachten: Normalerweise kann ein Adverb oder ein Adjektiv durch ein Adverb „erweitert" werden, z. B.:

dagegen → strikt dagegen
dahin → genau dahin
hinunter → ganz hinunter
usw.

Wird nun ein Adverb oder Adjektiv in Endstellung durch ein Adverb erweitert, so hebt dies die Zusammenschreibung auf:

Er ist hinuntergefallen
Er ist ganz hinunter gefallen.

Der Grund für diese Regel ist grammatischer Natur: Bliebe die Zusammenschreibung erhalten:

Er ist ganz hinuntergefallen –

so wäre *ganz* hier nicht Attribut zu *hinunter*, sondern Adverb zu *hinuntergefallen*, und die Bedeutung wäre eine andere: Nicht: Er ist gefallen, und zwar ganz hinunter, sondern: Er ist hinuntergefallen, und zwar ganz, was etwas ganz anderes besagen würde. Es gilt daher

[14] Vgl. die Grundsätze G_3 und G_4 oben, S.110 ff. Nebenbei bemerkt gilt R_5 natürlich auch für die nichttrennbaren Verbkomposita.

R_6: Wird ein Adjektiv oder Adverb in Endstellungsgebrauch durch ein Adverb erweitert, so hebt dies die Zusammenschreibung nach R_5 auf.

Also:

dagegenhalten – strikt dagegen halten
danebengehen – völlig daneben gehen
daniederliegen – gänzlich danieder liegen
herabkommen – von oben herab kommen
herantreten – dicht heran treten
hinterherlaufen – dicht hinterher laufen
zusammenrücken – dicht zusammen rücken
usw.

Anmerkung: Die Amtliche Regelung formuliert hier eine andere, problematische Regel (AR § 34 (2.2): Adjektive oder Adverbien werden mit einem Verb zusammengeschrieben,

wenn „der erste Bestandteil in dieser Verbindung weder erweiterbar noch steigerbar ist, wobei die Negation *nicht* nicht als Erweiterung gilt."

Nach dieser Regel schreibt man also:

etwas bekannt machen, *fest halten*, *genau nehmen*, *gut schreiben …*
fern liegen, *frei sprechen*, *gut gehen*, *hell strahlen*, *kurz treten*, *langsam arbeiten*, *laut reden*, *leicht fallen*, *locker sitzen*, *nahe bringen*, *sauber schreiben*, *schlecht gehen*, *schnell laufen*, *schwer nehmen*, *zufrieden stellen*, …

Dies ist grammatisch nicht korrekt und führt in vielen Fällen zu Schwierigkeiten. Doch die Erläuterung E 4 des § 34 überläßt es letztlich dem Schreibenden, ob er eine Kombination von Adverb + Adverb (bzw. Adjektiv) als Kompositum oder als „Wortgruppe" verstanden wissen will. Unsere Regeln R_5 und R_6 werden daher **effektiv** stets auch zu einer im Sinne der Amtlichen Regelung ‚korrekten' Schreibung führen.

Nach der AR wird auch in folgenden Fällen durchgängig getrenntgeschrieben: 21

R_6: Getrennt geschrieben werden
(1) Verbindungen von Verb + Präpositionaladverbien wie

abhanden, abseits, anheim, beiseite, fürlieb, überhand, vonstatten, vorlieb, zugute, zunichte, zupaß, zustatten, zuteil, …

Analog dazu auch:
diesseits, jenseits, daheim, abwärts, aufwärts, rückwärts, seitwärts, vorwärts, …

(2) Verbindungen von Verb + Kompositum von Präposition + *einander*:

aneinander, aufeinander, auseinander, beieinander, durcheinander, übereinander, …

(3) Schließlich Fälle wie

auswendig lernen, barfuß laufen, allein stehen, sich quer stellen

R_7: In bestimmten Fällen kann bei trennbaren Verben der nichtverbale Bestandteil an den Satzanfang treten. Hier wird nie zusammengeschrieben.:

Hinzu kommt, daß … Fehl ging er in der Annahme, daß … Wunder nimmt allerdings, daß … usw.

Diese Regel hat einen grammatischen Grund: Das finite Verb nimmt im Deutschen immer die zweite Position im Satz ein. Dies ist die Grundregel der Grammatik des Deutschen, und die setzt sich hier durch.
Den Begriff der Erweiterung gilt natürlich auch für adverbial verwendete Adjektive:

ganz langsam arbeiten, *etwas ganz genau nehmen*, *sehr schnell laufen* usw.

Bei Adjektiven kommt zu der Erweiterung die Möglichkeit hinzu, sie zu steigern:

gut, *besser, am besten*[15]
hell, *heller, am hellsten*
usw.

Also kann man folgende Regel formulieren:

R_8: Ist in einer Verbindung von Adjektiv und Verb das Adjektiv gesteigert oder erweitert, so schreibt man getrennt.

[15] Kleinschreibung von *am besten* nach AR § 58 (2). Die dort gegebene Begründung ist allerdings nicht korrekt: Nur wenn *am besten* adverbial verwendet wird – „er spielt am besten“ –, ist der Ausdruck nicht in *an dem besten* auflösbar. In anderen Zusammenhängen natürlich: „Er arbeitete am/an dem Besten, was er hatte“.

Allerdings sind in den eben genannten Beispielen (die der Amtlichen Regelung entnommen sind) zwei verschiedene grammatische Fälle durcheinandergebracht:

(1) **adverbialer Gebrauch**: *gut schreiben, frei sprechen, hell strahlen, langsam arbeiten, laut reden, locker sitzen, sauber schreiben, schnell laufen*

(2) **Endstellungsgebrauch :** *bekannt machen, fest halten, genau nehmen* usw.

Für *hell strahlen, langsam arbeiten* usw. gilt dasselbe, was wir oben an den Beispielen *freisprechen/frei sprechen* und *gutschreiben/gut schreiben* demonstriert haben. Stets kann das hier als Adverb verwendete Adjektiv auch an anderer Stelle im Satz stehen, nicht nur in Endstellung. Insofern sind die Schreibungen

..., weil ... hell (am Himmel) strahlen
..., weil ... langsam (an dem Stück) arbeiten
usw.

berechtigt. Dies gilt dagegen für keinen der Fälle von (2):

..., weil man die Entscheidung bekannt macht
..., weil man an der Entscheidung fest hält
usw.

Auch nach der Amtlichen Regelung wäre hier „eigentlich" zusammenzuschreiben. Denn *etwas bekannt machen* ist etwas anderes als *etwas bekannter machen* oder *etwas sehr bekannt machen*. In der speziellen Bedeutung, wo das betreffende Adjektiv nur in Endstellung verwendet werden kann, kommt in der Regel Erweiterung oder Steigerung nicht vor. Der Grund für diese Unklarheiten liegt darin, daß in der Amtlichen Regelung – dies hatten wir oben bereits angesprochen – Kriterium für die Zusammen- bzw. Getrenntschreibung nicht ist, ob das betreffende Adjektiv oder Adverb erweitert oder gesteigert ist, sondern ob es erweiter**bar** oder steiger**bar** ist. Diese Regelung besagt im Grunde nichts anderes als die Hauptregel R_2: das Prinzip der semantischen Differenzierung. In *fernsehen* ist der erste Bestandteil *fern* nur dann nicht erweiterbar (*sehr fern, allzu fern* usw.) oder steigerbar (*ferner sehen*), wenn *fernsehen* nicht die Bedeutung ‚in die Ferne sehen' oder ähnliches hat, sondern ‚ein Fernsehprogramm betrachten' meint. Man kann hieran sehr schön den Zusammenhang der beiden Hauptregeln R_1 und R_2 erkennen (eine syntaktische Funktion, eine Bedeutung).

Anmerkung: Die Amtliche Regelung führt in der Wortliste allerdings folgende Getrenntschreibungen auf: 22

lahm legen, *lahm machen*
still bleiben, *still halten*, *still liegen*, *still sitzen*, *still stehen*

Auch nach der AR wären sie – und zwar zurecht – zusammenzuschreiben. Wir müssen diese Fälle hier als Ausnahmen hinnehmen.[16] Es gibt allerdings eine Klausel in der Amtlichen Regelung, die hier anzuwenden wäre (aber von den Verfassern des Wörterverzeichnisses eben nicht angewendet worden ist):

> „E 4: Lässt sich in einzelnen Fällen der Gruppe aus Adjektiv + Verb ... keine klare Entscheidung für Getrennt- oder Zusammenschreibung treffen, so bleibt es dem Schreibenden überlassen, ob er sie als Wortgruppe oder als Zusammensetzung verstanden wissen will".[17]

Wer will, „darf" also durchaus *lahmlegen* oder *stillsitzen* schreiben.
Die Amtliche Regelung bringt als Neuerung auch folgende Ausnahmen von der Grundregel:

> Adjektive auf *-ig*, *-isch*, *-lich* und Partizipien werden nie mit einem folgenden Verb zusammengeschrieben.[18]

Man schreibt danach also:

lästig fallen, übrig bleiben, ...[19]
kritisch denken, spöttisch reden, ...
freundlich grüßen, gründlich säubern, ...
gefangen nehmen, geschenkt bekommen, getrennt schreiben, verloren gehen, ...

Schließlich noch eine letzte Komplikation der AR:

> Verbindungen mit *sein* gelten nicht als Zusammensetzungen.

Nach der Amtlichen Regelung schreibt man auch hier „stets getrennt", also:

[16] Dies sind Beispiele dafür, daß das in der Amtlichen Regelung genannte Kriterium „Erweiterbarkeit oder Steigerbarkeit" nicht eindeutig bzw. nicht trennscharf ist. Auch nach der Amtlichen Regelung wären diese Fälle „eigentlich" zusammenzuschreiben.
[17] Diese Klausel dürfte wichtig sein für manchen Streitfall im Diktat. Lehrer wie Schüler und Eltern sollten sie nicht überlesen.
[18] Ein Grund für diese Regelung wird nicht genannt.
[19] Also auch: *jemanden heilig sprechen* – eine dem grammatischen "Gefühl" zuwiderlaufende Regelung..

außerstande sein[20], *beisammen sein*, *da sein*, *dabei sein*, *fertig sein*, *inne sein*, *los sein*, *pleite sein*[21], *vonnöten sein*, *vorbei sein*, *vorhanden sein*, *vorüber sein*, *zufrieden sein*, *zuhanden sein*, *zumute sein*[22], *zurück sein*, *zusammen sein*, …

Dies gilt natürlich insbesondere für finite Formen von *sein*:

…, weil er außerstande war
…, wenn sie beisammen sind
…, da sie dabei gewesen ist
usw.

Dagegen schreibt man nach der AR:

innehaben, *innewerden*, *vorhaben*, *voraushaben*, …

Auch hier gibt es nun bei der Substantivierung Probleme. Der Duden verzeichnet z. B. Einträge wie

das Beisammensein, das Dasein

und andere Schreibungen, die durch die Amtliche Regelung, nimmt man den Wortlaut genau, nicht gedeckt sind.

2.1.2.2.4 Präposition + Verb: 23

Präpositionen treten häufig mit einem Verb zu einem Verbkompositum zusammen. Für alle diese Fälle gilt die Hauptregel R_1: In Schreibweisen wie

… weil er das … ab geändert hat
Ich bin … an gekommen
usw.

wären die Präpositionen *ab*, *an* usw. als selbständige Wörter grammatisch nicht interpretierbar, denn ‚frei' verwendbar im Sinne des Grundsatzes G_3[23] sind Präpositionen nur in Kombination mit Nominalausdrücken (Substantiven oder Substantivgruppen und entsprechenden substantivierten Ausdrücken), denn Präpositionen regieren immer einen bestimmten Kasus:

ab (dem dritten Sonntag nach Ostern), an (seinem Geburtstag), an (den Eingang) usw.

20 Auch: *außer Stande sein* (nach § 39 (E 3).
21 Aber Großschreibung bei: *Pleite gehen*.
22 Auch: *zu Mute sein.*
23 Vgl. oben S. 110.

Solche Nominalausdrücke fehlen in den oben zitierten Mustern, und daher ergibt sich in Fällen wie diesen zwingend die Zusammenschreibung. Wir geben jeweils einige Beispiele

ab-: *abändern, abarbeiten, absitzen, ...*
an-: *ankommen, annehmen, anwählen, ...*
auf-: *aufarbeiten, aufnehmen, aufputzen, ...*
aus-: *ausdehnen, aushelfen, auslegen, ...*
bei-: *beikommen, beispringen, beistehen, ...*
durch-: *durchhalten, durchmachen, durchnehmen, ...*
ein-: *eingehen, einlaufen, einsehen, ...*[24]
entgegen-: *entgegengehen, entgegenkommen, entgegensehen, ...*
entlang-: *entlanggehen, entlangkommen, entlanglaufen, ...*
für-[25]: *fürbitten, fürsorgen, fürsprechen, ...*
gegen-: *gegenbieten, gegenhalten, gegenlenken, ...*
mit-: *mitarbeiten, mitbieten, mitmachen, ...*
nach-: *nachäffen, nachahmen, nachbeten, ...*
über-: *übererfüllen, überfließen, übersetzen, ...*
um-: *umarbeiten, umgruppieren, umräumen, ...*
unter-: *unterbringen, unterfassen, unterstellen, ...*
vor-: *vorbringen, vornehmen, vorstellen, ...*
wider-: *widerhallen, widerspiegeln, ...*
zu-: *zuarbeiten, zubringen, zunehmen, ...*

Anmerkung: Mit folgenden Präpositionen werden trennbare und untrennbare Verbkomposita gebildet[26]:

durch-: *durchnehmen (nahm ... durch), durchsetzen (setzte ... durch), ...*
aber: *durchbohren (durchbohrte), durchforsten (durchforstete), ...*
hinter-: *hinterbringen (brachte ... hinter), hinterlaufen (lief ... hinter)*[27], ...
aber: *hinterbringen (hinterbrachte), hintergehen (hinterging), ...*
über-: *übergehen (ging ... über), überlaufen (lief ... über), ...*
aber: *übergehen (überging), überstehen (überstand), überzeugen (überzeugte), ...*
um-: *umbringen (brachte ... um), umgehen (ging ... um), sich umschauen*

[24] Die Partikel *ein* ist aus betontem *in* entstanden, daher ist sie hier aufgeführt. Entsprechend gibt es Verbkomposita mit *in-* nur bei Fremdwörtern: *indoktrinieren, infiltrieren, inszenieren* usw.

[25] Nicht in der AR enthalten.

[26] Man achte jeweils auf den Wortakzent, vgl. oben S. 133.

[27] Im Schriftlichen nur selten.

(schaute sich … um), …
aber: *umarmen (umarmte), umgarnen (umgarnte), umzäunen (umzäunte)*, …
unter-: *unterbelichten (belichtete … unter), unterbringen (brachte … unter)*, …
aber: *unterbinden (unterband), untersagen (untersagte)*, …
wider-: *widerhallen (hallte …wider), widerspiegeln (spiegelte … wider)*, …
aber: *sich widersetzen (widersetzte sich), widersprechen (widersprach)*, …

2.1.2.2.5 Adverb (Partikel) + Verb 24

Dieses Muster ist im Deutschen wie das vorhergehende sehr produktiv. Es gibt viele Adverbien bzw. Partikeln[28], die mit Verben trennbare Komposita bilden, z. B.:

beisammen, da, dabei, dafür, dagegen, daher, dahin, daneben, dar, d(a)ran, d(a)rein, da(r)nieder, darum, davon, dawider, dazu, dazwischen, drauf, drauflos, drin, einher, empor, entgegen, entlang, entzwei, fort, gegenüber, her, herab, heran, herauf, heraus, herbei, herein, hernieder, herüber, herum, herunter, hervor, herzu, hin, hinab, hinan, hinauf, hinaus, hindurch, hinein, hintan, hintenüber, hinterher, hinüber, hinunter, hinweg, hinzu, inne, los, nieder, überein, umher, umhin, voran, vorauf, voraus, vorbei, vorher, vorüber, vorweg, weg, weiter, wieder, zurecht, zurück, zusammen, zuvor, zuwider, zwischen, …[29]

Für diese Ausdrücke gilt in Verbindung mit einem Verb häufig – wie für die zuvor erwähnten Präpositionen –,

> daß sie (1) nur am Ende der Satzklammer oder (2) unmittelbar vor den infiniten Verbformen vorkommen können.

Auch hier liegt also **Endstellungsgebrauch** vor. Liegt dieser Fall vor, dann handelt es sich um **ein** zusammengesetzes Verb, und im Fall (2) werden Adverb (bzw. Partikel) und Verb zusammengeschrieben, z. B.:

sie saßen … beisammen	*sie haben beisammengesessen*
sie arbeiten … zusammen	*weil sie zusammenarbeiteten*
er lief … davon	*weil er davongelaufen ist*
er sagte … vorher	*da er vorhergesagt hat*
sie kommen … zuvor	*weil sie damit … zuvorgekommen sind*
usw.	

28 Ein Verlegenheitsbegriff des Grammatikers: Unflektierte Wörter, die in keine der „etablierten" Wortartenklassen wie Präposition oder Adverb passen, z. B. *herum, hinauf, inne* usw.
29 In der AR (§ 34, 1) ist dies eine abgeschlossene Liste.

Viele dieser Adverbien wie

da, dabei, dafür, dagegen, daneben, dazu, vorher usw.

können aber auch „ganz normal" als Adverbien verwendet werden. Jedes Adverb kann z. B. an der ersten Position des Satzes stehen, z. B.:

da *haben wir gesessen*
dabei *ist zu berücksichtigen*
dafür *haben wir mit seinem Bruder gesprochen*
vorher *gehe ich zur Arbeit*
usw.

Die Bedeutung der Sätze

da haben wir gesessen	*wir haben dagesessen*
dafür haben wir … gesprochen	*wir haben dafürgesprochen*
vorher gehe ich …	*ich gehe vorher*

ist deutlich unterschieden. Es handelt sich also auch hier um einen Fall der Regel R_5, den wir – da es sich um häufige, produktive Muster handelt, in eine Zusatzregel fassen können:

> **R_5'**: Kann eine Präposition, ein Adverb oder eine Partikel nur in Endstellung unmittelbar vor einer finiten oder infiniten Verbform verwendet werden, so bildet das betreffende Wort mit dem Verb zusammen ein Kompositum.

Diese Regel gilt natürlich auch für Partikeln wie

fehl, feil, kund, weis

oder ähnliche, denn sie können nur am Ende der Satzklammer als selbständiges Wort vorkommen. Es ist also nicht nötig, sie eigens zu behandeln.[30]

25 2.2 Substantivkomposita

2.2.1 Kopulativbildungen:
Diese Kompositumsbildungen kommen vor allem im Fachsprachenbereich häufiger vor. Wir geben hier lediglich einige Beispiele und verweisen ansonsten auf die Behandlung dieses Typs in Kap. 1.[31]

[30] Mit *weis-* sind trennbare wie untrennbare Komposita möglich: *weismachen (machte … weis)*, aber: *weissagen (weissagte)*, wegen der Akzentverhältnisse ein interessanter Fall!
[31] Vgl. dazu oben S. 117 f.

Dichterkomponist, Gottkönig, Hemdbluse, Hosenrock, Kassettenrecorder, Ofenkamin, Schürzenkleid, Strumpfhose, ...

Eigennamen:

Hansjakob, Karlheinz, ...

Kopulativkomposita werden häufig mit Bindestrich geschrieben. Dies gilt besonders für Doppelnamen:

Christian-Jürgen, Hans-Walter, Garmisch-Partenkirchen, Müller-Lüdenscheid, ...

2.2.2 Das Muster Bestimmungswort + Grundwort: 26

Auch Substantive – das hatten wir oben schon betrachtet – können als ‚Grundwort' zusammen mit Substantiven, Adjektiven, Verbstämmen, Pronomen oder Partikeln als ‚Bestimmungswort' Komposita bilden. Die syntaktische Reihenfolge ist dabei immer:

Bestimmungswort + Grundwort.

Die grammatische Form kann dabei variieren. Insbesondere treten bei manchen Bildungsmustern Fugenelemente auf. Beispiele:

Haus + Tür → Haustür
Gans + Schmalz → Gänseschmalz[32]
blasen + Balg → Blasebalg
Leben + Werk → Lebenswerk
Freude + Tränen → Freudentränen
Hund + Hütte → Hundehütte
usw.

Die Getrenntschreibung ist in all diesen Fällen aus grammatischen Gründen – wegen der Hauptregel R_1 der Getrennt- und Zusammenschreibung – nicht möglich. Man kann nur Beispiele für Komposita geben und ansonsten auf die Wörterbücher verweisen. Wir betrachten zunächst die Muster.

32 Gänse = alter Genitiv

2.2.2.1 Substantiv + Substantiv:

Die Muster lauten:

Haus + Verwalter → Hausverwalter
Frieden + Richter → Friedensrichter
Meer + Bläue → Meeresbläue
Seide + Kleid → Seidenkleid
Gast + Buch → Gästebuch
Kind + Spiel → Kinderspiel
Professor + Hut → Professorenhut

Weitere Beispiele:

Abendmahl, Arbeitsvertrag, Ausgangssperre, Brennerpass, Danaergeschenk, Dienstagabend, Dreiviertelliterflasche, Europabrücke, Feuerstein, Glocknergruppe, Goethegedicht, Ichbezogenheit, Kirschbaum, Kohlenwasserstoff, Lebenswerk, Rastplatz, Römerbrief, Schweizergarde, Sonnenaufgang, Vierachteltakt, Wochenlohn, ...
ein Viertelkilogramm, drei Achtelliter, fünf Hundertstelsekunden, ...[33]

Anmerkung: Zur Getrennt- und Zusammenschreibung von Fremdwörtern vgl. das Wörterverzeichnis S. 162 ff.

2.2.2.2 Verb + Substantiv:

Das Muster lautet:

malen + Wettbewerb → Malwettbewerb

Beispiele:

Abzählreim, *Baustein*, *Bohrmaschine*, *Durchlauferhitzer*, *Erzähltalent*, *Kühlanlage*, *Lernpsychologie*, *Mischgetränk*, *Niespulver*, *Rasierapparat*, *Reisegeld*, *Schreibmaschine*, *Sendebereich*, *Tiefgefrierkost*, *Trauerkleid*, *Versteckspiel*, *Wickelkind*, ...

Wie die Beispiele zeigen, tritt immer ein reiner Verbstamm –

abzähl-, *bau-*, *bohr-* usw. –

zu einem substantivischen Grundwort.

[33] Auch: *ein viertel Kilogramm*, *drei achtel Liter*, *fünf hundertstel Sekunden*. Die Bedeutung ist allerdings nicht dieselbe. Bei der Zusammenschreibung ist *Viertelkilogramm*, *Achtelliter* usw. die Maßeinheit.

2.2.2.3 Adjektiv + Substantiv:

Das Muster lautet:

erste + Bewerbung → Erstbewerbung

Beispiele:

Achtzigerjahre[34], *Bestleistung*, *Bleichgesicht*, *Dickkopf*, *Faultier*, *Feingebäck*, *Fünfkampf*, *Junggeselle*, *Kleinwagen*, *Leerlauf*, *Quertrakt*, *Rotstift*, *Schnellstraße*, *Tiefstpreis*, *Weißnäherei, ...*

Spezialfälle, abgeleitet von den Adjektiven *besonders*, *dokumentarisch*, *generell*, *sexuell* usw. sind:

Dokumentarbericht, *Einzelfall*, *Generalamnestie*, *Politbüro*, *Sexualerziehung*, *Sonderfall*, ...

2.2.2.4 Partikel + Substantiv:

Das Muster lautet:

nach+ Sommer → Nachsommer

Fugenelemente treten hier nicht auf. Beispiele:

Außenpolitik, *Gegenantrag*, *Hinterhaus*, *Innenstadt*, *Mitschüler*, *Nebenhöhle*, *Nichtraucher*, *Selbstsucht*, *Überangebot, ...*

Hier sind viele Reihenbildungen, vor allem mit Präpositionen möglich, z. B.:

innen: *Innenarchitekt, Innenhof, Innenkurve, ...*
nach: *Nachbehandlung, Nachname, Nachsaison, ...*
über: *Überangebot, Übersicht, Überstunde, ...*
unter: *Unterabteilung, Untergeschoß, Unterrock, ...*
vor: *Vorort, Vorstadt, Vorzeit, ...*
zwischen: *Zwischendeck, Zwischenergebnis, Zwischenfall, ...*

[34] Auch: *achtziger Jahre*, das ist grammatisch möglich, nicht dagegen: *die best Leistungen* usw.

27 **2.2.3 Substantivierte Infinitive und sonstige substantivierte Ausdrücke:**
Hier läßt sich wieder einmal eine Regel formulieren:

> **R_9**: Substantivierungen von Wort + Infinitiv werden zusammengeschrieben.

Beispiele:

das Autofahren (aber: *Auto fahren*), *das Ratholen* (*Rat holen*), *das Abhandenkommen* (*abhanden kommen*), *das Bekanntmachen*, *das Sitzenbleiben*, *das Dasein*, *das Liegenlassen*, *das Infragestellen*, ...

Analog hierzu werden auch Substantivierungen von anderen zusammengesetzten Ausdrücken zusammengeschrieben, die als ein Wort aufgefaßt werden, weil sie einen bestimmten Begriff bezeichnen:

das Habedank, *Suppengrün*, *Stelldichein*, *Vergißmeinnicht*, ...[35]

28 2.3 Komposita mit Adjektiven und Partizipien

2.3.1 Verb + Adjektiv (Partizip):
Für Partizipien – *sitzend, gesessen, sagend, gesagt* – gelten grundsätzlich dieselben Regeln wie für Adjektive. Es gibt allerdings einige Abweichungen. Diese müssen gesondert behandelt werden. Das Muster lautet:

rösten + frisch → röstfrisch

Beispiele:

bettelarm, *bremselastisch*, *fernsehmüde*, *klapperdürr*, *lauffreudig, lernbegierig, schreibgewandt*, *sitzmüde*, *tropfnaß* usw.

2.3.2 Substantiv + Adjektiv (Partizip):
Die Muster lauten:

Hilfe + bedürftig → hilfebedürftig/hilfsbedürftig
Leben + fremd → lebensfremd
Erdöl + produzierend → erdölproduzierend

Weitere Beispiele:

gefahrbringend[36], *hilfsbereit*, *kopfnickend*, *wirklichkeitsfremd*, ...

[35] Auch hier sind beide Hauptregeln für die Zusammenschreibung verantwortlich.
[36] Nach der AR: *Gefahr bringend*.

Eine besondere Rolle spielt in diesem Zusammenhang die

2.3.2.1 Kompositumsbildung aus Wortgruppe + Adjektiv:

In diesem Fall wird bei der Bildung des Kompositums eine Wortgruppe (Artikel + Substantiv, Präposition + Substantiv usw.) mit einem Adjektiv zu einem Wort zusammengefaßt, z. B.:

von Angst erfüllt → *angsterfüllt*
einen Finger breit → *fingerbreit*
gegen Hitze beständig → *hitzebeständig*
usw.

Beispiele:

angsterfüllt, *bahnbrechend*, *butterweich*, *fingerbreit*, *freudestrahlend*, *herzerquickend*, *hitzebeständig*, *jahrelang*, *knielang*, *meterhoch*, *milieubedingt*, *regennaß*, *selbstbewußt* ...
Analog dazu mit Fugenelement:
altersschwach, *anlehnungsbedürftig*, *geschlechtsreif*, *lebensfremd*, *sonnenarm*, ...

2.3.2.2 Ableitungen aus zusammengesetzten Verben (Partizipien):

Muster für diese Bildungen sind z. B.

wehklagen → *wehklagend*
teilnehmen → *teilnehmend, teilgenommen*
usw.

Beispiele:

abgefallen, *andauernd*, *beisammensitzend*, *bevorstehend*, *herunterfallend*, *entgegenkommend*, *herumstreifend*, *hervorgehoben*, *hinsehend*, *hinauslaufend*, *losgebrochen*, *nachgelassen*, *unterschätzt*, *zusammengeschrieben*, ...

2.3.3 Adjektiv + Adjektiv:

Muster:

(a) dumm + dreist → *dummdreist*
(b) hell + rot → *hellrot*
usw.

Bei (a) handelt es sich um Kopulativkomposita. Hier gibt es kein Bestimmungswort. Ein dummdreister Mensch ist eben eine Mischung aus Dummheit und Dreistigkeit. Bei (b) handelt es sich um das gewohnte Muster Bestimmungswort + Grundwort: Hellrot nennt man ein helles Rot. Beispiele:

blaugrau, *dummdreist*, *feuchtwarm*, *frühreif*, *grünblau*, *gutbezahlt*, *lauwarm*, *naßkalt*, *schwarzrotgold*, *taubstumm*, …[37]

Werden komplexe Adjektive zu einem Kompositum verbunden, so tritt oft die Schreibung mit Bindestrich ein:

französisch-deutsch, *wissenschaftlich-technisch*, *verzinkt-verkupfert*, …

In der Amtlichen Regelung ist ein Unterschied zwischen „normalem" Adjektiv und Partizip zu vermerken:

> Verbindungen von (adjektivischem) Partizip und Adjektiv werden nach der Amtlichen Regelung stets getrennt geschrieben.

Beispiele:

abschreckend häßlich, *blendend weiß*, *gestochen scharf*, *kochend heiß*, *leuchtend rot*, *strahlend hell*, …

Der Grund für diese – problematische – Regelung ist grammatischer Natur: Hier handelt es sich in der Regel nicht um Kopulativkomposita wie *blaugrau, taubstumm* usw. Man kann in

ein blendend weißes Kleid
kochend heißes Wasser,

blendend und *kochend* durchaus als Attribut zu *weißes* bzw. *heißes* verstehen. Der Grund für die frühere Zusammenschreibung war semantischer Art: kochendheißes Wasser muß nicht im buchstäblichen Sinne kochen. Die alte Schreibung war also durch R_2 begründet. Analog – die Adjektive sind nicht gleichrangig – wird nach der AR in Fällen wie den folgenden getrenntgeschrieben:

dicht behaart, *dünn besiedelt*, *schwach bevölkert*, …[38]

[37] Auch die Zahlwörter *dreizehn*, *vierzehn* usw. gehören zu diesem Typ.

[38] Diese Regelung kann man vertreten, obgleich der Unterschied zu Fällen wie *hellrot* oder *schwerkrank* rein formaler Natur ist.

2.3.4 Reihenbildungen: 29

Viele Adjektive können mit Bildungselementen – meist Substantiven oder Adjektiven – verbunden werden, die ähnlich wie die Steigerung die Bedeutung des betreffenden Adjektivs in bestimmter, regelmäßiger Weise modifizieren, z. B.:

bitter + böse → bitterböse
Brand + neu → brandneu
hyper + korrekt → hyperkorrekt
usw.

Mit solchen Bildungselementen können **Reihen** von Adjektiven gebildet werden. Es handelt sich also um produktive Wortbildungsmuster. Wir geben die Bildungselemente an und jeweils einige Beispiele:

***bitter-**: bitterböse, bitterernst, bitterkalt, …*
***brand-**: brandgefährlich, brandjung, brandneu, …*
***dunkel-**: dunkeläugig, dunkelblau, dunkelfarben, …*
***erz-**: erzkonservativ, erzprotestantisch, …*
***extra-**: extrabillig, extrafein, extravagant, …*
***gemein-**: gemeinbildend, gemeingefährlich, gemeinnützig, …*
***grund-**: grundehrlich, grundständig, grundzuverlässig, …*
***hyper-**: hyperkorrekt, hypermodern, hypersensibel, …*
***lau-**: laugläubig, lauwarm, …*
***minder-**: minderbegabt, minderbemittelt, mindergeschätzt, …*
***stock-**: stocksauer, stockkonservativ, stocksteif, …*
***super-**: supergefährlich, supermodern, superneu, …*
***tod-**: todgefährlich, todgeweiht, todtraurig, …*
***ultra-**: ultrakonservativ, ultramodern, ultrarechts, …*
***ur-**: uralt, urbayerisch, urmusikalisch, …*
***voll-**: vollbeschäftigt, vollbezahlt, vollschlank, …*
und andere mehr.

In allen anderen Fällen wird nach der AR getrennt geschrieben. Wir geben einige Beispiele nach Sachgruppen getrennt:

beisammen gewesen, da gewesen, zurück gewesen, …[39]
abhanden gekommen, auseinander laufend, auswendig gelernt, vorwärts blikkend, …hell strahlend, laut redend, tief atmend, …[40]
gefangen genommen, getrennt geschrieben, verloren gegangen, …

[39] Wegen R 5, vgl. AR § 35.
[40] Wegen R 2', vgl. AR § 34, E 2.

Angst schwitzend, *Rat suchend*, *Not leidend*, ...
kennen gelernt, *sitzen geblieben*, ...

Auch hier ist in der Amtlichen Regelung ein „Ermessensparagraph" vorhanden:

> „Lässt sich in einzelnen Fällen der Gruppen aus Adjektiv, Adverb oder Pronomen + Adjektiv/Partizip ... keine klare Entscheidung für Getrennt- oder Zusammenschreibung treffen, so bleibt es dem Schreibenden überlassen, ob er sie als Wortgruppe oder als Zusammensetzung verstanden wissen will, zum Beispiel *nicht öffentlich* (Wortgruppe)/
> *nichtöffentlich* (Zusammensetzung)."[41]

Die folgenden Fälle[42] bedürften eigentlich keiner besonderen Erwähnung, denn es handelt sich hier um „ganz normale" Getrenntschreibungen

vor Freude strahlend, *gegen Hitze beständig*, *zwei Finger breit*, *drei Meter hoch*, *mehrere Jahre lang*, *seiner selbst bewußt*, *sehr ernst gemeint*, *leichter verdaulich*, ...

Schließlich behandeln wir noch diejenigen Fälle, in denen ein Adjektiv mit Hilfe eines Wortbildungselements gebildet wird, das allein als selbständiges Wort nicht vorkommt, wie z. B.:

***-äugig**: blauäugig, kuhäugig, ...*
***-deutig**: mehrdeutig, vieldeutig, ...*
***-fach**: einfach, zweifach, ...*
***-malig**: erstmalig, letztmalig, ...*
***-selig**: redselig, saumselig, ...*
***schwerst-**: schwerstbehindert, schwerstbelastet, ...*
***-süchtig**: eifersüchtig, schwindsüchtig, ...*
usw.

Bei all diesen Fällen handelt es sich nicht um Komposita. Sie gehören daher überhaupt nicht in eine Regelung der Getrennt- und Zusammenschreibung.[43]

[41] AR § 36, E2.

[42] AR § 36, E1 (4). Vgl. oben Kap. 2.2.1.

[43] Daß sie in § 36 (2) der AR eigens aufgeführt sind, ist daher ebenso überflüssig wie sachlich irreführend: Getrenntschreibung kann hier wegen Grundsatz G_4 überhaupt nicht vorkommen, und diese ist doch der Normalfall, gegen den Zusammenschreibungen besonders zu regeln sind.

2.4 Zusammengesetzte Zahlwörter

30

„Zahlwort" ist kein grammatischer Begriff, sondern ein logischer.[44] Hier genügt es zunächst, Kardinalzahlen und Ordinalzahlen zu unterscheiden.

Kardinalzahlen: 1; 2; 3; …; 123567; 1 123567; …
ausgeschrieben: *eins*, *zwei*, *drei*,
(ein)hundertdreiundzwanzigtausendfünfhundertsiebenundsechzig; *eine Million (ein)hundertdreiundzwanzigtausendfünfhundertsiebenundsechzig*; …

Ordinalzahlen: *1.; 2.; 3.; …; 123567.; 1 123567.; …*
ausgeschrieben: der erste, *zweite*, *dritte*,
(ein)hundertdreiundzwanzigtausendfünfhundertsiebenundsechzigste, *der eine Million (ein)hundertdreiundzwanzigtausendfünfhundertsiebenundsechzigste*; …

Kardinal- und Ordinalzahlen werden grundsätzlich kleingeschrieben. Grammatisch betrachtet handelt es sich um Artikelwörter (Kardinalzahlen) oder um Adjektive (Ordinalzahlen). Es gibt aber auch Zahlwörter, die grammatisch betrachtet Substantive sind, z. B.:

das Dutzend, *das Hundert*, *das Tausend*, *die Million* usw.

Die Regel der Getrennt- und Zusammenschreibung ist – wie man sieht – einfach:

> **R_{10}**: Kardinal- und Ordinalzahlen unter einer Million werden zusammengeschrieben.

Anmerkung: Zusammengeschrieben werden auch Ordinalzahlen über eine Million, sofern es sich nicht um Zahlen handelt, die aus einem Substantiv und einer Ordinalzahl zusammengesetzt sind, also:

der millionste Besucher, *fünfzigmillionste Teil*, …

Aber:

der eine Million (ein)hundertdreiundzwanzigtausendfünfhundertsiebenundsechzigste …[45]

[44] Vgl. hierzu den Band „Groß- und Kleinschreibung", S. 150 ff.

[45] Die Amtliche Regelung rechnet nicht mit diesem Fall. Da aber *eine Million* nicht zusammengeschrieben werden kann, muß man die Regelung sinngemäß wie hier ergänzen.

31 2.5 Andere Wortarten:

Auch in anderen Wortarten kommen Kompositumsbildungen vor, häufig und teilweise mit langen Reihenbildungen bei Adverbien, aber auch bei Konjunktionen, Präpositionen und Pronomen.

2.5.1 Adverbien:

(1) Kompositumsbildung aus Substantiv + Präposition:

bergab, bergauf, ...landaus, landein, ...kopfüber, kopfunter, ...stromabwärts, stromaufwärts, ...tagsüber
zweifelsohne

(2) Kompositumsbildung mit Präfix oder Suffix:

-dessen: indessen, infolgedessen, unterdessen
-dings: allerdings, neuerdings, schlechterdings
-falls: allenfalls, ander(e)nfalls, keinesfalls, schlimmstenfalls
-halber: ehrenhalber, umständehalber
-mal: diesmal, einmal, zweimal, keinmal, manchmal
-mals: erstmals, letztmals, vielmals
-maßen: dermaßen, einigermaßen, gleichermaßen, solchermaßen, zugegebenermaßen
-orten: allerorten, mancherorten
-seits: allseits, allerseits, andererseits, einerseits, meinerseits, ...
-so: ebenso, genauso, geradeso, sowieso, umso, wieso
-teils: einesteils, großenteils, meistenteils
-wärts: abwärts, himmelwärts, seitwärts, ...
-wegen: deinetwegen, deswegen, meinetwegen, ...
-wegs: geradewegs, keineswegs, unterwegs
-weil: alldieweil, alleweil, derweil
-weilen: bisweilen, derweilen, zuweilen
-weise: klugerweise, probeweise, versuchsweise, ...
-zeit: all(e)zeit, derzeit, jederzeit, ...
-zeiten: beizeiten, vorzeiten, zuzeiten
-zu: allzu, geradezu, hierzu, immerzu

bei-: beileibe, beinahe, beisammen, beizeiten
der-: *derart, dereinst, dergestalt, dermaßen, derweil(en), derzeit*
irgend-: *irgendeinmal, irgendwann, irgendwie, irgendwo, irgendwohin*
nichts-: *nichtsdestominder, nichtsdestoweniger*
zu-: *zuallererst, zuallerletzt, zuallermeist, zuerst, zuhauf, zuhinterst, zuhöchst, zuletzt, zumal, zumeist, zumindest, zunächst, zuoberst, zutiefst, zuunterst, zuweilen, zuzeiten*

2.5.2 Konjunktionen:
Beispiele:

anstatt (*daß/zu*), *indem*, *inwiefern*, *sobald* (*als*), *sofern*, *solange*, *sooft*, *soviel*[46], *soweit*, …

Anmerkung: Hierher gehört auch der schon diskutierte Fall *sodaß*. Auch nach der alten Regelung hätte diese Konjunktion zwingend zusammengeschrieben werden müssen.[47]

2.5.3 Präpositionen:
Beispiele:

anhand (*dieses Beweises*), *anstatt* (*des/der*), *infolge* (*dieses Umstands*), *inmitten* (*des Trubels*), (*diesem Argument*) *zufolge*, (*diesem Herrn*) *zuliebe*, …

2.5.4 Pronomen:
Beispiele:

irgend-: irgendein, irgendwas, irgendwelche, irgendwer, …

Aber:

irgend etwas, *irgend jemand*[48]

2.5.5 Alternative Zusammen- oder Getrenntschreibung nach der AR: 32
In folgenden Fällen sieht die Amtliche Regelung alternativ Zusammen- oder Getrenntschreibung vor:

(1) adverbiale Verwendungen:
außerstand/außer Stand setzen[49]
außerstande/außer Stande sein
imstande/im Stande sein
infrage/in Frage stellen
instand/in Stand setzen
zugrunde/zu Grunde gehen

[46] Nur die Konjunktion wird zusammengeschrieben: *Soviel ich weiß, … Jedoch: so viel (Geld)*, vgl. AR § 39 E2 (2.4).
[47] AR: *sodass*.
[48] Die Regularität, die wohl mit den Akzentverhältnissen zusammenhängt, lautet offenbar: Nur einsilbige Stämme bilden mit *irgend-* ein Kompositum. Nach der AR: *irgendetwas* und *irgendjemand* (was man vertreten kann).
[49] Die Verben sind jeweils nur als Beispiel angeführt.

zuleide/zu Leide tun
zumute/zu Mute sein
zurande/zu Rande kommen
zuschanden/zu Schanden machen
zuschulden/zu Schulden kommen lassen
zustande/zu Stande bringen
zutage/zu Tage fördern
zuwege/zu Wege bringen

(2) präpositionale Verwendungen:
anstelle/an Stelle von
aufgrund/auf Grund von
aufseiten/auf Seiten von
mithilfe/mit Hilfe von
vonseiten/von Seiten der/des
zugunsten/zu Gunsten von/des
zulasten/zu Lasten von/des
zuungunsten/zu Ungunsten von/des

(3) die Konjunktion
sodass/so dass[50]

In allen übrigen Fällen schreibt man getrennt. Dies betrifft insbesondere

(1) Fälle, in denen ein Bestandteil erweitert ist, z. B.:
dies eine Mal (aber: *diesmal*)
den Fluß abwärts (aber: *flußabwärts*)
der Ehre halber (aber: *ehrenhalber*)
in keinem Fall (aber: *keinesfalls*)
das erste Mal
ein einziges Mal
in bekannter Weise (aber: *bekannterweise*)
zu jeder Zeit (aber: *jederzeit*)
eine Zeit lang
irgend so ein (aber: *irgendein*)
irgend so etwas

[50] Aber (nach AR): *ohne dass, statt dass, außer dass*

(2) Fälle, in denen „die Wortart, die Wortform oder die Bedeutung der einzelnen Bestandteile deutlich erkennbar ist“[51]:

(2.1) Wortgruppen in adverbialer Verwendung:
zu Ende gehen
zu Fuß gehen
zu Hause bleiben[52]
zu Hilfe kommen
zu Lande
zu Wasser und zu Lande
zu Schaden kommen
darüber hinaus
nach wie vor
vor allem

(2.2) mehrteilige Konjunktionen:
ohne dass/zu
statt dass/zu
außer dass

(2.3) Wortgruppen in präpositionaler Verwendung:
zur Zeit, zu Zeiten

(2.4) *so*, *wie* oder *zu* + Adjektiv, Adverb oder Pronomen, z. B.:
so hohe/wie hohe/zu hohe Häuser
so oft/wie oft/zu oft
so viel/wie viel/zu viel
so weit/wie weit/zu weit

(2.5) schließlich:
gar kein, gar nicht, gar nichts, gar sehr, gar wohl

[51] So die Formulierung der Amtlichen Regelung. Dasselbe Kriterium würde natürlich auch etwa für *irgendein* oder *aufgrund* gelten, doch wird hier zusammengeschrieben. Man muß diese Regelung eben so hinnehmen.
[52] Österreichisch und schweizerisch auch: *zuhause bleiben*.

3. Die neuen Schreibweisen

alt:	**neu:**
abends	
Dienstag abends	dienstagabends/dienstag abends
abwärts	
abwärts gehen	abwärts gehen
(= nach unten gehen)	
abwärtsgehen	
(= schlechter werden)	
Ach-Laut	Achlaut/Ach-Laut
Acht (Aufmerksamkeit)	
achtgeben, achthaben	Acht geben, Acht haben
After-shave-Lotion	Aftershavelotion
alleinstehend	allein stehend
die Alleinstehenden	die allein Stehenden/die Alleinstehenden
andersdenkend	anders denkend
aneinenandergrenzen,	aneinander grenzen,
aneinanderlegen	aneinander legen
anheimfallen, anheimstellen	anheim fallen, stellen
Art-director	Artdirector
aufeinandertreffen	aufeinander treffen
aufsehenerregende Nachrichten	Aufsehen erregende Nachrichten
auf seiten	aufseiten/auf Seiten
aufwärts	
aufwärts gehen	aufwärts gehen
(= nach oben gehen)	
aufwärtsgehen	
(= besser werden)	
Au-pair-Mädchen	Aupairmädchen
auseinandergehen	auseinander gehen
(= sich trennen)	
auseinanderlaufen	auseinander laufen
(= sich trennen)	
auseinandersetzen	auseinander setzen
(= erklären)	
außerstand setzen	außerstand/außer Stand setzen
außerstande sein	außerstande/außer Stande sein

auswärts	
nach auswärts gehen (= aus dem Haus)	auswärts gehen
auswärtsgehen (= mit auswärts gerichteten Füßen)	
Beat generation	Beatgeneration
beieinander	
beieinander sein (= zusammen sein)	(gut) beieinander sein
gut beieinandersein (= gesund sein)	
beieinandersitzen, beieinanderstehen	beieinander sitzen, beieinander stehen
beisammen	
beisammen sein (= zusammen sein)	(gut) beisammen sein
gut beisammensein (= gesund sein)	
bekannt	
bekanntmachen (= verkünden, veröffentlichen)	bekannt machen
bekannt machen (= jemanden vorstellen)	
besorgniserregende Zustände	Besorgnis erregende Zustände
besser	
bessergehen (= gesünder werden) = sehr gut	besser gehen
bestehenbleiben,	bestehen bleiben,
bestehenlassen	bestehen lassen
bewußt machen (= mit Absicht machen)	bewusst machen
bewußtmachen (= deutlich machen)	
Big Band	Bigband, auch: Big Band
Big Business	Bigbusiness, auch: Big Business
Blackout	Black-out
blankpoliert	blank poliert
blau	
ein blaugestreifter Stoff	ein blau gestreifter Stoff

bläulichgrün	bläulich grün
blauroter Stoff (= in bläulichem Rot)	blauroter Stoff
blau-roter Stoff (= Stoff in Blau und Rot)	
bleibenlassen	bleiben lassen
blendendweiße Zähne	blendend weiße Zähne
blondgelockte Haare	blond gelockte Haare
Bluejeans, Blue jeans	Bluejeans, auch: Blue Jeans
Boat people	Boatpeople
breit	
ein breitgefächertes Angebot	ein breit gefächertes Angebot
brütendheiße Tage	brütend heiße Tage
buntgestreifte Stoffe	bunt gestreifte Stoffe
Cash-flow	Cashflow
Centre Court	Centrecourt, auch: Centre Court
Chewing-gum	Chewinggum
Comeback	Come-back, auch: Comeback
Comic strip	Comicstrip
Compact Disc	Compactdisc, auch: Compact Disk
Corned beef	Cornedbeef, auch: Corned Beef
Countdown	Count-down, auch: Countdown
dasein (= zugegen sein)	da sein
da sein (= dort sein)	
dabeisein	dabei sein
daß	dass
daß-Satz	Dasssatz/dass-Satz
Desktop publishing	Desktoppublishing, auch: Desktop-Publishing
dichtbehaarte Felle	dicht behaarte Felle
Dienstag	
am Dienstag abend	am Dienstagabend
dienstags abends/ Dienstag abends	dienstagsabends/ dienstagabends
an jedem Dienstag abend	an jedem Dienstagabend
doppelt soviel	doppelt so viel
dortzulande	dortzulande/dort zu Lande

dünnbesiedelte Gebiete	dünn besiedelte Gebiete
durcheinanderbringen	durcheinander bringen
durcheinanderreden	durcheinander reden
Duty-free-Shop	Dutyfreeshop
ebensogut	ebenso gut
einwärtsbiegen	einwärts biegen
eislaufen	Eis laufen
eisenverarbeitende Industrie	Eisen verarbeitende Industrie
eisigkalte Tage	eisig kalte Tage
engbefreundete Menschen	eng befreundete Menschen
erdölexportierende Länder	Erdöl exportierende Länder
ernstzunehmende Vorwürfe	ernst zu nehmende Vorwürfe
fahren	
radfahren	Rad fahren
Fair play	Fairplay, auch: Fair Play
fallen lassen	fallenlassen
(= aus der Hand gleiten lassen)	
fallenlassen	
(= aufgeben; äußern)	
Fallout	Fall-out, auch: Fallout
falsch spielen	
(= nicht richtig spielen)	
falschspielen	falsch spielen
(= betrügerisch spielen)	
Fast food	Fastfood, auch: Fast Food
fernliegen, fernliegend	fern liegen, fern liegend
fertig bringen, stellen	
(= im fertigen Zustand bringen, stellen)	
fertigbringen, fertigstellen	fertig bringen, stellen
(= vollenden)	
fettgedruckte Buchstaben	fett gedruckte Buchstaben
feuerspeiende Berge	Feuer speiende Berge
fleischfressende Pflanzen	Fleisch fressende Pflanzen
Floppy disk	Floppydisk, auch: Floppy Disk
flötengehen (= verlieren)	flöten gehen
Flußsand	Flusssand/Fluss-Sand
Frage	
in Frage stellen	infrage/in Frage stellen

Free Jazz	Freejazz, auch: Free Jazz
frischgebackene Ehepaare	frisch gebackene Ehepaare
frühverstorbene Menschen	früh verstorbene Menschen
Full-time-Job	Fulltimejob, auch: Full-Time-Job
fürliebnehmen	fürlieb nehmen
gargekochtes Fleisch	gar gekochtes Fleisch
gefahrbringende Abenteuer	Gefahr bringende Abenteuer
gefahrdrohende Folgen	Gefahr drohende Folgen
gefangennehmen, gefangengenommen	gefangen nehmen, genommen
gegeneinanderstellen	gegeneinander stellen
geheim	
geheimhalten	geheim halten
gehen lassen (= sich verabschieden lassen)	
gehenlassen (= sich vernachlässigen)	gehen lassen
gelbgrüner Stoff (= ein Stoff in gelblichem Grün)	
gelb-grüner Stoff (= ein Stoff in Gelb und Grün)	gelbgrün
genau	
genaugenommene Worte	genau genommene Worte
genausogut	genauso gut
geradesitzen, geradestehen (= aufrecht sitzen, stehen)	gerade sitzen, stehen
geradesogut	geradeso gut
gering	
geringachten	gering achten
gerngesehene Gäste	gern gesehene Gäste
getrenntlebend	getrennt lebend
gewinnbringend	Gewinn bringend/sehr gewinnbringend
glatthobeln	glatt hobeln
glühendheißer Sand	glühend heißer Sand
Grand Slam	Grandslam, auch: Grand Slam
grauenerregend	Grauen erregend, auch: grauenerregend
grellbeleuchtete Bühnen	grell beleuchtete Bühnen
groß	
großschreiben (= besonders schätzen)	groß schreiben (in großer Schrift schreiben;

	besonders schätzen)
groß schreiben (= mit großem Anfangs-buchstaben)	großschreiben (= mit großem Anfangsbuchstaben)
grünblauer Stoff	
(= ein Stoff in grünem Blau)	
grün-blauer Stoff	grünblau
(= ein Stoff in Grün und Blau)	
Gunst	
zugunsten	zugunsten/zu Gunsten
gut	
gutgemeinte Ratschläge	gut gemeinte Ratschläge
gutgehende Geschäfte	gut gehende Geschäfte
haftenbleiben	haften bleiben
haltmachen	Halt machen
eine Handvoll	eine Hand voll
handeltreibendes Gewerbe	Handel treibendes Gewerbe
Handout	Hand-out, auch: Handout
hängen bleiben	
(= nicht herunterfallen)	
hängenbleiben	hängen bleiben
(= im Gedächtnis bleiben)	
hängen lassen	
(= nicht abhängen)	
hängenlassen	hängen lassen
(= im Stich lassen)	
Happy-End	Happyend, auch: Happy End
Hard cover	Hardcover, auch: Hard Cover
Hard Rock	Hardrock, auch: Hard Rock
hartgekochte Eier	hart gekochte Eier
haushalten	haushalten/Haus halten
heiligsprechen	heilig sprechen
heimlich tun	
(= unbemerkt etwas tun)	
heimlichtun	heimlich tun
(= geheimnisvoll tun)	
heißersehnte Ferien	heiß ersehnte Ferien
hellstrahlende Gesichter	hell strahlende Gesichter
hier bleiben	
(= an diesem Ort bleiben)	

hierbleiben (= nicht weggehen)	hier bleiben
Hilfe	
hilfesuchende Kinder	Hilfe suchende Kinder
mit Hilfe	mithilfe/mit Hilfe
hintereinanderschreiben	hintereinander schreiben
hoch	
hochspringen	hoch springen
das Hohelied	das Hohe Lied
der Hohepriester	der Hohe Priester
hofhalten (er hält hof)	Hof halten (er hält Hof)
hohnlachen	Hohn lachen (ich lache Hohn)/ hohnlachen (ich hohnlache)
Hot dog	Hotdog, auch: Hot Dog
Hot Jazz	Hotjazz, auch: Hot Jazz
Hot pants	Hotpants, auch: Hot Pants
iberoamerikanisch	
aber: ibero-amerikanisch	iberoamerikanisch
Ich-Laut	Ichlaut/Ich-Laut
imstande sein	imstande/im Stande sein
ineinanderfließen	ineinander fließen
in Frage stellen	infrage/in Frage stellen
innesein	inne sein
irgend etwas	irgendetwas
irgend jemand	irgendjemand
Jam Session	Jamsession
Job-sharing	Jobsharing
Joint-venture	Jointventure, auch: Joint Venture
Kaffee-Ernte	Kaffeeernte/Kaffee-Ernte
kahlscheren	kahl scheren
kalt	
kalt bleiben (= nicht wärmer werden)	
kaltbleiben (sich nicht aufwärmen)	kalt bleiben
kalt lassen (= nicht erwärmen)	
kaltlassen	kalt lassen

(= sich nicht beeindrucken lassen)	
kalt stellen	
(= ins Kalte stellen)	
kaltstellen	kalt stellen
(= einflußlos machen)	
Keep-smiling	Keepsmiling
kegelschieben	Kegel schieben
kennenlernen	kennen lernen
Ketchup	Ketschup, auch: Ketchup
Kickdown	Kick-down, auch: Kickdown
Kick-off	Kick-off, auch: Kickoff
King-size	Kingsize
klebenbleiben	kleben bleiben
klein	
das Kleingedruckte	das klein Gedruckte/Kleingedruckte
kleinschreiben	klein schreiben
(= geringschätzen)	(in kleiner Schrift schreiben; gering schätzen)
klein schreiben	kleinschreiben
(= mit kleinem Anfangsbuchstaben)	(= mit kleinem Anfangsbuchstaben)
(= jedermann)	
klug reden	
(= verständig reden)	
klugreden	klug reden
(= alles besser wissen)	
Knockout	Knock-out, auch: Knockout
kochendheißes Wasser	kochend heißes Wasser
kopfstehen	Kopf stehen
K.-o.-Schlag	K.-o.-Schlag, auch: Ko.-Schlag
krank schreiben	krankschreiben
krummsitzen	krumm sitzen
lahmlegen	lahm legen
Layout	Lay-out, auch: Layout
leckschlagen	leck schlagen
leerstehende Häuser	leer stehende Häuser
leichtfallen	leicht fallen
(= ohne Anstrengung)	
Leidtragende	Leid tragende/Leidtragende
leuchtendrote Äpfel	leuchtend rote Äpfel
liebhaben	lieb haben
liebenlernen	lieben lernen

liegenbleiben, liegenlassen (= vergessen)	liegen bleiben, lassen
Lip gloss	Lipgloss
Live-Show	Liveshow
Love-Story	Lovestory
mal/Mal	
das erste Mal, das erstemal	das erste Mal
zum ersten Mal, zum erstenmal	zum ersten Mal[e]
einige Male, einigemale	einige Mal[e]
etliche Male, etlichemale	etliche Mal[e]
millionenmal	Millionen Mal[e]
maschineschreiben	Maschine schreiben
maßhalten	Maß halten
metallverarbeitende Industrie	Metall verarbeitende Industrie
Midlife-crisis	Midlifecrisis, auch: Midlife-Crisis
Minimal art	Minimalart, auch: Minimal Art
mit Hilfe	mithilfe/mit Hilfe
Mixed Pickles, Mixpickles	Mixedpickles/Mixpickles, auch: Mixed Pickles
Modern Jazz	Modernjazz, auch: Modern Jazz
Moto-Cross	Motocross, auch: Moto-Cross
Multiple-choice-Verfahren	Multiplechoiceverfahren, auch: Multiple-Choice-Verfahren
mündigsprechen	mündig sprechen
Mut	
zumute sein	zumute/zu Mute sein
nahe	
nahebringen, nahelegen	nahe bringen, legen
nebeneinanderlegen	nebeneinander legen
neu	
neueröffnete Läden	neu eröffnete Läden
niedrig	
niedriggesinnte Feinde	niedrig gesinnte Feinde
Not	
notleidende Menschen	Not leidende Menschen
Nutzen	
zunutze machen	zunutze/zu Nutze machen

oben	
obenstehende Abschnitte	oben stehende Abschnitte
das Obenstehende	das oben Stehende/das Obenstehende
obenstehendes	oben Stehendes/Obenstehendes
im obenstehenden	im oben Stehenden/im Obenstehenden
offen	
offen bleiben (= geöffnet; ehrlich sein)	
offenbleiben (= ungeklärt sein)	offen bleiben
Open-air-Festival	Openairfestival, auch: Open-Air-Festival
Open-end-Diskussion	Openenddiskussion, auch: Open-End-Diskussion
parallellaufende Linien	parallel laufende Linien
Peep-Show	Peepshow
Personality-Show	Personalityshow
Public Relations	Publicrelations, auch: Public Relations
quergehen (= mißglücken)	quer gehen
radfahren	Rad fahren
radschlagen	Rad schlagen
Rand	
zu Rande kommen	zurande/zu Rande kommen
Rat	
ratsuchende Eltern	Rat suchende Eltern
zu Rate ziehen	zurate/zu Rate ziehen
reich	
reichgeschmückte Tische	reich geschmückte Tische
rein	
reinseidene Blusen	rein seidene/reinseidene Blusen
richtig	
richtiggehende Uhren	richtig gehende Uhren (aber: richtiggehend = vollkommen, völlig)
rotglühende Asche	rot glühende Asche
Round-table-Konferenz	Roundtablekonferenz, auch: Round-Table-Konferenz
rückwärtsgehen (= sich verschlechtern)	rückwärts gehen

ruhenlassen (= nicht in Angriff nehmen)	ruhen lassen
ruhigstellen	ruhig stellen
Rush-hour	Rushhour
sauberhalten	sauber halten
Schande	
zuschanden machen	zuschanden/zu Schanden machen
schätzenlernen	schätzen lernen
scheckigbraun	scheckig braun
scheelblickend	scheel blickend
schiefgehen (= mißlingen)	schief gehen
schlappmachen	schlapp machen
schlechtgelaunt	schlecht gelaunt
schmutziggrau	schmutzig grau
schräglaufende Linien	schräg laufende Linien
Schuld	
zuschulden kommen lassen	zuschulden/zu Schulden kommen lassen
schwachbevölkerte Gebiete	schwach bevölkerte Gebiete
schwer	
schwerbehindert	schwer behindert (aber: schwerstbehindert)
schwerfallen (= Mühe bereiten)	schwer fallen
schwernehmen (= zu Herzen nehmen)	schwer nehmen
Science-fiction	Sciencefiction
See-Elefant	Seeelefant/See-Elefant
sein	
seinlassen	sein lassen
Seite	
auf seiten	aufseiten/auf Seiten
von seiten	vonseiten/von Seiten
selbstgebackener Kuchen	selbst gebackener Kuchen
seligpreisen	selig preisen
Shopping-Centre	Shoppingcentre
Short story	Shortstory, auch: Short Story
sitzenbleiben	sitzen bleiben
Small talk	Smalltalk, auch: Small Talk
soviel	so viel

so daß	sodass/so dass
Soft Drink	Softdrink, auch: Soft Drink
Soft-Eis	Softeis
Soft Rock	Softrock, auch: Soft Rock
Sonderheit	
insonderheit	in Sonderheit
sowohl	
das Sowohl-Als-auch	das Sowohl-als-auch
spazierengehen	spazieren gehen
Stand	
außerstand setzen	außerstand/außer Stand setzen
außerstande sein	außerstande/außer Stande sein
instand halten	instand/in Stand halten
zustande bringen	zustande/zu Stande bringen
starkbesiedelte Gebiete	stark besiedelte Gebiete
statt dessen	stattdessen (aber: statt dessen, statt deren)
steckenbleiben	stecken bleiben
stehenbleiben	stehen bleiben
steifhalten	steif halten
stiftengehen	stiften gehen
still	
stillbleiben	still bleiben
still halten (= ruhig halten)	
stillhalten (= dulden)	still halten
still sitzen (= ruhig sitzen)	
stillsitzen (= unbeschäftigt sein)	still sitzen
still stehen (= ruhig stehen)	
stillstehen (= aufhören)	still stehen
strengnehmen, strenggenommen	streng nehmen, genommen
Tag	
zutage bringen	zutage/zu Tage bringen
Talk-Show	Talkshow
Tête-à-tête	Tête-à-tête, auch: Tete-a-tete

Tie-Break	Tiebreak, auch: Tie-Break
treuergebene Freunde	treu ergebene Freunde
übelgelaunte Menschen	übel gelaunte Menschen
übelnehmen, übelwollen	übel nehmen, wollen
übereinanderstellen	übereinander stellen
überhandnehmen	überhand nehmen
übrigbleiben, übriglassen	übrig bleiben, lassen
um so mehr, weniger	umso mehr, weniger
Ungunsten	
zuungunsten	zuungunsten/zu Ungunsten
unheilverkündende Zeichen	Unheil verkündende Zeichen
unten	
untenstehende Abschnitte	unten stehende Abschnitte
das Untenstehende	das unten Stehende/das Untenstehende
untenstehendes	unten Stehendes/Untenstehendes
im untenstehenden	im unten Stehenden/im Untenstehenden
untereinanderschreiben	untereinander schreiben
va banque spielen	Vabanque spielen, auch: va banque spielen
verlorengeben, verlorengehen	verloren geben, gehen
vertrauenerweckende Maßnahmen	Vertrauen erweckende Maßnahmen
voll	
volladen, vollmachen	voll laden, machen
voneinandergehen	voneinander gehen
von seiten	vonseiten/von Seiten
vorwärtsbringen	vorwärts bringen
(= fördern)	
vorwärtsgehen	vorwärts gehen
(= besser werden)	
warmhalten	warm halten
wasserabweisender Stoff	Wasser abweisender Stoff
Weg	
zuwege bringen	zuwege/zu Wege bringen
weichgeklopftes Leder	weich geklopftes Leder
weichmachen	weich machen
weiß	
weißgekleidete Menschen	weiß gekleidete Menschen
widereinanderstoßen	widereinander stoßen
wohltun	wohl tun
wundliegen	wund liegen

Zeit	
eine Zeitlang	ein Zeit lang
zueinanderfinden (= sich zusammenfinden)	zueinander finden
zufriedenstellen (= befriedigen)	zufrieden stellen
zugrunde gehen, richten	zugrunde/zu Grunde gehen, richten
zugunsten	zugunsten/zu Gunsten
zu Lasten	zulasten/zu Lasten
zuleide	zuleide/zu Leide
zumute	zumute/zu Mute
zu Rande kommen	zurande/zu Rande kommen
zu Rate ziehen	zurate/zu Rate ziehen
zuschandenmachen	zuschanden/zu Schanden machen
zuschulden kommen lassen	zuschulden/zu Schulden kommen lassen
zu seiten	zuseiten/zu Seiten
zustande bringen	zustande/zu Stande bringen
zutage fördern	zutage/zu Tage fördern
zuungunsten	zuungunsten/zu Ungunsten
zuwege bringen	zuwege/zu Wege bringen

4. Grundsätze und Regeln im Überblick

1 Die Getrennt- und Zusammenschreibung legt fest, was als **ein Wort** angesehen wird.

2 **G_1**: Jedes Wort ist eine Einheit aus einer bestimmten Buchstabenfolge, d. h. einem Ausdruck und einer Bedeutung.

3 **G_2**: Jeder (geschriebene) Satz besteht aus einer **wohlgebildeten Folge** von Wörtern. Buchstabenfolgen, die keine Wörter sind, kommen im Satz nur als Teile von Wörtern vor.

G_3: Jedes Wort kann im Satz ‚frei' verwendet werden.

R_1: Ein Wort wird im Text durch eine Buchstabenlücke von dem vorausgehenden und/oder folgenden Wort getrennt, es sei denn,

a) das Wort steht am Anfang oder Ende eines Textes oder Textabschnitts oder
b) dem Wort geht ein Satzzeichen voraus oder
c) dem Wort folgt ein Satzzeichen.

4 **G_4**: Sprachelemente, die nur gebunden zu verwenden sind, sind keine Wörter.

be-, de-, des-, ent-, ver-, miß-, …, -artig, -heit, -keit, …

5 **G_5: Syntaktische Fügungen** bestehen aus frei miteinander kombinierbaren Wörtern.

eine + Wortgruppe; einen + Zusammenhang + mehrerer + aufeinander + folgender + Wörter; in + bestimmter + Weise, …

D_1: **Kompositum** = Wort, das aus Ausdrücken zusammengesetzt ist, die in anderen Kontexten ‚frei' im Satz verwendet werden können (d. h. nach G_3 selbständige Wörter sind). 6

Kindergeschrei, Beethovensonate, Mischgetränk, achtgeben, meterlang, jederzeit, …

R_1: Man schreibt zwei aufeinander folgende Wörter $W_1 + W_2$ zusammen, wenn bei Getrenntschreibung entweder W_1 oder W_2 syntaktisch nicht interpretierbar wäre. 9

einen Text korrekturlesen; einen Brief maschineschreiben, …

R_2: Ergibt sich aus der Verknüpfung zweier Wörter eine besondere Wortbedeutung, die sich von dem Sinn der regulären syntaktischen Verknüpfung der beiden Wörter unterscheidet, so werden die beiden Wörter zusammengeschrieben: sie bilden ein Kompositum. 10

gerade stehen – [für etwas] geradestehen; Erdöl exportierend – erdölexportierend; so daß – sodaß; …

R_3: Sind die Kriterien für Zusammenschreibung nicht eindeutig erfüllt, so schreibe man getrennt. 11

R_4: Bleibt in einer Zusammensetzung aus Verb (V) und nichtverbalem Element (NV) auch bei den finiten Verbformen stets die Reihenfolge NV + V erhalten und wird beim Partizip II (1) NV zwischen Präfix *ge-* und Verbstamm eingeschlossen oder (2) ersetzt NV das Präfix, so werden NV und V zusammengeschrieben. 15

(1) *brand* (= NV) + *marken* (= V): *er brandmarkte, hat gebrandmarkt*
schluß + *folgern*: *er hat richtig geschlußfolgert*
gehandhabt, gemaßregelt,
(2) *durchbrechen*: *er durchbrach, hat durchbrochen*
übersetzen: *er übersetzte, hat übersetzt*
widersprechen: *er widersprach, hat widersprochen*
usw.

17 **Amtliche Regelung:**
Gehen folgende Substantive oder „verblaßte“ Substantive einer Verbform unmittelbar voraus, so werden sie mit dieser zusammengeschrieben.
heim-, irre-, preis-, stand-, statt-, teil-, wett-, wunder-

heimbringen, heimfahren, heimführen, heimgehen, …
irreführen, irreleiten, irrewerden, …
preisgeben, preiskegeln, preisschießen, …
standhalten, …
stattfinden, stattgeben, statthaben, …
teilhaben, teilnehmen, …
wetteifern, wettlaufen, wettmachen, wettrennen, …
wunderheilen, wundernehmen, …

Getrennt wird in allen anderen Fällen geschrieben, also:

Angst haben, *Auto fahren*, *Diät halten*, *Diät leben*, *Eis laufen*, *Feuer fangen*, *Feuer speien*, *Fuß fassen*, *Kopf stehen*, *Leid tun*, *Maß halten*, *Not leiden*, *Not tun*, *Pleite gehen*, *Pleite machen*, *Posten stehen*, *Rad fahren*, *Rat suchen*, *Schlange stehen*, *Schuld tragen*, *Ski laufen*, *Walzer tanzen*, …

18 **Amtliche Regelung:** Verbindungen von Infinitiv + finiter oder infiniter Verbform werden stets getrennt geschrieben.

sitzen bleiben (*bleibend*, *geblieben*), *liegen lassen*, *kennen lernen*, *spazieren gehen*, …

20 **R_6**: Wird ein Adjektiv oder Adverb in Endstellungsgebrauch durch ein Adverb erweitert, so hebt dies die Zusammenschreibung nach R_5 auf.

dagegenhalten – strikt dagegen halten
danebengehen – völlig daneben gehen

daniederliegen – gänzlich danieder liegen
herabkommen – von oben herab kommen
herantreten – dicht heran treten
hinterherlaufen – dicht hinterher laufen
zusammenrücken – dicht zusammen rücken
usw.

Amtliche Regelung (§ 34 (2.2)): Adjektive oder Adverbien werden mit einem Verb zusammengeschrieben, wenn „der erste Bestandteil in dieser Verbindung weder erweiterbar noch steigerbar ist, wobei die Negation *nicht* nicht als Erweiterung gilt."

etwas bekannt machen, fest halten, genau nehmen, gut schreiben …
fern liegen, frei sprechen, gut gehen, hell strahlen, kurz treten, langsam arbeiten, laut reden, leicht fallen, locker sitzen, nahe bringen, sauber schreiben, schlecht gehen, schnell laufen, schwer nehmen, zufrieden stellen, …

Nach der Amtlichen Regelung wird auch in folgenden Fällen durchgängig getrenntgeschrieben: 21
R_6': Getrenntgeschrieben werden
(1) Verbindungen von Verb + Präpositionaladverbien wie

abhanden, abseits, anheim, beiseite, fürlieb, überhand, vonstatten, vorlieb, zugute, zunichte, zupass[1]*, zustatten, zuteil, …*

Analog dazu auch:
diesseits, jenseits, daheim, abwärts, aufwärts, rückwärts, seitwärts, vorwärts, …

(2) Verbindungen von Verb + Kompositum von Präposition + *einander*:

aneinander, aufeinander, auseinander, beieinander, durcheinander, übereinander, …

(3) Schließlich Fälle wie

auswendig lernen, barfuß laufen, allein stehen, sich quer stellen

[1] Schreibung nach der AR.

R_7: In bestimmten Fällen kann bei trennbaren Verben der nichtverbale Bestandteil an den Satzanfang treten. Hier wird nie zusammengeschrieben.

Hinzu kommt, daß …Fehl ging er in der Annahme, daß …Wunder nimmt allerdings, daß …usw.

R_8: Ist in einer Verbindung von Adjektiv und Verb das Adjektiv gesteigert oder erweitert, so schreibt man getrennt.

ganz fest halten, jemanden sehr bekannt machen, völlig frei sprechen, …

22 **Amtliche Regelung:** „Lässt sich in einzelnen Fällen der Gruppe aus Adjektiv + Verb … keine klare Entscheidung für Getrennt- oder Zusammenschreibung treffen, so bleibt es dem Schreibenden überlassen, ob er sie als Wortgruppe oder als Zusammensetzung verstanden wissen will."

Amtliche Regelung: Adjektive auf *-ig*, *-isch*, *-lich* und Partizipien werden nie mit einem folgenden Verb zusammengeschrieben.

lästig fallen, *übrig bleiben*, …[2]
kritisch denken, *spöttisch reden*, …
freundlich grüßen, *gründlich säubern*, …
gefangen nehmen, *geschenkt bekommen*, *getrennt schreiben*, *verloren gehen*, …

Amtliche Regelung: Verbindungen mit *sein* gelten nicht als Zusammensetzungen.

außerstande sein[3], *beisammen sein*, *da sein*, *dabei sein*, *fertig sein*, *inne sein*, *los sein*, *pleite sein*[4], *vonnöten sein*, *vorbei sein*, *vorhanden sein*, *vorüber sein*, *zufrieden sein*, *zuhanden sein*, *zumute sein*[5], *zurück sein*, *zusammen sein*, …

[2] Also auch: *jemanden heilig sprechen*.
[3] Auch: *außer Stande sein* (nach § 39 (E 3).
[4] Aber Großschreibung bei: *Pleite gehen*.
[5] Auch: *zu Mute sein*.

…, weil er außerstande war
…, wenn sie beisammen sind
…, da sie dabei gewesen ist

innehaben, *innewerden*, *vorhaben*, *voraushaben*, …

> **R_5'**: Kann eine Präposition, ein Adverb oder eine Partikel nur in Endstellung unmittelbar vor einer finiten oder infiniten Verbform verwendet werden, so bildet das betreffende Wort mit dem Verb zusammen ein Kompositum. 24

Dies gilt insbesondere für folgende Ausdrücke:

beisammen, *da*, *dabei*, *dafür*, *dagegen*, *daher*, *dahin*, *daneben*, *dar*, *d(a)ran*, *d(a)rein*, *da(r)nieder*, *darum*, *davon*, *dawider*, *dazu*, *dazwischen*, *drauf*, *drauflos*, *drin*, *einher*, *empor*, *entgegen*, *entlang*, *entzwei*, *fort*, *gegenüber*, *her*, *herab*, *heran*, *herauf*, *heraus*, *herbei*, *herein*, *hernieder*, *herüber*, *herum*, *herunter*, *hervor*, *herzu*, *hin*, *hinab*, *hinan*, *hinauf*, *hinaus*, *hindurch*, *hinein*, *hintan*, *hintenüber*, *hinterher*, *hinüber*, *hinunter*, *hinweg*, *hinzu*, *inne*, *los*, *nieder*, *überein*, *umher*, *umhin*, *voran*, *vorauf*, *voraus*, *vorbei*, *vorher*, *vorüber*, *vorweg*, *weg*, *weiter*, *wieder*, *zurecht*, *zurück*, *zusammen*, *zuvor*, *zuwider*, *zwischen*, …

> Kopulativkomposita werden häufig mit Bindestrich geschrieben. Dies gilt besonders für Doppelnamen. 25

Christian-Jürgen, *Hans-Walter*, *Garmisch-Partenkirchen*, *Müller-Lüdenscheid*, …

> **R_9**: Substantivierungen von Wort + Infinitiv werden zusammengeschrieben. 27

das Autofahren (aber: *Auto fahren*), *das Ratholen* (*Rat holen*), *das Abhandenkommen* (*abhanden kommen*), *das Bekanntmachen*, *das Sitzenbleiben*, *das Dasein*, *das Liegenlassen*, *das Infragestellen*, …

Analog: *das Habedank*, *Suppengrün*, *Stelldichein*, *Vergißmeinnicht*, …

> **Amtliche Regelung:** Verbindungen von (adjektivischem) Partizip und Adjektiv werden stets getrennt geschrieben. 28

abschreckend häßlich, blendend weiß, gestochen scharf, kochend heiß, leuchtend rot, strahlend hell, …

29 **Amtliche Regelung:** „Lässt sich in einzelnen Fällen der Gruppen aus Adjektiv, Adverb oder Pronomen + Adjektiv/Partizip … keine klare Entscheidung für Getrennt- oder Zusammenschreibung treffen, so bleibt es dem Schreibenden überlassen, ob er sie als Wortgruppe oder als Zusammensetzung verstanden wissen will, zum Beispiel *nicht öffentlich* (Wortgruppe) / *nichtöffentlich* (Zusammensetzung).“[6]

30 **R_{10}**: Kardinal- und Ordinalzahlen unter einer Million werden zusammengeschrieben.

31 **Alternative Zusammen- oder Getrenntschreibung nach der AR:**

(1) adverbiale Verwendungen:
außerstand/außer Stand setzen[7]
außerstande/außer Stande sein
imstande/im Stande sein
infrage/in Frage stellen
instand/in Stand setzen
zugrunde/zu Grunde gehen
zuleide/zu Leide tun
zumute/zu Mute sein
zurande/zu Rande kommen
zuschanden/zu Schanden machen
zuschulden/zu Schulden kommen lassen
zustande/zu Stande bringen
zutage/zu Tage fördern
zuwege/zu Wege bringen

6 AR § 36, E2.
7 Die Verben sind jeweils nur als Beispiel angeführt.

(2) präpositionale Verwendungen:
anstelle/an Stelle von
aufgrund/auf Grund von
aufseiten/auf Seiten von
mithilfe/mit Hilfe von
vonseiten/von Seiten der/des
zugunsten/zu Gunsten von/des
zulasten/zu Lasten von/des
zuungunsten/zu Ungunsten von/des

(3) die Konjunktion
sodass/so dass[8]

In allen übrigen Fällen schreibt man getrennt. Dies betrifft insbesondere

(1) Fälle, in denen ein Bestandteil erweitert ist, z. B.:
dies eine Mal (aber: *diesmal*)
den Fluß abwärts (aber: *flußabwärts*)
der Ehre halber (aber: *ehrenhalber*)
in keinem Fall (aber: *keinesfalls*)
das erste Mal
ein einziges Mal
in bekannter Weise (aber: *bekannterweise*)
zu jeder Zeit (aber: *jederzeit*)
eine Zeit lang
irgend so ein (aber: *irgendein*)
irgend so etwas

(2) Fälle, in denen „die Wortart, die Wortform oder die Bedeutung der einzelnen Bestandteile deutlich erkennbar ist“[9]:
(2.1) Wortgruppen in adverbialer Verwendung:
zu Ende gehen
zu Fuß gehen
zu Hause bleiben[10]
zu Hilfe kommen
zu Lande

[8] Aber nach AR: *ohne dass, statt dass, außer dass*
[9] So die Formulierung der Amtlichen Regelung. Dasselbe Kriterium würde natürlich auch etwa für *irgendein* oder *aufgrund* gelten, doch wird hier zusammengeschrieben. Man muß diese Regelung eben so hinnehmen.
[10] Österreichisch und schweizerisch auch: *zuhause bleiben*.

zu Wasser und zu Lande
zu Schaden kommen
darüber hinaus
nach wie vor
vor allem

(2.2) mehrteilige Konjunktionen:
ohne dass/zu
statt dass/zu
außer dass

(2.3) Wortgruppen in präpositionaler Verwendung:
zur Zeit, zu Zeiten

(2.4) *so*, *wie* oder *zu* + Adjektiv, Adverb oder Pronomen, z. B.:
so hohe/wie hohe/zu hohe Häuser
so oft/wie oft/zu oft
so viel/wie viel/zu viel
so weit/wie weit/zu weit

(2.5) schließlich:
gar kein, gar nicht, gar nichts, gar sehr, gar wohl

5. Kleines Verzeichnis grammatischer Begriffe

Adjektiv	Eigenschaftswort	groß, gut, schön, durstig
Adverb	Umstandswort	heute, gleich, nachher, dort
Angabe	adverbiale Bestimmung	**Nach dem Essen** gingen wir; wir fuhren **nach Köln**
Apostroph	Auslassungszeichen	Ohm'sches Gesetz
Apposition	Beisatz	Karl, der Sachsenschlächter, ...
Artikel	Geschlechtswort	der, die, das, ein, eine
Attribut	Beifügung	guter französischer Rotwein, eine Nacht im Heu
Deklination	die „Beugung“ von Nomen, Pronomen, Artikeln und Adjektiven s. Fälle, Singular, Plural	
Desubstantivierung	Überführung eines Substantivs in eine andere Wortart	**dank** eurer Hilfe, ich gehe **abends**, **aufgrund** dieser Tatsache
Fall	Deklinationsform von Artikeln, Nomen und Pronomen	1. Fall (Nominativ): ich, der 2. Fall (Genitiv): meiner, des 3. Fall (Dativ): mir, dem 4. Fall (Akkusativ): mich, den
Infinitiv	Grundform des Verbs	können, sein, machen, sagen
Kasus	s. Fall	
Konjugation	die „Beugung“ des Verbs	ich gehe, du gehst, ..., ich ging, du gingst, ..geh, geht, ...
Konjunktion	Bindewort	und, oder, daß, sodaß
Nomen (Substantiv)	Namenwort	Haus, Mensch, Autobahn, Joghurt
Objekt	Verbergänzung im zweiten, dritten oder vierten Fall	Ich sehe **dich**; ich danke **dir**; wir gedenken **unserer Toten**
Partikel	unveränderliches Wort	ziemlich, irre, beileibe, anheim
Partizip I	Mittelwort I	singend, stehend, seiend, sagend
Partizip II	Mittelwort II	gesungen, gestanden, gewesen, gesagt
Plural	Mehrzahl	die Häuser; wir gehen, ihr geht, sie gehen
Possesivpronomen	besitzanzeigendes Fürwort	mein, dein, sein

Prädikat	Satzaussage	Er **kommt**, … **hat … gesagt**, … **ist** … **befördert worden**
Prädikativ	Prädikatsergänzung	… ist **groß**, …bleibt **ein Schuft**
Präposition	Verhältniswort	in, an, auf, nach, aufgrund, entlang
Pronomen	Fürwort	ich, du, er/sie/es, dieser, jener
Relativpronomen	rückbezügliches Fürwort	der, die, das, …, welcher, welche, welches
Singular	Einzahl	das Haus; ich gehe, du gehst, er/sie/es geht
Subjekt	Satzgegenstand	**Ich** komme. **Meine Frau** wird uns abholen.
Substantiv	s. Nomen	
Substantivierung	s. Nominalisierung	
Syntax	Satzbau	Sie (= Subjekt) gab (= Prädikat) mir (= indirektes Objekt) einen Kuß (= direktes Objekt)
Verb	Zeitwort	singen, gehen, sagen, bleiben, können, mögen
Wortart	Klassifizierung der Wörter nach ihrer Form	Substantiv, Verb, Adjektiv, Pronomen, …
Zahladjektiv	Zahlwort, das formal ein Adjektiv ist	der dritte, viel(e) , wenig(e)
Zahlpronomen	Zahlwort, das formal ein Pronomen ist	einige, manche, jeder

6. Register

Adjektiv 114, 116, 129, 138, 152 ff.
Adverb 116, 140, 158
Amtliche Regelung 117, 119, 124, 126, 134 ff., 141, 143 f., 154 ff., 159 ff., 162 ff.
Angabe 120
Artikelwort 121
Attribut 120 f.

Bedeutung 115, 119
Bestimmungswort 117 f, 130 ff.
Buchstabenfolge 109

Eigenname 149 f.
Endstellungsgebrauch 140 f., 143, 147
Endung 111
Ergänzung 120
Erweiterung 140 f.

Flexionselement 113
Flexionsmorphem 112
Fügung, syntaktische 115

Gebrauch, freier 109
Gebrauch, gebundener 109
Grundsatz 1 109
Grundsatz 2 109
Grundsatz 3 110
Grundsatz 4 113
Grundwort 117 f., 129 ff.

Hauptregel 127
Hauptregel, semantische 124 ff.
Hauptregel, syntaktische 122 ff.
Hauptregeln 119 ff.
Hauptsatzstellung 131

Infinitive, substantivierte 152

Kompositum 115, 116, 129
Kompositumsbildung 117, 124, 133
Konjunktion 159
Konstituente 120
Kopulativzusammensetzung 117

Linksattribut 121, 129

Nebensatzstellung 131
Neubildung von Wörtern 119

Objekt 121
Orthographie 107

Partizip 152 ff.
Partizip, Zusammensetzungen mit 136
Prädikat 121, 130
prädikativer Gebrauch 131 f.
Präposition 140, 159
Prinzip der semantischen Differenzierung 125 ff., 143
Pronomen 159

Register, orthographisches 107
Reihenbildungen 155 ff.

Satz 109
Satzklammer 139
Schreibsilbe 108
Semantik 124
Silbe 108
Sprechsilbe 108
Subjekt 121
Substantiv 114, 116
Substantivkomposita 148 ff.
Suffix 112
Syntax 120 ff.

Verb 114, 116
Verb, finites 129 f.
Verb, nominaler Gebrauch 131
Verb, prädikativer Gebrauch 131
Verb, regelmäßiges 112
Verb, unregelmäßiges 112
Verben, trennbare zusammengesetzte 133 ff.
Verben, untrennbare zusammengesetzte 132 f.
Verbformen, infinite 130 f.
Verbkomposita, trennbare und untrennbare 146
Verbkompositum 130 ff., 138 f.
Vorsilbe 112

Wort 108 ff.
Wort, einsilbiges 108, 110, 113
Wort, mehrsilbiges 121 ff., 114
Wortart 117, 129 ff.
Wortbedeutung 124
Wortbildung 114
Wortbildungselement 113
Wortbildungselement, gebundenes 114
Wortgruppe 114
Wortstamm 112 f.
Wortstamm, freier 113

Zahlwort 157

Zeichensetzung verständlich erklärt:

Alte & neue Regelung

Vorwort

In diesem Band wird der Gebrauch der im Deutschen üblichen Satzzeichen erläutert. Apostroph und Bindestrich werden hier nicht behandelt, weil sie keine Satzzeichen, sondern vielmehr Zeichen sind, die in den Zusammenhang der Wortbildung gehören.

Den Hauptteil des Buches macht die Erklärung des Kommas aus. Hierzu wurde – aufbauend auf einer in der Sprachwissenschaft schon seit längerem bekannten Unterscheidung zweier verschiedener Kommatypen – ein neues System von Kommaregeln entwickelt, das – wie ich hoffe – einfacher und verständlicher ist als das im *Duden* und an ihm sich orientierenden Regelwerken verwendete. Denn es ist in sich logisch. (Ich habe mich jedenfalls bemüht, es so logisch wie möglich zu entwickeln. Ob mir dies gelungen ist, ist eine andere Frage.)

Dieses System hatte ich erstmals in dem 1986 erschienenen Band *Richtige Zeichensetzung* vorgestellt. Die neue Amtliche Regelung der deutschen Rechtschreibung hat dieses System in den Grundzügen übernommen. Ich hatte seinerzeit von *einstelligem* und *zweistelligem* Komma gesprochen. Die Amtliche Regelung unterscheidet nun *einfaches* und *paariges* Komma. Da sich sachlich dadurch (so gut wie) nichts ändert, habe ich in dieser überarbeiteten Neuauflage des alten Zeichensetzungsbandes diese Bezeichnungen übernommen.

In diesem Band werden „alte“ und „neue“ Regelung vorgestellt. Da die Neuregelung das alte System nur in wenigen Punkten verändert, und zwar ausschließlich beim Komma, konnten diese wenigen Änderungen ohne große Schwierigkeiten in das alte Regelsystem eingearbeitet werden. Wo die Amtliche Regelung eine Änderung vorsieht, ist dies jeweils vermerkt und durch eine entsprechende Farbmarkierung (rot) kenntlich gemacht. Wer nach der Neuregelung schreiben muß, kann also die betreffende Änderung leicht ausfindig machen. Der Hauptzweck dieses Verfahrens besteht darin, daß man von der Systematik der alten Regelung her Sinn und Unsinn der Neuregelungen leicht erfassen kann.

Das hier vorgestellte System von Kommaregeln beruht auf Erfahrungen, die ich am Aachener *Grammatischen Telefon* und – damit zusammenhängend – in Fortbildungsveranstaltungen für Sekretärinnen der *RWTH Aachen* gesammelt habe. Von ihnen habe ich gelernt, daß sie, deren Hauptarbeit darin besteht, Texte „fehlerfrei“ zu schreiben, in der Regel mehr wissen wollen als nur die Regeln korrekten Schreibens selbst: Man will auch wissen, weshalb die Regeln so sind, wie sie sind, oder weshalb etwas ein Fehler ist; die Arbeit wird dadurch sinnvoller. Ich habe deshalb die Kommaregeln nicht nur dargestellt, sondern in den Kapiteln „Das Komma“ und „Das einfache Komma“ (S. 209 ff.) sowie „Das paarige Komma“ (S. 225 47 bis 232 55) eine Theorie des Kommas und der beiden verschiedenen Kommatypen, insbesondere eine Begründung der

Hauptregeln entwickelt. Man muß diese Kapitel selbstverständlich nicht lesen; das Buch bietet auf Seite 212 bis 224 (28 bis 46) sowie 232 bis 248 (56 bis 79) genügend konkrete Beispiele, Tabellen und Regelformulierungen, die unmittelbar Auskunft in Zweifelsfragen der Kommasetzung geben. Wer also beim Schreiben eine schnelle Antwort auf eine den Gebrauch des Kommas betreffende Frage sucht, sei auf diese Kapitel oder auf das Register am Ende des Bandes verwiesen. Wer sich darüber hinaus die Mühe macht, die „Theoriekapitel" zu lesen und das System der beiden Kommaregeln zu verstehen, wird die gesamte Kommasetzung ungleich sicherer beherrschen, als wenn er nur von Fall zu Fall die entsprechende Detailregel nachschlägt. Hier bitte ich um etwas Geduld: sie wird sich lohnen.

Das System ist – eigentlich – ganz simpel:
Vorausgeschickt ist ein Grundsatz (der Kürze halber G 0 genannt); er sagt, wann in der Regel *kein* Komma gesetzt wird. Darauf bauen die beiden Grundregeln auf: R 1 für das sogenannte *einfache Komma* (Komma 1), das bei Aufzählungen gleichartiger Satzglieder steht. R 2 für das *paarige Komma* (Komma 2), das satzwertige Satzglieder (Nebensätze, nachgestellte genauere Bestimmungen und Appositionen, erweiterte Infinitivgruppen und Partizipialgruppen) einschließt. Schließlich brauchen wir noch einen Grundsatz, der das Verhältnis von R 1 und R 2 regelt, und hier gilt: R 1 geht vor R 2. Das ist alles.

Bei der Darstellung des „alten" Systems mußte ich mich seinerzeit mit den Kommaregeln des *Duden* auseinandersetzen. Diese Notwendigkeit ist mit der neuen Amtlichen Regelung entfallen. Der *Duden* hat mit ihr – gleichgültig, ob sie sich durchsetzt oder nicht – definitiv seine bisherige faktische Verbindlichkeit verloren. Andererseits ist die Amtliche Regelung bislang nur für die Schulen verbindlich. Darüber hinaus wird sie – wenn überhaupt – verbindlich nur für den Schriftverkehr in öffentlichen Behörden werden. Jenseits dieser beiden Bereiche ist und wird sie nicht verbindlich sein. Jeder kann selbst entscheiden, ob er den Neuregelungen folgen oder lieber beim alten Regelsystem bleiben will. Wir werden also in den zwei bis drei kommenden Jahrzehnten verschiedene Orthographien haben, bis sich irgendwann ein neuer Konsens eingespielt hat.

Ich selbst bleibe lieber beim alten System, weil es mir klarer und eindeutiger scheint als das neue. Doch wird es Leser/innen geben, die an der einen oder anderen Neuregelung Vorzüge entdecken und sie übernehmen. Das Buch läßt alle drei möglichen Einstellungen gegenüber der Neuregelung zu: Entweder sie ganz zu übernehmen oder ganz abzulehnen oder aber sich für einen Mittelweg zu entscheiden (der – mit Ausnahme des Diktats in der Schule – sehr wohl „erlaubt" ist). Man sieht: Einfacher ist die Rechtschreibung mit der Amtlichen Regelung so oder so nicht geworden. Man muß halt mit ihr leben. In Zweifelsfällen empfehle ich der Leserin/dem Leser das *Grammatische Telefon*, das es in Aachen (Tel. 0241-8096074) und seit Juni 1997 auch in Potsdam gibt (Tel. 0331-9772424).

Wie Sie dieses Buch nutzen können: Eine Gebrauchsanweisung

Wenn Sie, verehrte Leserin, verehrter Leser, einen Blick auf das Inhaltsverzeichnis werfen, haben Sie dort auf einen Blick alle Nutzungsmöglichkeiten dieses Buchs zusammen: Da das Komma erfahrungsgemäß das Satzzeichen ist, dessen Gebrauch die größten Schwierigkeiten bereitet, sind zunächst im ersten Kapitel sämtliche Kommaregeln im Überblick zusammengestellt. Dabei lernen Sie das System von Kennummern kennen, das Sie schnell durch das Buch hindurchführt und Ihnen hilft, „punktgenau" die Erläuterung zu finden, die Sie suchen. Jeder Regel in diesem Kapitel ist eine solche Kennnummer vorangestellt, die auf die Stelle im Buch verweist, wo diese Regel erläutert ist. Dort finden sich auch viele Beispiele für die Anwendung der Regel. Wenn sie z. B. wissen wollen, ob bei einem Infinitiv – *er hoffte[,] damit Erfolg zu haben* – ein Komma gesetzt wird, verweist Sie die Kennummer 79 vor der betreffenden Regel R 2.3 auf die Seite 248, wo Sie die Kommasetzung bei Infinitiven erläutert finden.
Sie können, wenn Sie Antwort auf eine Frage zur Zeichensetzung suchen, auch das Register benutzen. Dort würden Sie in diesem Fall unter dem Stichwort „Infinitiv" eine Reihe von Kennummern finden, die Sie zu der Stelle führen, wo das betreffende Problem behandelt ist.
Dieses Buch ist jedoch nicht nur als schnelle Hilfe beim aktuellen Schreiben gedacht, es bietet darüber hinaus eine systematische Einführung in die Zeichensetzung, namentlich natürlich in den Gebrauch des Kommas. Wer sich die Kapitel über das Komma durchliest und sich etwas Zeit nimmt, die Entwicklung der Regeln nachzuvollziehen, so wie sie dort Punkt für Punkt eingeführt und erläutert werden, der wird dadurch in kurzer Zeit eine hohe Sicherheit im Gebrauch dieses Satzzeichens gewinnen, weil die Kommasetzung im Deutschen tatsächlich außerordentlich systematisch ist – sie ist nur in der Regel sehr kompliziert dargestellt worden.
Die Zeichensetzung im Deutschen ist im wesentlichen grammatisch bestimmt. Daher läßt sich bei ihrer Erläuterung ein Mindestmaß an grammatischer Begrifflichkeit nicht vermeiden. Das kleine Verzeichnis grammatischer Begriffe am Ende des Buchs versucht hier – soweit dies in dem knappen Rahmen möglich ist – Hilfestellung zu geben.
Einige Sonderkapitel zum Kommagebrauch geben in den Fällen Auskunft, die erfahrungsgemäß besonders häufig Schwierigkeiten bereiten:
das Komma bei Einzelfällen wie Datums- und Wohnungsangaben usw., S. 256 ff.;
eine alphabetische Liste von Konjunktionen, S. 260 ff.;
schließlich Satzmuster als Beipiele für den Gebrauch des Kommas zusammen mit der Konjunktion *und*. S. 260 ff.
Schließlich ein Wort nur **Neuregelung** der Orthographie: Bei der Zeichensetzung ist – glücklicherweise – das meiste beim alten geblieben. Insgesamt kommt sogar die neue Amtliche Regelung bei der Kommasetzung dem System, das wir hier entwickelt haben, ziemlich nahe. Man braucht daher nicht grundsätzlich umzulernen. Geändert hat sich lediglich etwas bei den erweiterten Infinitiven:

Bei nicht „angekündigten" erweiterten Infinitiven braucht künftig kein Komma mehr gesetzt zu werden, es kann jedoch weiterhin gesetzt werden. Vgl. S. 248, Nr. 79 ff. In den meisten Fällen wird sich hier empfehlen, bei der alten Kommasetzung zu bleiben (die ja auch nach der Neuregelung nach wie vor „zulässig" ist). Die zweite Änderung betrifft die Kommasetzung nach zitierten Sätzen – *Er sagte: „Schließen Sie bitte das Fenster!" und fuhr fort*. Die Neuregelung sieht hier vor, daß in jedem Fall nach dem abschließenden Anführungszeichen ein Komma gesetzt wird, wenn der sogenannte „Beisatz", in den der zitierte Satz eingebettet ist, fortgeführt wird wie in unserem Beispiel, also: *Er sagte: „Schließen Sie bitte das Fenster!"***,** *und fuhr fort*. Diese Regelung ist nicht nur unschön, weil sie oft zu einer Häufung von Satzzeichen führt, sie ist in manchen Fällen auch sinnwidrig. Wir raten dringend davon ab und empfehlen, hier bei der alten Regelung zu bleiben.

In jedem Fall wird aber bei den betreffenden Regeln die Neuregelung jeweils vermerkt. Ohnehin wird diese in keinem Fall so bleiben, wie sie 1996 veröffentlicht worden ist. Sie wird in manchen Teilen mehr oder weniger stark überarbeitet werden (müssen), und es ist völlig offen, wie weit sie von der schreibenden Öffentlichkeit letztlich akzeptiert werden wird. Insofern sollte man auch von den Spielräumen Gebrauch machen, die sie selbst eingeräumt hat: Bis zum Jahr 2005 gilt selbst in der Schule die alte neben der neuen Regelung weiter, und wie sich die Situation danach darstellt, das vermag heute niemand zu sagen. Diese Situation räumt jedem die Chance ein, sich an die Regelung zu halten, die ihm die sinnvollste scheint.

Das System der Zeichensetzung, das Sie in diesem Buch erläutert finden, wird jedoch von diesen Schwankungen relativ unberührt bleiben.

Die Kommaregeln im Überblick

Im folgenden Abschnitt fassen wir alle Grundsätze und Regeln der Kommasetzung sowie deren wichtigste Anwendungsfälle zusammen. Die den folgenden Regeln vorangestellten Kennummern verweisen auf den Abschnitt im fortlaufenden Text des Buchs, in dem die betreffende Regel erläutert ist.

22 **G 0:** Sätze, die in einem ununterbrochenen Melodiebogen gesprochen werden bzw. vorgelesen würden, werden nicht durch Kommas unterbrochen.

24 **R 1:** Das einfache Komma trennt gleichartige Satzglieder, sofern sie
a) gleichrangig und
b) nicht durch eine der folgenden Konjunktionen bzw. eines der folgenden Konjunktionenpaare verbunden sind: *und, oder, wie* (= und), *beziehungsweise* (*bzw.*), *ebenso – wie, entweder – oder, nicht – noch, sowohl – als auch/wie auch, sowohl – wie, weder – noch*.
Wichtige Anwendungsfälle:

29 Nebensätze werden dann nicht durch Komma 1 getrennt, wenn sie durch *und, oder, wie, sowie* etc. verbunden werden.

Neuregelung: Zwischen aufgezählte Nebensätze *kann* ein Komma gesetzt werden, auch wenn sie durch *und, oder* etc. verbunden sind, um die Gliederung des ganzen Satzes zu verdeutlichen. Es handelt sich hier um eine *Kann-Regelung*. Wir raten von ihrem Gebrauch ab, da er der klaren Regel 1 widerspricht.

30 Werden Glieder einer Aufzählung durch eines der in R 1 genannten Konjunktionenpaare *ebenso – wie, entweder – oder* usw. verbunden, so wird vor die zweite Konjunktion kein Komma gesetzt.

33 Wird durch die Verknüpfung mehrerer Hauptsätze ein Gedanke ausgedrückt, so sollen sie entsprechend R 1 nicht durch Komma getrennt werden, wenn sie durch *und, oder* usw. verbunden sind.
Dies gilt insbesondere, wenn die Hauptsätze ein gemeinsames Satzglied haben.
Anmerkung: Die „alte" Regelung fordert meist ein Komma zwischen Hauptsätzen, auch wenn sie durch *und, oder* etc. verbunden sind. Die **Neuregelung** ent-

spricht unserer Empfehlung. Nach ihr kann man zwischen durch *und* usw. verbundene Hauptsätze ein Komma setzen, um die Gliederung des ganzen Satzes zu verdeutlichen. Man *muß* es jedoch nicht setzen. Bei komplexeren Sätzen empfielt es sich, dieser Regelung zu folgen.

Gleichartige Satzglieder, insbesondere Attribute in einer Aufzählung werden dann nicht durch Komma 1 getrennt, wenn sie nicht gleichrangig sind. 39
Zur Erläuterung vgl. 37.

Zwischen Determinative (Artikel, Zahlwörter, Pronomen) und Attribute wird kein Komma gesetzt. 43

Gemäß R 1 werden gleichrangige Satzglieder in einer Aufzählung dann durch Komma 1 getrennt, wenn sie durch andere als in R 1 angegebene Konjunktionen verbunden sind. 46

R 2: Satzwertige Satzglieder werden in der Regel durch Komma 2 eingeschlossen, sofern nicht G 0 gilt. 55

R 2.1: Nebensätze werden durch Komma 2 eingeschlossen, sofern nicht folgendes gilt: 56
a) ein Nebensatz in wörtlicher Rede wird durch ein Satzschlußzeichen abgeschlossen (vgl. 87,
b) ein Nebensatz ist Glied einer Aufzählung (vgl. 89 ff.).

R 2.2: Nachgestellte genauere Bestimmungen und Appositionen werden durch Komma 2 eingeschlossen. 69

Anwendungsfall:
Nachgestellte genauere Bestimmungen – die nach R 2.2 in Komma 2 eingeschlossen werden – werden meist durch einen der folgenden Ausdrücke eingeleitet: 73
allerdings, also, auch, ausgenommen, außer, besonders, d. h. (= *das heißt*), *d. i.* (= *das ist*), *insbesondere, nämlich, namentlich, und das, und zwar, vor allem, z. B.*

79 **R 2.3:** Erweiterte Infinitivgruppen mit zu werden in Komma 2 eingeschlossen, sofern sie nicht
a) Teil eines Verknüpfungsprädikats sind (vgl. 83
oder
b) als Ergänzung 1 dem finiten Prädikat des übergeordneten Satzes vorausgehen (vgl. 85)
oder
c) mit dem übergeordneten Satz verschränkt sind (vgl. 86).

88 **Neuregelung:** Infinitivgruppen, die nicht [durch ein vorausgehendes hinweisendes Wort o. ä.] „angekündigt“ sind, brauchen nicht durch (paariges) Komma vom übergeordneten Satz abgetrennt zu werden. Ein Komma kann hier jedoch gesetzt werden, um die Gliederung des Satzes zu verdeutlichen oder um Mißverständnisse zu vermeiden. Hier handelt es sich wohlgemerkt um eine *Kann-Regelung*.
R 2.4: Partizipien und Partipialgruppen werden dann in Komma 2 eingeschlossen, wenn sie als nachgestellte genauere Bestimmungen oder Appositionen verwandt werden.
Zum Komma bei Orts- und Wohnungsangaben, beim Datum, bei Namen und Titeln, bei der Anrede und bei Interjektionen vgl. 94ff.
Schließlich gilt der Grundsatz
54 **G 1:** R 1 geht vor R 2 (vgl. 53 und 74).

Die **Neuregelung** unterscheidet hier folgende Fälle:
1. Ist das letzte Glied der Aufzählung ein Nebensatz und wird danach der Hauptsatz fortgeführt, so wird die gesamte Aufzählung vom folgenden Satz durch Komma abgetrennt; andernfalls nicht.
2. Ein Satz endet mit einer Aufzählung. Beginnt diese mit einem Nebensatz, so wird die Aufzählung durch Komma abgetrennt; andernfalls nicht.
Die anderen hier möglichen Fälle werden nicht geregelt.

Der Punkt

Der Punkt als Satzschlußzeichen

Der Punkt bezeichnet das Ende des Aussage- oder Behauptungssatzes. 1

Beispiele:
Es ist fünf Uhr.
Er ging fort, sie aber blieb.
Hans sang laut in der Finsternis.

Aussage- oder Behauptungssätze sind Sätze, die wir benutzen, um damit Äußerungen des Behauptens und Feststellens usw. zu vollziehen. Diese unterscheiden sich von anderen Äußerungstypen, z. B. der *Bitte* oder *Frage*, dadurch, daß sie wahr (richtig, zutreffend) oder falsch (unzutreffend) sein können.
1 ist – genau genommen – in einem Punkt zu eng. Sätze wie

Morgen gebe ich dir das Geld zurück, Ehrenwort.
oder
Ich verspreche Ihnen, nach dem Rechten zu sehen.
oder
Hiermit taufe ich dich auf den Namen „Albert“.

sind, wenn sie in einer Taufe, zu einem Versprechen usw. geäußert werden, keine Behauptungssätze. Wir bedienen uns ihrer, um damit die Handlung der Taufe, des Versprechens etc. zu vollziehen.

Satzgefüge = Satz, in den Nebensätze eingebettet sind

1 gilt natürlich auch für sogenannte Satzgefüge, sofern der Hauptsatz ein Aussagesatz ist. Denn ein Satzgefüge ist ein Satz, in den ein oder mehrere Sätze als Nebensätze eingeleitet sind.

Beispiele:
Sie rief, sie komme gleich.
Der Zug fuhr ab, nachdem der Schaffner, der die Verspätung aufholen wollte, das Signal gegeben hatte.

[1] gilt also auch, wenn in einen Aussagesatz Frage- oder Wunsch- bzw. Befehlssätze eingebettet werden.

Beispiele:
Er fragte sie, ob sie nicht bleiben könne.
Sie hoffte, daß bald alles überstanden wäre.
Der Anführer befahl, daß sie sich still verhalten sollten.

!

2 Der Punkt wird anstelle eines Ausrufezeichens auch nach Wunsch- oder Befehlssätzen gesetzt, wenn sie ohne Nachdruck gesprochen werden bzw. gelten sollen.

Beispiele:
Ich wünschte, bald ginge es los.
Bitte reichen Sie mir das Buch.
Vgl. § 12 der Gemeindeordnung.

Schreibung ohne Punkt

Keinen Punkt setzt man nach freistehenden Zeilen in Anschriften in Briefen und auf Umschlägen (es sei denn, die betreffende Zeile endete mit einer Abkürzung, die mit Punkt geschrieben wird; vgl. dazu [5]):

Frau	*Herrn*
Ida Metzger	*Ludwig Überbein*
Im Johannistal 99	*Marktplatz 12, 1. OG r.*
52079 Aachen	*41729 Geldern*

– Datumsangaben am Kopf eines Schreibens:
Ludwigsburg, den 25.10. 2002

– Schlußformeln und Unterschriften:

Hochachtungsvoll	*Mit herzlichem Gruß*
Isolde Ingrimm	*Dein Heinz*

– Buch- und Zeitungstitel, Überschriften, Schlagzeilen etc.:
Mein spannendstes Ferienerlebnis (Aufsatzüberschrift)
Clinton trifft Jelzin (Schlagzeile)

Werden in diesen Fällen allerdings Fragen, Aufforderungen o. ä. formuliert, so werden entsprechend Frage- bzw. Ausrufezeichen gesetzt, z. B.:
Nehmen Sie Ihren Hut, Herr Zimmermann!

– Tabellen und Gliederungen:
Unsere Non-Food-Abteilung führt:
Haushaltswaren
Elektroartikel
Farben und Lacke

– Bei Abschnittsgliederungen durch Ziffern setzt man zwischen die einzelnen Ziffern, nicht aber hinter die letzte einen Punkt.

Der Punkt nach Ordinalzahlen

Der Punkt dient zur Kennzeichnung von Ordinalzahlen (Ordnungszahlen). 4

Er wird hier also nicht als Satzschlußzeichen verwandt:
Er starb am 3. Februar.
Josef II. aus dem Hause Habsburg
Es war sein 25. Hochzeitstag.

Der Punkt nach Abkürzungen

Den Punkt setzt man hinter Wörter, die durch einzelne Buchstaben abgekürzt werden, wenn diese im vollen Wortlaut ausgesprochen werden. 5

Beispiele:

usw.	*vgl.*	*Hbf.*	*Tsd.* (für Tausend)
etc.	*z. B.*	*Nr.*	*Mio.* (für Million)

Unter diese Regel fallen auch Abkürzungen von Titeln und Berufsbezeichnungen:
Prof. Dr. Max Müller　　Dipl.-Ing. Heinz Krause

5 gilt auch für Maße, die nicht ins Dezimalsystem gehören:
Pfd. (für: Pfund)　　*Std.* (für: Stunde)

Abkürzungen ohne Punkt

6 Ohne Punkt schreibt man – entsprechend [5] – Abkürzungen, bei denen die abkürzenden Buchstaben als selbständiges Wort gesprochen werden:

LKW	*CDU*	*BGB* (für: Bürgerliches Gesetzbuch)
TÜV	*SPD*	
(aber: F. D. P.)		

Es gibt allerdings eine wichtige Ausnahme von [5]:

7 Keinen Punkt setzt man nach Abkürzungen metrischer Maße und Gewichte, nach denen gebräuchlicher naturwissenschaftlicher und technischer Einheiten, schließlich nach den Abkürzungen für Himmelsrichtungen und Währungen.

Beispiele:

m	*A* (für Ampère)	*DM*
kg	*NW* (für Nordwest)	*öS*

Der Punkt in Verbindung mit anderen Satzzeichen

8 Steht am Satzende ein durch Punkt abgekürztes Wort, so setzt man keinen weiteren Punkt als Satzschlußzeichen:
Das grammatische Subjekt nennt man manchmal auch „Satzgegenstand", „Träger der Handlung" o. ä.

Hinter Auslassungspunkten (...) am Satzende steht kein besonderer Punkt als Satzzeichen:
Man hätte vieles dazu sagen können...

Steht dagegen am Anfang oder Ende eines durch ... bezeichneten ausgelassenen Textteils ein Komma, so muß dies gesetzt werden, falls der Satzzusammenhang es erfordert.

Ein Abkürzungspunkt vor Auslassungspunkten wird immer gesetzt.
Richter a. D. ...

Wird ein Satz mittels Gedankenstrichen in einen anderen Satz eingeschoben, so wird er nicht durch einen Punkt abgeschlossen:
Die Frau – sie war erst 23 Jahre alt – ging entschlossen zu Werke.

Entsprechendes gilt, wenn ein Satz mittels Anführungszeichen als Zitat in einen anderen eingebettet wird:
Das Sprichwort „Wem Gott gibt ein Amt, dem gibt er auch Verstand“ brachte ihn zum Lachen.

Das Fragezeichen

Das Fragezeichen wird heute fast nur noch als Satzschlußzeichen verwandt. Früher übliche Verwendungen im Satzinneren mit folgender Kleinschreibung sind unüblich geworden.

Schreibung mit Fragezeichen

Das Fragezeichen steht nach vollständigen Fragesätzen, Fragewörtern und anderen Wortfolgen, sofern sie zum Ausdruck selbständiger Äußerungen des Fragens benutzt werden. **9**

9 gilt danach erstens für vollständige Fragesätze:
Wer hat ihn gesehen?
Hat sie gesagt, ob sie kommt?
Du kommst doch morgen?

Das letzte Beispiel zeigt, daß der Gebrauch des Fragezeichens nicht von der Satzform abhängt – denn dieses Beispiel hat die Form der Aussage –, sondern vom Gebrauch des Satzes als Frage. Daher die auf den ersten Blick etwas unverständlich erscheinende Formulierung von 9.
Nach 9 wird das Fragezeichen auch nach einzelnen Fragewörtern und Wortfolgen gesetzt, sofern diese zum Ausdruck selbständiger Fragen dienen:
Ich komme morgen. – *Wann? Mit welchem Zug? Allein?*
Wie trinkst du den Kaffee? Mit oder ohne Sahne?

Bei in einem Satz zitierten Fragen, zu denen insbesondere direkte abhängige Fragesätze zählen, wird das Fragezeichen ganz regelmäßig nach 9 gesetzt und steht dann innerhalb der das Zitat kennzeichnenden Anführungszeichen. **10**

Beispiele:
Auf die Frage „Wem?“ steht der Dativ.
„Wohin des Weges?“ fragte er.
Neuregelung: *Wohin des Weges?“, fragte er.*
Von dieser Regelung ist abzuraten. Vgl. 115.
Sie fragte ihn: „Gehen wir heute abend ins Kino?“

Durch die Einbettung einer zitierten Frage, z. B. eines Romantitels, in eine selbständige Frage kann es zu folgender Schreibweise kommen:
Kennst du den Roman „Wo warst du Adam?“?

Schreibung ohne Fragezeichen

11 Gemäß der Formulierung von 9 wird ein Fragezeichen nur nach Ausdrücken gesetzt, die zur Formulierung selbständiger Äußerungen des Fragens dienen. Es wird danach also insbesondere nicht nach Ausrufen in Frageform und nach abhängigen Fragesätzen gesetzt (sofern diese nicht in eine selbständige Frage eingebettet sind).

Beispiele:
Ist das denn zu glauben!
Sie fragte ihn, ob sie heute abend ins Kino gingen.

Aber:
Hat er sie tatsächlich gefragt, ob sie ihn heiraten wolle?

Das eingeklammerte Fragezeichen

12 Dieses Zeichen fällt nicht unter 9. Es dient generell dazu, vom Schreiber in ihrem Wahrheitsgehalt bezweifelte Äußerungsteile als solche zu kennzeichnen:
Er behauptet, der entgegenkommende Fahrer habe die gesamte (?) linke Seite seines Fahrzeugs beschädigt.

Das Ausrufezeichen

Schreibung mit Ausrufezeichen

Das Ausrufezeichen hat zwei verschiedene Funktionen

13 Das Ausrufezeichen wird zur Kennzeichnung zweier grundsätzlich verschiedener Äußerungstypen verwendet: Mit dem einen wenden wir uns an einen Kommuni-

kationspartner (13), mit dem anderen geben wir eigene Gefühle, Gemütsbewegungen etc. kund (14).
Das Ausrufezeichen steht nach vollständigen Sätzen, Wörtern oder Wortfolgen, sofern sie zum Ausdruck selbständiger Äußerungen des Bittens, Wünschens, Befehlens, Verbietens, Warnens o. ä. benutzt werden.

13 gilt natürlich zunächst für vollständige Sätze, die einen Wunsch, Befehl, eine Bitte o. ä. ausdrücken:
Bitte füllen Sie diesen Fragebogen aus!
Bleiben Sie sofort stehen!
Wollen Sie mir bitte diese Frage beantworten!

Nach 14 wird das Ausrufezeichen auch nach Wörtern oder Wortfolgen gesetzt, sofern sie zum Ausdruck selbständiger Wünsche, Bitten, Befehle, Warnungen etc. verwendet werden:
Halt!
Ab durch die Mitte!
Vorsicht Glas!

Das Ausrufezeichen steht nach vollständigen Sätzen, Wörtern oder Wortfolgen, sofern sie zum Ausdruck selbständiger Äußerungen von Gefühlen, Gemütsbewegungen etc. dienen. 14

Beispiele:
Wie mich das freut!
Herzlich willkommen!
Tor!
Glück auf!
Ach!

Briefanrede

Eine konventionalisierte, d. h. zur Formel erstarrte Form der in 14 beschriebenen Äußerungen ist die Briefanrede:
Sehr geehrter Herr Müller!
Verehrte Frau Kollegin!

Das folgende Wort wird in diesem Fall groß geschrieben. Da sich in den gebräuchlichen Anredeformeln in der Tat keinerlei persönliche Einstellung des

Schreibers mehr zeigt, setzt man heute in der Regel nach der Briefanrede das Komma.

15 Wie beim Fragezeichen sei auch kurz der Fall erwähnt, daß Äußerungen des Wünschens, Befehlens etc. bzw. Äußerungen der Gemütsbewegungen in anderen Sätzen zitiert werden. Das Ausrufezeichen wird dann gemäß den Regeln 13 bzw. 14 innerhalb der Anführungszeichen gesetzt:

Er rief: „Bleiben Sie stehen!" und sah mich an.
Auf das Kommando „Los!" starteten die Läufer.
„Vorsicht Glas!" ist auf vielen Paketen zu lesen.
Sein „Herzlich willkommen!" klang reichlich gequält.

Neuregelung: Im ersten Beispiel wird nach dem abschließenden Anführungszeichen ein Komma gesetzt. Vgl. die Anmerkung dazu in 115.

Schreibung ohne Ausrufezeichen

16 Nach unselbständigen Äußerungen des Wünschens, Befehlens etc. oder nach unselbständigen Äußerungen von Gemütsbewegungen etc. steht nach 13 bzw. 14 kein Ausrufezeichen:

Ich wünschte, es wäre endlich soweit.
Sie erwiderte, wie sie das freue.

Aber:
Sage mir, wer er ist!

Die Setzung des Satzschlußzeichens richtet sich nach dem Sinn des Hauptsatzes

Auch diese Beispiele zeigen wieder, daß sich die Setzung des Ausrufezeichens – wie die der anderen Satzzeichen – nach dem Sinn der durch den Hauptsatz ausgedrückten Äußerung richtet.

Kein Ausrufezeichen wird auch in folgenden Fällen gesetzt:
a) nach der Grußformel am Briefschluß:
Mit freundlichen Grüßen
Ihr …
Hochachtungsvoll

b) nach Wunsch- oder Befehlssätzen, die ohne Nachdruck gesprochen werden bzw. gelten sollen.
Bitte geben Sie mir das Buch.

Das eingeklammerte Ausrufezeichen

Der Gebrauch dieses Zeichens fällt nicht unter 13 oder 14. Es dient generell dazu, vom Schreiber besonders hervorgehobene oder auch bezweifelte Äußerungen bzw. Teile von Äußerungen als solche zu kennzeichnen: 17
Er behauptet, diese Aufgabe ohne fremde Hilfe (!) gelöst zu haben.

Der kombinierte Gebrauch von Ausrufe- und Fragezeichen

Dient ein Satz gleichzeitig zur Kundgabe einer Äußerung des Erstaunens und des Zweifels o. ä., so werden Ausrufe- und Fragezeichen gelegentlich zusammen benutzt: 18
Kohl hat tatsächlich Englisch gelernt!?

Das Komma

Das Komma verdeutlicht die syntaktische Gliederung des Satzes

Das Komma, gelegentlich auch Beistrich genannt, wird in der heutigen Schreibung des Deutschen fast ausschließlich dazu benutzt, die syntaktische Gliederung des Satzes zu verdeutlichen, d. h. dem Leser Hinweise darauf zu geben, wie der Schreiber des Textes Wörter oder Wortgruppen zu Satzgliedern zusammenfaßt, um aus ihnen den Sinn des Satzes und damit der Äußerung aufzubauen. 19

Dazu zwei Beispiele:
a_1 *Er versprach uns, nach Hause zu fahren.*
a_2 *Er versprach, uns nach Hause zu fahren.*
b_1 *Lisa, meine Frau, und ich gingen ins Theater.*
b_2 *Lisa, meine Frau und ich gingen ins Theater.*

(a_1) und (a_2) unterscheiden sich bezüglich der Angabe, wem das betreffende Versprechen gegeben wird und wer nach Hause fährt bzw. gefahren wird; in (b_1) ist von zwei Personen die Rede, in (b_2) dagegen von drei.

Das Komma wird in zwei verschiedenen Funktionen benutzt. Es gibt zwei verschiedene Kommatypen

Diese Beispiele weisen schon darauf hin, daß das Komma innerhalb des Satzes zu verschiedenen Zwecken benutzt wird. Es ist deshalb das bei weitem wichtigste, zugleich aber eben deswegen auch in seiner Anwendung das bei weitem schwierigste Satzzeichen. Viele dieser Schwierigkeiten beruhen darauf, daß man früher nicht immer deutlich zwei unterschiedliche Typen des Kommas unterschieden hatte: das *einfache* und das *paarige* Komma. Die Kommasetzung läßt sich dann auf wenige Grundregeln zurückführen.

Rhetorisches und grammatisches Prinzip

Die Grundlagen unserer Kommasetzung

20 Unser heutiges Komma hat sich aus einem Zeichen entwickelt, das ursprünglich dazu diente, Intonationsabschnitte beim lauten Vorlesen eines Textes zu bezeichnen. Sinnvoll gesetzte Pausen sollten dem Hörer das Auffassen zusammengehörender Sinnabschnitte und damit das Verständnis des Textes insgesamt erleichtern. Unter Umständen kann eine unterschiedlich gesetzte Pause beim Sprechen bzw. Vorlesen sogar einen Sinnunterschied bezeichnen, z. B.:
Wir verabredeten uns / noch abends schwimmen zu gehen.
Wir verabredeten uns noch abends / schwimmen zu gehen.

Sprechpausen können aber auch dort, wo nicht die Gefahr der Doppeldeutigkeit gegeben ist, dazu dienen, das Zusammenfassen von Wörtern oder Wortgruppen in Sinneinheiten zu erleichtern.

Beispiel:
Es war vorauszusehen / daß die protestantischen Unionisten / das zwischen London und Dublin ausgehandelte Vertragswerk über die Zukunft Nord-Irlands / als Verrat und Ausverkauf verketzern würden.

Rhetorisches Prinzip

Als *rhetorisches Prinzip* der Kommasetzung bezeichnet man also den Grundsatz, durch Kommas in einem schriftlichen Text singliedernde Intonations- oder Sprechpausen beim Sprechen bzw. Vorlesen dieses Textes zu kennzeichnen.

Dieses Prinzip war in Zeiten sinnvoll, in denen lautes Vorlesen von Texten üblich war. Es mußte in dem Maße, in dem immer mehr Menschen das Lesen erlernten und in dem das private, „stille" Lesen üblich wurde, an Bedeutung verlieren.

Grammatisches Prinzip

Schon im 17. und 18. Jahrhundert gehen deshalb Grammatiker daran, neue Grundsätze der Kommasetzung zu entwickeln. Das Komma soll nun nicht mehr Redeabschnitte unterscheiden, sondern die syntaktische Gliederung des Satzes anzeigen, d. h. Satzglieder von anderen unterscheiden. Das Komma wird damit zu einem Hilfsmittel, den Sinngehalt eines schriftlichen Textes im „stillen" Lesen, d. h. ohne den „Umweg" über das laute Vorlesen unmittelbar zu erfassen. Diesen Grundsatz der Kommasetzung wollen wir als *grammatisches Prinzip* bezeichnen. „Restbestände" des rhetorischen Prinzips sind allerdings auch in der heutigen Kommasetzung vorhanden.

Der Grundsatz G 0

Unser heutiger Gebrauch des Kommas hat sich als eine Art „Kompromiß" zwi- 21
schen rhetorischem und grammatischem Prinzip eingespielt. Das grammatische Prinzip würde, strikt verstanden, ja fordern, zwischen zwei verschiedene Satzglieder jeweils ein Komma zu setzen. Der erste Satz dieses Abschnitts müßte danach folgendermaßen geschrieben werden:
Unser heutiger Gebrauch des Kommas, hat sich, als eine Art „Kompromiß" zwischen rhetorischem und grammatischem Prinzip, eingespielt.

Einen solch ausgedehnten Gebrauch des Kommas würden wir als „störend" empfinden. Tatsächlich besagt das grammatische Prinzip nicht mehr, als daß das Komma unter bestimmten Umständen dazu benutzt wird, die syntaktische Gliederung des Satzes anzudeuten, nämlich erstens zur Unterscheidung gleichrangiger gleichartiger Satzglieder, zweitens zur Abtrennung satzwertiger Satzglieder vom übergeordneten Satz. Gerade diese Fälle zeichnen sich aber in der Regel dadurch aus, daß sie mit dem rhetorischen Prinzip durchaus übereinstimmen.

Der heutige Gebrauch des Kommas im Deutschen setzt ein rhetorisches Prinzip (G 0) voraus

Die eingeschränkte Geltung des grammatischen Prinzips läßt sich danach am besten so erklären, daß das rhetorische Prinzip selbst für heutige geschriebene Texte noch eine bestimmte, und zwar negative Geltung bewahrt hat, indem es

nämlich besagt, wo der Text nicht durch Pausen unterbrochen werden sollte, sofern er gesprochen würde.
In diesem Sinne bleibt also das rhetorische Prinzip die logische Grundlage der Kommasetzung. Dies wollen wir genauer betrachten, um daraus den Grundsatz der Kommasetzung (G 0) abzuleiten, auf dem die beiden Hauptregeln (R 1 und R 2) aufbauen:
Eine bekannte Regel der „alten" Kommasetzung lautet, daß der erweiterte Infinitiv mit *zu* vom übergeordneten Satz durch Kommas abgetrennt wird, z. B. in:

Beispiele zur Ableitung von G 0

a_1 *Er ging fort, ohne sich ein einziges Mal umzusehen.*
a_2 *Wir hatten versprochen, euch morgen zu besuchen.*
a_3 *Ich will versuchen, dies aufzuklären.*
Neuregelung: *Ich will versuchen(,) dies aufzuklären.*
Das Komma beim erweiterten Infinitiv kann gesetzt werden, um die Gliederung des Satzes zu verdeutlichen. Es muß aber nicht gesetzt werden. Wir raten von dieser Regelung ab. Vgl. Regel 2.3 auf S. 248, 79.

Obwohl diese Regelung zum „ehernen Bestand" jedes Regelwerks über die Zeichensetzung zählt bzw. bislang zählte, werden Infinitivgruppen mit *zu* in bestimmter Wortstellung nicht durch Kommas vom Satz abgetrennt:
b_1 *Wir hatten euch morgen zu besuchen versprochen.*
b_2 *Ich will dies aufzuklären versuchen.*
b_3 *Er hat nicht dagegen anzugehen gewagt.*
b_4 *Den zu erstattenden Betrag bitte ich Sie auf mein Konto zu überweisen.*

Erklären läßt sich dieser vermeintliche Widerspruch nur, wenn man annimmt, daß die veränderte Wortstellung etwas bewirkt, das die „regelmäßige" Kommasetzung in diesen Fällen verhindert.
Betrachten wir folgende Fälle:
c_1 *Dieses Problem werde ich zu lösen versuchen.*
c_2 *Dieses Problem werde ich versuchen zu lösen.*
c_3 *Ich werde versuchen, dieses Problem zu lösen.*

Diese Sätze verstehen wir in gleichem Sinne. Unterschiede ergeben sich allenfalls auf stilistischer Ebene.
(c_3) unterscheidet sich aber von (c_1) bzw. (c_2) in der Art, in der es laut vorgelesen würde. Während (c_3) durch ein Absenken der Stimme bzw. durch eine Sprechpause hinter *versuchen* unterbrochen würde – entsprechend hinter *fort* in (a_1), *versprochen* in (a_2), *versuchen* in (a_3) –, verhindert die Verschränkung in (c_1) bzw. (c_2) eine solche

Sprechpause; diese Sätze werden bzw. würden in einem einzigen Melodiebogen (Spannungsbogen) gelesen. Entsprechendes gilt für die Sätze (b_1) bis (b_4). Wir können daher als Grundsatz der Kommasetzung formulieren:

G 0: Sätze, die in einem ununterbrochenen Melodiebogen gesprochen werden bzw. vorgelesen würden, werden nicht durch Kommas unterbrochen. 22

Die zwei Arten des Kommas

Komma 1 = einfaches Komma
Komma 2 = paariges Komma

Das Komma wird zur Bezeichnung zweier grundsätzlich verschiedener syntaktischer Verhältnisse gebraucht, also in zwei verschiedenen Funktionen: einmal zur Unterscheidung gleichrangiger gleichartiger Satzglieder, zum anderen zur Unterscheidung eines bestimmten Typus von Satzgliedern, nämlich satzwertiger Konstituenten (d. h. Nebensätze, bestimmte Infinitivkonstruktionen usw.) von anderen. In der ersten Funktion wird das Komma immer nur als einzelnes Zeichen gebraucht (…, …). In der anderen Funktion tritt es grundsätzlich paarweise auf (…, …, …), es sei denn, die abzutrennende satzwertige Konstituente stünde am Anfang oder Ende des Satzes, sodaß eines der beiden Kommas auf einen Punkt fällt und damit überflüssig wird, oder bei einer Verschachtelung mehrerer satzwertiger Konstituenten fallen zwei Kommas zusammen. 23
Wir sprechen daher vom einfachen und vom paarigen Komma und formulieren in den folgenden Abschnitten für jeden Kommatypus eine Grundregel, nämlich für das einfache Komma, das wir der Kürze halber Komma 1 nennen, die Regel 1 und für das paarige Komma Komma 2 die Regel R 2. Dort wird die Funktion beider Kommatypen genauer beschrieben.

Das einfache Komma (Komma 1)

R 1: Das einfache Komma trennt gleichartige Satzglieder, sofern sie 24
a) gleichrangig und
b) nicht durch eine der folgenden Konjunktionen bzw. eines der folgenden Konjunktionenpaare verbunden sind:

und
oder
wie (in der Bedeutung von *und*)
sowie (in der Bedeutung von *und*)
beziehungsweise (bzw.)
ebenso – wie
entweder – oder
nicht – noch
sowohl – als auch/wie auch
sowohl – wie
weder – noch

Die Regel scheint auf den ersten Blick etwas kompliziert. Wir erläutern sie deshalb in mehreren Schritten:

Gleichartigkeit von Satzgliedern

25 Gleichartig werden zwei Satzglieder genannt, wenn sie im Satz dieselbe syntaktische Funktion erfüllen. Alle Wörter oder Wortfolgen, die z. B. das Prädikat oder die Ergänzung 1 (das Subjekt) eines Satzes oder ein Attribut innerhalb einer Ergänzung usw. bilden können, werden in diesem Sinne „gleichartig" genannt. Treten in einem Satz mehrere gleichartige Satzglieder auf, so spricht man oft von einer Aufzählung.

In vielen Regelwerken findet man daher die verkürzte Regel, daß das Komma die Glieder einer Aufzählung trennt, sofern sie nicht durch *und* oder *oder* verbunden sind. Diese Formulierung ist jedoch zu ungenau.

26 Aufgezählt werden können in diesem Sinne natürlich gleichartige Satzglieder, die aus derselben Wortart gebildet werden, z. B.

Aufzählungen gleichartiger Satzglieder

Verben:
Er kam, sah und siegte.
Schau rechts, schau links, geh geradeaus …
Man kann damit schwimmen, reiten, tanzen.

Adjektive:
ein großer, alter, sagenumwobener Baum
ihre prächtigen, gelockten Haare
viele einfache, zutreffende, schlagende Beispiele

Eigennamen:
Hans, Ida, Klaus und Edith gingen ins Kino.
Willy Brandt, Herbert Wehner und Helmut Schmidt, die Troika der SPD in den 70er Jahren

Substantive:
Gebäude, Straßen, Parkanlagen, alles war von tiefem Schnee bedeckt.
Wir führen Fahrräder, Motorräder, Zubehör.

Pronomen:
Ich, du und viele andere denken ebenso.

Zahlwörter:
Zwei, drei, zu viele gegnerische Stürmer standen ungedeckt im Strafraum.

Präpositionen:
Auf, unter, neben dem Tisch, überall lagen Berge von Papier.

Unsere Beispielliste ist nicht vollständig. Es können Kontexte vorkommen, in denen sogar Artikel oder Konjunktionen im Sinne unserer Definition aufgezählt werden können:
Sodaß oder weil folgendes gilt?
die, nicht eine Sängerin unseres Jahrhunderts

Aufgezählt werden können aber auch gleichartige Satzglieder, die nicht aus der- 27
selben Wortart gebildet werden.

Gleichartige Satzglieder können aus verschiedenen Wortarten gebildet werden

Beispiele:
Finites Prädikat:
Er fährt, kann schwimmen und ist obendrein prächtig anzusehen.

Subjekt:
Hans, seine Freunde und alles, was sonst zwei Beine hat, stürzten zum Eingang.

Akkusativ-Objekt:
Man sah dort die kostbarsten Kleider, Schmuck, Hüte für alle Jahreszeiten und was sonst immer das Herz begehrte.

Attribut:
Die wichtigste, alle Anwesenden gleichermaßen erregende Frage lautete …

Aufzählungen gleichartiger Satzglieder ohne Komma

Die Bedingungen (a) und (b) von R 1 schränken die Anwendung dieser Regel ein. Ist eine dieser beiden Bedingungen nicht erfüllt, so wird in einer Aufzählung kein Komma gesetzt. Die allgemeine Definition des Begriffs des gleichrangigen Satzgliedes ist schwierig; für die Erklärung von R 1 genügt es, ihn für wenige Fälle zu erläutern. Dies werden wir bei der Erörterung dieser Fälle tun.

Erläuterung der Bedingung (b) von R 1

Wir beginnen mit der Erläuterung der Bedingung (b). Da unter (b) sowohl einzelne Konjunktionen als auch Konjunktionspaare aufgeführt sind, behandeln wir der Klarheit wegen diese beiden Fälle gesondert:

28 Tritt zwischen die Elemente einer Aufzählung gleichartiger Satzglieder eine der in R 1 aufgezählten Konjunktionen, so wird an dieser Stelle kein Komma gesetzt.

Beispiele:
ich, du und mehrere andere
Er bezahlte, stand auf und ging.
Sein oder Nichtsein, das ist hier die Frage.
Er fährt bei gutem wie schlechtem Wetter.
... dank der gründlichen, zeit- sowie kostenaufwendigen Vorbereitungen
... nicht durch eine der folgenden Konjunktionen bzw. der folgenden Konjunktionenpaare ...

Ein wichtiger Fall dieser Sonderregelung ist die Verknüpfung von Nebensätzen in einer Aufzählung. Auf sie angewendet besagt R 1 dann einfach:

29 Nebensätze werden dann nicht durch Komma 1 getrennt, wenn sie durch *und, oder, wie, sowie* oder *beziehungsweise* (*bzw.*) verbunden werden.

Anwendung von R 1 auf Nebensätze

Beispiele:
a *Er sagte, daß er dies nicht zusagen könne und deswegen noch einmal nachfragen müsse.*

b *Wovon man träumt oder wonach man sich sehnt, ist von Mensch zu Mensch verschieden.*
c *Er fragte ihn, wie er darüber denke und ob er zufrieden sei.*
d *Er behauptete, er sei krank und seine Frau müsse ihn pflegen.*

Das Komma hinter *sagte* in (a), *sehnt* in (b), *ihn* in (c) und *behauptete* in (d) ist durch 29 nicht berührt. In 29 ist ja nur vom Komma 1 zwischen Nebensätzen die Rede. Würde z. B. in (a) das *und* durch *sondern* ersetzt, so würde vor *sondern* ein Komma, nämlich Komma 1, gesetzt:

Er sagte, daß er dies nicht zusagen könne, sondern deswegen noch einmal nachfragen müsse.

Die in den Beispielen (a) bis (d) gesetzten Kommas sind vom Typ Komma 2, den wir noch nicht erläutert haben. Dieses Problem können wir erst später behandeln (vgl. S. 232, 56 ff.).
Neuregelung: Dem Wortlaut der **Neuregelung** zufolge kann auch zwischen Nebensätze ein Komma gesetzt werden, die durch *und*, *oder* usw. verbunden sind. Also z. B.:
Er sagte, daß er dies nicht zusagen könne, und deswegen noch einmal nachfragen müsse.
Wir raten grundsätzlich von dieser Regelung ab. Sie widerspricht der **Neuregelung** der Kommasetzung zwischen Hauptsätzen, vgl. 33.

Wir können nun die Konjunktionenpaare aus R 1 behandeln:

!

Werden Glieder einer Aufzählung durch eines der in R 1 genannten Konjunktionenpaare *ebenso – wie, entweder – oder* usw. verbunden, so wird vor die zweite Konjunktion kein Komma gesetzt. **30**

Aufzählung von Aufzählungen

Damit ist nichts darüber ausgesagt, ob vor die erste Konjunktion ein Komma gesetzt wird. Dies ist natürlich möglich: Da es überhaupt nur zwei Fälle gibt, in denen ein Komma gesetzt wird, nämlich entsprechend R 1 bei Aufzählungen oder entsprechend R 2 bei Abtrennungen satzwertiger Satzglieder vom übergeordneten Satz, könnte vor die erste Konjunktion ein Komma gesetzt werden

1., wenn die durch eines der Konjunktionenpaare *ebenso – wie, entweder – oder* usw. verbundene Aufzählung ihrerseits Glied einer anderen Aufzählung ist, z. B. in

Weder Freud noch Leid, weder Trauer noch Not, weder Jammer noch Klagen konnten ihn bewegen.
Er ist ebenso eitel wie dumm, sowohl borniert als auch ausländerfeindlich, weder selbstkritisch noch Argumenten zugänglich.

Aufzählungen in satzwertigen Satzgliedern (Komma 2)

2., wenn eine solche Aufzählung am Anfang eines gemäß R 2 durch Kommas vom übergeordneten Satz abgetrennten satzwertigen Satzgliedes steht, z. B. in
Nichts konnte ihn mehr erfreuen, weder Weib noch Gesang, weder Essen noch Trinken …
Sie war eine außergewöhnliche Erscheinung, ebenso attraktiv wie gewitzt …

Beispiele für durch Konjunktionenpaare verbundene Aufzählungen:
Er ist ebenso groß wie sein Bruder.
Sie ist ebenso künstlerisch begabt wie er wissenschaftlich.

Entsprechend dem Grundsatz *R 1 geht vor R 2*, den wir hier allerdings noch nicht entwickelt haben (vgl. S. 231, 54), würde auch im folgenden Fall kein Komma gesetzt:
Sie ist ebenso künstlerisch begabt wie er politisch engagiert ist.
Er ist entweder zu Hause oder im Büro.
Da hilft nicht zittern noch zagen.
Er half sowohl den eigenen als auch anderen Kindern.
Dieses Gerät dient sowohl zum Zerkleinern von Gemüse wie auch zum Zubereiten von Teig.
Man konnte sich weder auf ihn verlassen noch ihm ein Wort glauben noch ihm gar Geld leihen.

Hauptsätze als Glieder einer Aufzählung

Auch Hauptsätze lassen sich aufzählen

31 Ein besonders zu behandelnder Sonderfall der Aufzählung gleichartiger Satzglieder ist die Aufzählung von Hauptsätzen.

Ist die Bezeichnung von Nebensätzen als Satzglieder auch ohne größere Schwierigkeiten nachvollziehbar, weil Nebensätze eben als solche unselbständig sind und somit immer Teil eines übergeordneten Satzes sein müssen, so dürfte es doch manchen Leser befremden, wenn Hauptsätze als Satzglieder bezeichnet werden. Dies soll ja nicht heißen, daß Hauptsätze, d. h. Sätze, die zum Ausdruck selbständiger Sprechhandlungen benutzt werden können, als Teile bzw. Glieder einer übergeordneten Einheit behandelt werden, z. B. eines Textes. Sondern es bedeutet, daß ein Hauptsatz Glied eines Hautpsatzes sein soll, ohne deswegen Nebensatz zu sein. Wie kann dann – so wird sich mancher fragen – ein selbständiges Ganzes Teil von sich selbst sein? Dennoch hat diese Redeweise einen guten Sinn. Betrachten wir z. B.

a *Er wachte auf und sah in den Spiegel.*

b *Sie kam an und er fuhr ab.*

In beiden Fällen deutet das *und* darauf hin, daß hier gleichartige Konstituenten miteinander verbunden werden. In (b) ist dies offenkundig: *Sie kam an* ist ebenso Hauptsatz wie *er fuhr ab*. In (a) ist offenkundig *er wachte auf* Hauptsatz; die Verknüpfung durch *und* zwingt dazu, *sah in den Spiegel* genauso wie *wachte auf* auf *er* zu beziehen. Und das heißt ja, daß wir *er + sah in den Spiegel* in derselben Weise zu einem Satz verknüpfen wie *er + wachte auf*. (a) und (b) fassen wir jeweils als eine Äußerung, einen Gedanken auf; (a) will einen Zusammenhang von Aufwachen und In-den-Spiegel-sehen ausdrücken, (b) den Gegensatz von Ankunft und Abfahrt. Wir können daher einräumen, daß es eine Art „Grenzfall" darstellt, wenn man Hauptsätze noch als Konstituenten (nämlich von Hauptsätzen) auffaßt, daß dies jedoch in den Fällen sinnvoll ist, in denen man durch Verknüpfung zweier Hauptsätze einen zusammenhängenden Gedanken ausdrücken will.

Die Aufzählung von Hauptsätzen läßt sich nicht durch Regeln erfassen

Wir können also R1 auch noch auf die Aufzählung von Hauptsätzen anwenden. 32
Daraus ergibt sich als erstes, daß die alte Schulregel:

Hauptsätze werden durch Kommas getrennt, auch wenn sie durch *und* oder *oder* verbunden sind

genau genommen falsch ist. Gehören Hauptsätze nämlich in dem Sinn „eng zusammen", daß sie einen Gedanken ausdrücken, so werden sie, wenn sie durch *und, oder, entweder – oder, weder – noch* usw. (vgl. R 1) verbunden sind, in der Regel nicht durch Komma getrennt. Die Verwendung dieser Konjunktionen bzw. Konjuntionenpaare deutet den gedanklichen Zusammenhang gerade an.

Dies gilt insbesondere dann, wenn wie in Beispiel (a) im Abschnitt 31 die beiden Hauptsätze ein Satzglied gemeinsam haben.

Aufzählungen von Hauptsätzen ohne Komma 1

Beispiele (das gemeinsame Satzglied ist jeweils hervorgehoben):

Sie ging einkaufen und fuhr danach ins Büro.

Er haßte und sie liebte *ihn*.

Jeden Samstag ist *er* auf dem Fußballplatz und trinkt danach einen.
Nachdem sie gegessen hatten, räumte er auf und brachte sie die Gäste nach Hause.
Wir weichen an dieser Stelle also von der alten Duden-Regelung ab und empfehlen folgendes Prinzip:

33 Wird durch die Verknüpfung mehrerer Hauptsätze ein Gedanke ausgedrückt, so sollten sie entsprechend R1 nicht durch Komma getrennt werden.

Neuregelung: Diese Empfehlung entspricht genau der **Neuregelung**. Nach ihr *kann* zwischen Hauptsätze ein Komma gesetzt werden, die durch *und*, *oder* usw. verbunden sind, um die Gliederung des Satzes zu verdeutlichen, es *muß* aber keines gesetzt werden. Unsinnig ist allerdings die Ausweitung dieser Regelung auch auf Nebensätze, denn damit ermöglicht man dort, was man bei den Hauptsätzen gerade abschaffen will.
Beispiele:
Seien Sie so gut und öffnen Sie das Fenster.
Er schob den Wagen an und sie lenkte.
Das hat ihm weder genützt noch hat es ihm sonderlich geschadet.

Hauptsätze, wenn sie nicht durch *und, oder* usw. verbunden sind, werden in jedem Fall durch Komma 1 getrennt.

Aufzählungen von Hauptsätzen mit Komma 1

Beispiele:
a *Sie hörte nicht zu, darum ging er.*
b *Es regnete, aber das Spazierengehen machte ihm doch Freude.*
c *Er war unter Termindruck, deshalb arbeitete er durch.*
Wegen der Analogie (Entsprechung) zu den Beispielen (a) und (c) würden wir auch in Fällen wie
Sie hörte nicht zu, und aus diesem Grund ging er.
Komma 1 setzen.

34 Verkürzte Hauptsätze werden in diesem Fall wie vollständige Sätze behandelt:
Er gewann ständig, darum seine Freude.
Er gewann meistens, aber nicht immer.

Daß es sich bei *darum* usw. um sogenannte nebenordnende, also eine Aufzählung organisierende Konjunktionen handelt, kann man leicht daran erkennen, daß hier

an die Stelle des Kommas auch ein Punkt oder Semikolon hätte gesetzt werden können. Deshalb kann es sich bei diesem Komma nicht um Komma 2 handeln.
Bei Hauptsätzen als Gliedern einer Aufzählung handelt es sich also um einen Grenzfall. Systematisch hätten die zuletzt diskutierten Beispiele natürlich unter 46 abgehandelt werden müssen. Wir haben der Übersichtlichkeit halber das Komma bei Hauptsätzen in einem Zusammenhang behandelt.

Aufzählungen gleichartiger Satzglieder mit Komma

Erläuterungen der Bedingung (a) von R 1

Gemäß R 1 werden gleichartige Satzglieder durch Komma getrennt, wenn sie a) gleichrangig und b) nicht durch eine der Konjunktionen bzw. Konjunktionenpaare *und, oder* usw. verbunden sind. Den Fall (b) haben wir im Abschnitt *Aufzählung gleichartiger Satzglieder ohne Komma* auf S. 212, Nr. 28 behandelt, (a) erläutern wir nun an einem Fall, wo diese Bedingung eine wichtige Rolle spielt, nämlich bei den Adjektiv-Attributen.

Komma 1 bei Adjektiv-Attributen: der Begriff der Gleichrangigkeit

Adjektivprädikat

Adjektive wie *groß, schön, bunt, süß, jung, alt* usw. werden „normalerweise" entweder benutzt, um Adjektivprädikate zu bilden, also z. B. Ausdrücke wie 35
... ist groß, ... bist schön, ... bin jung, ... seid alt, ... sind bunt usw.,
oder um ein durch ein anderes Wort bzw. eine Wortgruppe benanntes Objekt näher zu charakterisieren. Im Deutschen tritt das Adjektiv dann vor dieses Wort bzw. die Wortgruppe. Es wird in diesem Fall als Attribut verwendet und nimmt den Fall (Kasus) des Wortes bzw. der Wortgruppe an – meist eines Substantivs, das es näher bestimmt:

Adjektivattribut

a_1 *ein hoher Turm*
b_1 *das schönste Konzert der Saison*
c_1 *ein eindrucksvolles Zeugnis*
d_1 *sein lockeres Auftreten*

Attribute lassen sich in Relativsätze umwandeln

Formal lassen sich diese Attribute dadurch kennzeichnen, daß sie in einen Relativsatz umgewandelt werden können, z. B. in:

a_2 *ein Kirchturm, der hoch ist*
b_2 *das Konzert, das das schönste der Saison war*
c_2 *ein Zeugnis, das eindrucksvoll ist*
d_2 *sein Auftreten, das locker war*

In (a_2) bis (d_2) übernimmt der Relativsatz die Funktion, das Bezugswort (*Kirchturm, Konzert, Zeugnis, Auftreten*) näher zu bestimmen; das jeweilige Adjektiv-Attribut aus (a_1) bis (d_1) bildet in (a_2) bis (d_2) mit einer bestimmten (finiten) Form von *sein* jeweils ein Adjektivprädikat. Es wird dann nicht flektiert (gebeugt), also *hoch* statt *hoher* usw.

Diese Umwandlungsmöglichkeit von Attributen in Relativsätze (die deswegen manchmal auch Attributsätze genannt werden) wollen wir benutzen, um den in R 1 verwendeten Begriff der Gleichrangigkeit von Satzgliedern zu erläutern:

Gleichrangige Attribute sind Glieder einer Aufzählung

36 1. Mehrere als Attribut verwendete Adjektive können sich auf dasselbe Wort bzw. dieselbe Wortgruppe beziehen. Sie bilden dann eine Aufzählung:
a_1 *ein leichter, trockener, bekömmlicher Wein*
a_2 *eine athletische, ausdauernde, taktisch versierte Läuferin*
a_3 *ein heikles, atemberaubendes Stück*
a_4 *die gute, alte Seele*

In diesen Beispielen beziehen sich die einzelnen Adjektiv-Attribute stets in derselben Weise auf das jeweilige, d. h. dasselbe Bezugswort. Dies zeigt sich darin, daß Konjunktionen wie *und, oder, bzw.* o. ä. zwischen die einzelnen Glieder der Aufzählung treten könnten, ohne den Sinn des gesamten Ausdrucks zu verändern:
b_1 *ein leichter und trockener und bekömmlicher Wein*
b_2 *eine ebenso athletische wie ausdauernde wie taktisch versierte Läuferin*
b_3 *ein heikles, aber atemberaubendes Stück*
usw.

Nicht gleichrangige Attribute werden nicht durch Komma 1 getrennt

37 2. Es kann aber vorkommen, daß zwei (oder mehr) Adjektiv-Attribute unverbunden aneinandergereiht, also aufgezählt werden, sich aber nicht in derselben Weise auf das jeweilige Bezugswort beziehen, z. B. in
c_1 *schwerer französischer Wein*
c_2 *dunkles bayrisches Bier*
c_3 *eine schwierige mathematische Aufgabe*
c_4 *ein betörender musikalischer Genuß.*

Zwar sind in (c_1) bis (c_4) *schwerer* und *französischer, dunkles* und *bayrisches, schwierige* und *mathematische, betörender* und *musikalischer* jeweils Adjektiv-Attribute, jedoch nicht zum selben Ausdruck:
französischer ist Attribut zu *Wein*, *schwerer* zu *französischer Wein*, *mathematische* ist Attribut zu *Aufgabe*, *schwierige* zu *mathematische Aufgabe* usw.

Erläuterung der Relativsatzumformung von Attributen

Dies zeigt sich sehr deutlich dann, wenn wir versuchen, die Attribute in Relativsätze umzuformen:
d_1 *französischer Wein, der schwer ist*
(nicht: Wein, der französisch und schwer ist)
usw.

Nicht gleichrangige Attribute

Es kann also sein, daß ein Attribut A_1 Attribut zu einem Wort W ist und mit diesem zusammen eine Wortgruppe A_1W bildet, zu der als Ganzes ein anderes Adjektiv A_2 Attribut ist. Wir wollen diesen Sachverhalt so bezeichnen, daß in diesem Fall A_1 und A_2 nicht Attribute gleichen Ranges sind.

Komma 1 deutet die Gleichrangigkeit von Attributen an

Die Bedeutung der Unterscheidung von gleichrangigen und nicht-gleichrangigen 38
Attributen (die wir bislang am Beispiel von Adjektiven erläutert haben) wird an folgenden Beispielen deutlich, die wir zunächst ohne Komma geben:
a *die oberen beschädigten Räume*
b *am dritten kritischen Tag*
c *Der Eingriff muß am fünften tieferliegenden Lendenwirbel vorgenommen werden.*

Dazu gibt es jeweils zwei verschiedene Lesarten:
a_1 *die oberen und* (bzw. nämlich) *beschädigten Räume* (d. h.: die unteren Räume sind unbeschädigt)
a_2 *die beschädigten Räume, die oben liegen* (d. h.: die unteren sind gleichfalls beschädigt)
b_1 *am dritten, nämlich kritischen Tag* (d. h.: die anderen Tage waren nicht kritisch)
b_2 *am dritten Tag, der kritisch war* (d. h.: alle waren kritisch)
usw.

Die Lesarten (a_1) und (b_1) beruhen auf der Gleichrangigkeit der Attribute, die Lesarten (a_2) und (b_2) auf der Nichtgleichrangigkeit. Der Gebrauch des Kommas dient hier dazu, den Sinn strukturierter Ausdrücke zu klären. Deswegen besagt R 1,

39 daß gleichartige Satzglieder in einer Aufzählung, hier also Attribute, dann nicht durch Komma 1 getrennt werden, wenn sie nicht gleichrangig sind.

Die Kommasetzung setzt das Verständnis des Sinns voraus

Der Schreibende muß also bei der Aufzählung mehrerer Attribute durch den Gebrauch des Kommas andeuten, was er sagen will, und er sollte sich in Zweifelsfällen, die wie unsere Beispiele (a) bis (c) mehrere Lesarten zulassen, der oben beschriebenen Methode der Umformung der Attribute in Relativsätzen bedienen. Das Beispiel (c) zeigt dies besonders eindrucksvoll – es ist wie viele Beispiele dieses Bandes der Fragensammlung des Aachener *Grammatischen Telefons* entnommen: Hier sollte der Eingriff an dem Lendenwirbel vorgenommen werden, welcher der fünfte von unten ist (und tiefer liegt als derjenige, den der betreffende Arzt vorher erwähnt hatte), nicht an dem fünften Lendenwirbel, welcher tiefer liegt als der vorher erwähnte. Also war die folgende Schreibweise notwendig:
... am fünften, tieferliegenden Lendenwirbel

Komma 1 bei sonstigen Attributen

40 Der letzte Abschnitt war umfangreich, weil zunächst der Begriff des gleichrangigen Satzgliedes erläutert werden mußte und damit zusammenhängend diejenigen Fälle, in denen zwischen verschiedene Attribute einer Aufzählung kein Komma gesetzt wird, weil sie Attribute verschiedenen Ranges sind. Erfahrungsgemäß bereitet dieser Fall die größten Schwierigkeiten. Wir haben ihn deshalb ausführlich und am einfachen Fall der Aufzählung von Adjektiven erläutert.

Attribute können unterschiedlich aufgebaut sein

Mit gutem Grund haben wir den Begriff der Gleichartigkeit rein syntaktisch, d. h. bezogen auf die Funktion (Rolle) eines Ausdrucks im Verhältnis zu einem anderen definiert. So erfüllt z. B. in
ein unglaublicher Vorgang
das Wort *unglaublich* im Verhältnis zu *Vorgang* dieselbe (syntaktische) Funktion wie in
ein jeder Beschreibung spottender Vorgang

die Wortgruppe *jeder Beschreibung spottender*, und zwar die eines Attributs. Obwohl beide Attribute also hinsichtlich der in ihnen verwendeten Wortarten sich unterscheiden, sind sie syntaktisch und damit im Sinne von R 1 gleichartig.
Attribute können also unterschiedlich aufgebaut sein.
Beispiele (das Attribut ist jeweils hervorgehoben):
der *fröhliche* Landmann
leuchtende Augen
ein *weithin hörbarer* Knall
eine *nicht nur für diesen Fall geltende* Regelung

Für Aufzählungen solcher unterschiedlich aufgebauten Attribute gilt R 1 in gleicher Weise wie für die Aufzählung einfacher Adjektiv-Attribute. **41**

Es kann auch gar nicht anders sein, denn sonst hätten wir in R 1 nicht allgemein von Satzgliedern sprechen können.
Beispiele:
zwei fluchende, eben mit den Köpfen zusammengestoßene Spieler
eine ungemein attraktive und zudem belesene Frau

Nicht gleichrangige Attribute:
Dein Dich innig liebender Fritz
verschiedene der Entspannung dienende Geräte

Komma 1 bei Attributen mit vorangehenden Zahlwörtern, Pronomen und ähnlichen Ausdrücken

Auch Artikel **42**
der, ein, …,

Zahlwörter
ein, zwei, viele, wenige, jeder, …

und bestimmte Pronomen
dieser, manche, diejenige, kein

werden dazu benutzt, um andere Wörter oder Wortgruppen genauer zu charakterisieren. Darin gleichen sie Attributen. Vgl. z. B.
wenige Kugeln und
bunte Kugeln.

Determinative (Artikel, Zahlwörter, Pronomen) verhalten sich syntaktisch anders als Attribute

Dennoch verhalten sie sich zum Bezugswort bzw. der betreffenden Wortgruppe anders als Attribute. Wiederum macht dies die Relativsatzprobe deutlich. Anders als Attribute lassen sich diese Ausdrücke nämlich nicht in unflektierte Teile eines Adjektivprädikats in einem das Bezugswort charakterisierenden Relativsatz umwandeln. Vgl.:

bunte Kugeln
Kugeln, die bunt sind
mit
wenige Kugeln
(= Kugeln, die wenig sind?)
manche Personen
(= Personen, die manch sind?)
ein Haus
(= Haus, das ein ist?)
usw.

Also verhalten sich diese Ausdrücke syntaktisch anders als Attribute. Wir wollen sie insgesamt als Determinative (von lat. determinare = bestimmen) bezeichnen. Folglich sind sie Attributen nicht gleichartige Satzglieder im Sinne der Definition von R 1, und folglich

43 wird zwischen Determinative und Attribute kein Komma gesetzt.

Beispiele:
viele blühende Tulpen
Er sprach manche uns stets in Erinnerung bleibende Worte
zwanzig schwer beladene Wagen
sämtliche interessierten Leute
dieser unausstehliche Kerl
usw.

Im Zweifelsfall kann man stets mit Hilfe der Relativsatzprobe entscheiden, ob ein Ausdruck Determinativ oder Attribut ist: Das Determinativ behält dabei seine syntaktische Position, das Attribut „wandert“ in den Relativsatz. Vgl.:
Er sprach manche Worte, die uns stets …
sämtliche Leute, die interessiert sind
usw.

Komma 1 bei *andere, folgende, obige, entsprechende* u. ä. Ausdrücken

Ein besonderes Problem stellen Ausdrücke wie *folgende(r), andere(r), obige(r), entsprechende(r)* u. ä. dar, die sich einerseits syntaktisch ähnlich verhalten wie Determinative, weil sie wie diese nicht als Prädikatsadjektive eines attributiven Relativsatzes verwendet werden können – vgl. etwa 44

a_1 *folgende Personen* mit
a_2 ? Personen, die folgend sind,
b_1 *andere Autos* mit
b_2 ? Autos, die anders sind,
c_1 *obige Worte* mit
c_2 ? Worte, die obig sind
usw.

bei denen aber auch eine attributive Verwendung vorkommt, wie folgende Beispiele zeigen:
d_1 *Nicht nur Germanisten, sondern auch andere interessierte Leute haben sich die Faust-Inszenierung angesehen.*
d_2 *Man traf bei der Ausstellung nicht nur Ignoranten, sondern auch andere, interessierte Leute.*
In (d_1) wird *andere* offenkundig wie ein Determinativ gebraucht, wie die Relativsatzprobe zeigt:
e_1 *... sondern auch andere Leute, die interessiert waren ...,*
in (d_1) dagegen als Attribut, wie wiederum die Relativsatzprobe zeigt:
e_2 *... sondern auch Leute, die anders, nämlich interessiert waren.*

Wir empfehlen also in Zweifelsfragen der Kommasetzung bei diesen Ausdrücken die folgenden Proben:
Stehen *folgende(r), andere(r)* usw. vor einem Substantiv mit vorausgehenden Attributen, so wird hinter *folgende(r)* usw. kein Komma gesetzt, wenn sich der gesamte Ausdruck bei gleichbleibender Bedeutung wie (d_1) in (e_1) umformen läßt; läßt sich dieser dagegen wie (d_2) in (e_2) umformen, so wird ein Komma gesetzt. Die Kommasetzung ist also auch in diesem Fall davon abhängig, was man sagen will.

Komma 1 bei sonstigen Aufzählungen

Wir können weiter verallgemeinern: Ebenso wie für beliebige Attribute gilt, was für Adjektiv-Attribute gilt, so 45
muß für die Aufzählung beliebiger Satzglieder gelten, was für die Aufzählung von Attributen gilt.

Nebensätze als Glieder einer Aufzählung

Für Beispiele vgl. unsere Erläuterung des Begriffs der Aufzählung auf S. 210, Nr 26. Besonderer Erläuterung bedarf der Fall, in dem Nebensätze in einer Aufzählung mit unterschiedlich aufgebauten, aber gleichartigen Satzgliedern verbunden werden.

Man sah dort die kostbarsten Kleider, Schmuck, Hüte für alle Jahreszeiten und was sonst immer das Herz begehrte.

Um diesen Fall erläutern zu können, muß jedoch zunächst der Gebrauch des paarigen Kommas erläutert werden. Wir behandeln ihn deshalb im Abschnitt 53 (S. 230 f.).

Komma 1 bei Aufzählungen gleichartiger Satzglieder mit Hilfe adversativer u. ä. Konjunktionen bzw. Konjunktionenpaare

In R1 ist eine Liste von Konjunktionen bzw. Konjunktionenpaaren angegeben – *und, oder* usw. –, die in einer Aufzählung gleichartiger Satzglieder das Setzen des Komma 1 verhindern. Nun gibt es darüber hinaus viele andere Konjunktionen, die gleichrangige Satzglieder verbinden können.

46 Gemäß R 1 werden gleichrangige Satzglieder in einer Aufzählung dann durch Komma 1 getrennt, wenn sie durch andere als in R 1 angegebene Konjunktionen bzw. Konjunktionenpaare verbunden werden.

Aufzählungen mit Komma 1

Wir geben für die gebräuchlichsten dieser Konjunktionen bzw. Konjunktionenpaare je ein Beispiel:

klein, aber oho
Er kam spät, allein nicht zu spät.
Verletzt, also gehandicapt ging er ins Spiel.
mit schwachen Kräften, dennoch wohlgemut
geschlagen, (je)doch ungebeugt
Bald hier, bald da blinkten Lichter.
Einerseits wollte sie noch bleiben, andererseits drängte die Zeit.
Halb zog sie ihn, halb sank er hin.
Je später der Abend, desto schöner die Gäste.
Je mehr er trank, desto leerer wurde die Flasche, desto voller er.

Jetzt spielen, dann (später) duschen wir.
Er heulte nicht aus Angst, sondern aus Wut.
Sie sang nicht nur laut, sondern auch falsch.
Ob jung, ob alt: verlieben kann sich jeder.
Teils liefen, teils fuhren sie.
Sie waren zwar müde, aber (doch) gut gelaunt.

Betrachtet man die Liste der in R 1 angegebenen Konjunktionen genauer, so zeigt sich, daß sich die Bedeutung einer jeden durch *und, oder* (im ausschließenden wie nicht ausschließenden Sinn) oder die Negation (Verneinung) der durch *und* beziehungsweise *oder* verbundenen Aufzählung darstellen läßt. So läßt sich z. B.
Er hat weder Geld noch Gut
interpretieren als:
Geld oder Gut: beides hat er nicht;
Sie sang ebenso laut wie falsch als:
Sie sang laut und ebenso falsch.

Trifft diese Annahme allgemein zu, so würde danach jede Konjunktion, deren Bedeutung durch *und, oder* bzw. die Negation dieser beiden Ausdrücke darstellbar ist, das Setzen von Komma 1 verhindern.
Daraus folgt, daß jede Konjunktion, deren Bedeutung sich nicht dergestalt darstellen läßt, also z. B. auch Ausdrücke wie
folglich
genauer betrachtet
ja
usw.

die Verwendung von Komma 1 verlangt, sofern sie eben gleichrangige Satzglieder in einer Aufzählung verbindet.
Damit sind alle möglichen Anwendungsfälle von R 1 behandelt. Wir können zur Darstellung des paarigen Kommas übergehen.

Das paarige Komma (Komma 2)

Während das einfache Komma dazu benutzt wird, je zwei Glieder einer Aufzählung zu trennen, dient das paarige Komma dazu, einen bestimmten Typ von Satzkonstituenten, nämlich satzwertige Satzglieder, z. B. 47
Nebensätze,
bestimmte Infinitiv- und Partizipialgruppen
usw.

vom übergeordneten Satz abzuheben. In den folgenden Abschnitten werden wir die verschiedenen Formen derartiger Satzglieder und die Bedingungen, unter denen sie durch Komma 2 eingeschlossen werden, genauer erläutern.

Der Begriff des paarigen Kommas

Der Unterschied von einfachem und paarigem Komma

48 Betrachten wir folgende Beispiele:
a_1 *ein dunkler, trüber, verregneter Novembertag*
b_1 *Er sagte, er habe die Nase voll, und ging.*

In (a_1) wie in (b_1) kommen zwei Kommas vor. Während das zweite Komma in (a_1) jedoch unabhängig davon gesetzt wird, ob ihm ein erstes vorausgeht oder nicht, ist in (b_1) das zweite Komma die Konsequenz des ersten; es könnte ohne das erste nicht gesetzt werden. Das zweite Komma in (a_1) ist allein davon abhängig, daß *trüber* und *verregneter* zwei nicht durch *und, oder* usw. verbundene gleichartige Satzglieder sind. Es müßte ebenso gesetzt werden in
a_2 *ein trüber, verregneter Novembernachmittag*,

d. h. wenn ihm kein anderes Komma vorausginge.
In (b_1) dagegen wird das zweite Komma aus demselben Grund wie das erste gesetzt: Es trennt zusammen mit dem ersten die Ergänzung zu *sagte* vom restlichen Satz ab, weil diese satzwertig – hier ein sogenannter indirekter Nebensatz – ist. Fügen wir für *er habe die Nase voll* eine nicht-satzwertige Ergänzung ein, z. B. *viele kluge Worte*, so fallen beide Kommas weg:
b_2 *Er sagte viele kluge Worte und ging*.

In derselben Weise wird in allen folgenden Beispielen das zweite Komma aufgrund derselben Regel gesetzt wie das erste und das erste aufgrund derselben Regel wie das zweite.
c_1 *Hans, ein großer Gauner, kam wieder einmal davon*.
c_2 *Er fing, ohne ein Wort zu verlieren, mit der Arbeit an*.*
c_3 *Frau M., seit vielen Jahren kränkelnd, fuhr ins Sanatorium*.
c_4 *Sie bestritt, daß er das gesagt habe, und forderte Schadenersatz*.
***Neuregelung:** Die Kommas in c_2 können, müssen aber nicht gesetzt werden. Vgl. Regel 2.3 auf S. 248, 79.

Die beiden Kommas haben jeweils die Funktion, die zwischen ihnen stehende Folge von Wörtern vom übrigen Satz abzutrennen; diese Folge von Wörtern wird dadurch, daß sie zwischen zwei Kommas eingefaßt wird, als eine Einheit, ein Satzglied des Satzes ausgewiesen, von dem sie durch die beiden Kommas abgetrennt ist. So sind *ein großer Gauner* und *seit vielen Jahren kränkelnd* nachgestellte Attribute zu *Hans* bzw. *Frau M.*, *ohne ein Wort zu verlieren* Angabe zu *er fing mit der Arbeit an*, *daß er das gesagt hätte* Objekt zu *betritt*.

Die zwei Striche des paarigen Kommas bilden *ein* Satzzeichen

Damit ist klar, daß es sich bei den beiden Kommas der Beispiele aus (c_1) bis (c_4) jeweils um nur ein Satzzeichen handeln kann, dessen Funktion darin besteht, das in , …, eingeschlossene Satzglied von vorhergehenden und folgenden Satzgliedern abzugrenzen. Nun kann es natürlich vorkommen, daß das betreffende, in , …, einzuschließende Satzglied am Anfang oder Ende des Satzes steht wie in

d_1 *Ohne ein Wort zu verlieren, fing er mit der Arbeit an.**

d_2 *Sie bestritt daß er das gesagt habe.*

***Neuregelung:** Das Komma in d_1 kann, muß aber nicht gesetzt werden. Vgl. Regel 2.3 auf S. 248, [79].

In diesen Fällen fällt das erste (wie bei d_1) bzw. das zweite Komma (wie bei d_2) auf einen Punkt oder ein anderes Satzschlußzeichen. Und da das betreffende Satzschlußzeichen den ganzen Satz vom jeweils folgenden trennt, mithin auch das letzte Satzglied des vorhergehenden vom ersten Satzglied des folgenden Satzes, fällt das auf ein Satzschlußzeichen fallende Komma weg. Entsprechend verhält es sich, wenn zwei durch Komma 2 eingeschlossene Satzglieder ineinander verschachtelt werden. Vgl. z. B.

d_3 *Er ging, um Hans, der ihn besuchen wollte, abzuholen, und …*

mit

d_4 *Er ging, um Hans abzuholen, der ihn besuchen wollte, und …*

der ihn besuchen wollte ist Attribut zu *Hans,* gehört also als Satzglied zu *um Hans abzuholen*. Hinter *wollte* in (d_4) fallen die beiden den Attributsatz bzw. den erweiterten Infinitiv *um … abzuholen* abschließenden Kommas zusammen, also hat (d_4) ein Komma weniger als (d_3). Wir sprechen also durchgängig vom paarigen im Unterschied zum einfachen Komma, auch wenn Komma 2 im Satz – wie in (d_1) oder (d_2) – oft nur als ein Zeichen erscheint. Die syntaktischen Funktionen von Komma 1 und Komma 2 sind eben grundverschieden.

Satzwertige Satzglieder

Aus der Erläuterung des paarigen Kommas geht indirekt schon hervor, weshalb wir 49
darauf bestehen, Nebensätze als Satzglieder (Konstituenten) zu behandeln, und weshalb das alte Gliederungsschema *Komma zwischen Satzgliedern – Komma zwischen Sätzen* irreführend ist. Nebensätze werden eben deswegen durch Komma 2 eingeschlossen, weil sie besondere Satzglieder des übergeordneten Satzes sind.

In der Regel werden verschiedenartige Satzglieder nicht durch Komma getrennt

Andererseits ist die Abtrennung von Satzgliedern im Satz die Ausnahme, wenn wir etwa folgendes Beispiel betrachten:
An einem schönen Sommertag des Jahres 1913 betrat Herr X aufgeregt sein in der Hauptstraße einer mitteldeutschen Kleinstadt gelegenes Geschäft.
Dieser Satz besteht aus fünf verschiedenen Hauptkonstituenten:

An … 1913	(= Angabe)
betrat	(= Prädikat)
Herr X	(= Subjekt)
aufgeregt	(= Angabe)
sein … Geschäft	(= Objekt)

wobei die erste Angabe und das Objekt selbst aus mehreren Konstituenten aufgebaut sind. Dennoch werden diese verschiedenen Satzglieder nicht durch Komma voneinander getrennt – und dies ist bis auf die in R 2 behandelten Fälle die Regel.

Nur satzwertige Satzglieder (Nebensätze, Appositionen usw.) werden in Komma 2 eingeschlossen

Wir haben also nach dem Merkmal zu fragen, das die durch Komma 2 vom Satz abgetrennten Satzglieder (Konstituenten) von allen anderen unterscheidet. Dieses Kriterium ist die Satzwertigkeit der durch Komma 2 eingeschlossenen Konstituenten.
Unter einer satzwertigen Konstituenten wollen wir Satzglieder verstehen, die Nebensätze sind oder Nebensätzen in bestimmter Weise ähnlich sind, nämlich
– erweiterte Infinitive mit *zu*, weil sie verkappte Nebensätze sind, und
– nachgestellte genauere Bestimmungen und Appositionen, weil sie verkappte Attributsätze sind.
Beispiele:
a_1 *Ohne ihn eines Blickes zu würdigen, verließ sie das Zimmer.**
a_2 *Franz Josef Strauß, wie gewohnt hintergründig lächelnd, wehrte alle weiteren Fragen ab.*
a_3 *Hans, des Wartens überdrüssig, startete.*
***Neuregelung:** Ohne ihn eines Blickes zu würdigen$_{(,)}$ verließ sie das Zimmer. Vgl. [79].

Apposition

50 Besonderer Erläuterung bedarf zunächst die Apposition. Darunter versteht man ein einem Bezugswort nachgestelltes nominales Attribut, d. h. ein Attribut, das in

der Regel aus einem Adjektiv oder Substantiv, jeweils mit möglichen Erweiterungen, besteht. Ein Prädikat fehlt. Die betreffende Adjektiv- oder Substantivgruppe (Nominalgruppe) bezieht sich als Apposition auf ein Bezugswort, nämlich als ein bestimmtes Attribut. Die Art dieses Bezugs ist jeweils durch den Kontext so eindeutig gegeben, daß sie nicht eigens durch ein Prädikat bezeichnet werden muß. Dieses – meist eine Form von *sein* oder *haben* – wird also sozusagen aus dem Kontext ergänzt: In (a_3) ist *des Wartens* Genitiv-Objekt zu (war) *überdrüssig*.

Partizipial- oder Infinitivgruppen können an die Stelle von Nebensätzen treten

(a_2) weist die Partizipialform *lächelnd* auf, (a_1) den Infinitiv *würdigen*. Partizipial- oder Infinitivgruppen können im Deutschen an die Stelle von Nebensätzen treten, wenn deren Subjekt dasselbe bezeichnet wie ein Satzglied des übergeordneten Satzes, in (a_2) also *er* und *Franz Josef Strauß*, in (a_1) *sie* und *sie*.
Den Grund dafür, satzwertige Satzglieder im Unterschied zu allen anderen Satzgliedern in Komma 2 einzuschließen, wird man also darin zu sehen haben, daß sie über ein eigenes Prädikat verfügen. Dadurch ist die Möglichkeit gegeben, Satzglieder zu bilden, deren Struktur nicht weniger komplex ist als die des übergeordneten Satzes. Diese Möglichkeit fehlt nichtsatzwertigen Gliedern.

Komma 2 deutet die Einheit eines satzwertigen Satzgliedes an

Satzwertige Satzglieder können – einfacher ausgedrückt – so umfangreich sein, daß ein besonderes Zeichen notwendig ist, um dem Leser ihren Zusammenhang als ein Satzglied zu verdeutlichen. Dieses Zeichen ist eben das Komma 2,

!

dessen Aufgabe also gar nicht darin besteht, das betreffende Satzglied von den 51
übrigen Konstituenten des übergeordneten Satzes abzutrennen, sondern ausschließlich darin, den Zusammenhang der Elemente des betreffenden satzwertigen Satzgliedes anzudeuten.

Wir wollen diese Beschreibung der syntaktischen Funktion von Komma 2, d. h. seiner Aufgabe bei der Gliederung des Satzes, durch ein bereits bekanntes Beispiel erläutern:
Wir verabredeten uns noch abends schwimmen zu gehen.

noch abends kann hier sowohl als Angabe zu *wir verabredeten uns* wie zu *schwimmen zu gehen* dienen. Beim Sprechen würde man die Satzgliederung andeuten, indem man entweder vor *noch* oder vor *schwimmen* – je nachdem, was gemeint ist – eine Sprechpause macht. In der Schrift deutet das Komma an, ob nur *schwimmen zu gehen* oder *noch abends schwimmen zu gehen* ein Satzglied bilden, und entsprechend wird das Komma entweder vor *noch* oder vor *schwimmen* gesetzt.

Grundsätze des Gebrauchs von Komma 2

52 Aus der Beschreibung der Funktion von Komma 2 folgen unmittelbar zwei für seine Anwendung wichtige Grundsätze:
1. Treten zum Prädikat eines satzwertigen Satzgliedes keine Ergänzungen oder Angaben hinzu, so entfällt damit der Grund, dieses Satzglied in Komma 2 einzuschließen. Diese Möglichkeit ist bei Infinitiv- und Partizipialgruppen gegeben. Wir erläutern sie später.
Man sieht sofort, weshalb diese Möglichkeit bei vollständigen Nebensätzen und Appositionen nicht gegeben ist: Nebensätze müssen, um vollständig zu sein, mindestens eine Ergänzung zum Prädikat aufweisen wie z. B. in
Er sagte, er komme.

Bei Appositionen fehlt immer, weil aus dem Kontext zu ergänzen, die Verbform, zu der die betreffende Nominalgruppe per se Ergänzung ist.

53 2. Das Komma 2 wird dann entfallen können, wenn der Zusammenhang des betreffenden satzwertigen Satzgliedes durch zusätzliche Mittel angedeutet wird. Dies ist insbesondere der Fall, wenn das betreffende Satzglied Teil einer Aufzählung ist, z. B.:
a *Unerschrocken und ohne mit der Wimper zu zucken ließ er alles über sich ergehen.*
b *Getränke, Kuchen und worauf immer sie Lust hatten wurde den Kindern reichlich gebracht.**
c *Müde, abgekämpft und aus allen Poren schwitzend gingen sie.*
***Neuregelung:** In (b) wird hinter *worauf immer sie Lust hatten* ein Komma *gesetzt.* Diese Regelung ist nicht sinnvoll. Vgl. 54.

Diese Beispiele zeigen, wie wichtig es ist, auch die Nebensätze als satzwertige Satzglieder zu behandeln. In (a) ist die Infinitivgruppe *ohne mit der Wimper zu zucken* Satzglied derselben Art wie *unerschrocken*, nämlich Angabe, in (b) der Nebensatz *worauf immer sie Lust hatten* Subjekt wie *Getränke und Kuchen*, in (c) die Partizipialgruppe *aus allen Poren schwitzend* wie *müde und abgekämpft* wiederum Angabe.
In allen Fällen wie diesen wird kein Komma gesetzt.
Der Grund dafür liegt darin, daß das *und* jeweils das letzte Glied der Aufzählung mit den vorhergehenden verbindet und daher nach R 1 kein Komma gesetzt wer-

den kann. Da dadurch sozusagen die erste Stelle für ein Komma 2 blockiert ist, kann auch die zweite nicht besetzt werden. Es gilt also der Grundsatz G 1,

R 1 geht vor R 2 54

und dieser findet seine Begründung darin, daß ein satzwertiges Satzglied dadurch, daß es als Glied einer Aufzählung aufgeführt wird, hinreichend als Einheit ausgewiesen ist.
Die **Neuregelung** unterscheidet hier folgende Fälle:
1. Ist das letzte Glied der Aufzählung ein Nebensatz und wird danach der Hauptsatz fortgeführt, so wird die gesamte Aufzählung vom folgenden Satz durch Komma abgetrennt; andernfalls nicht.
2. Ein Satz endet mit einer Aufzählung. Beginnt diese mit einem Nebensatz, so wird die Aufzählung durch Komma abgetrennt; andernfalls nicht.
Die anderen hier möglichen Fälle werden nicht geregelt. Wir raten daher von dieser Regelung ab.

G 1 gilt nur, wenn sich R 1 und R 2 auf dasselbe Satzglied beziehen

Wir haben den letzten Grundsatz etwas lax formuliert. Er kann natürlich nur gelten, wenn R 1 und R 2 auf dieselben Konstituenten anzuwenden sind, andernfalls können die beiden Regeln nicht miteinander kollidieren. Betrachten wir folgendes Beispiel:
d_1 *Berta, meine Schwester, und ich verreisten.*
d_2 *Berta, meine Schwester und ich verreisten.*

In (d_2) ist von drei Personen, in (d_1) nur von zwei die Rede, denn hier ist *meine Schwester* Apposition zu *Berta* und darum in Komma 2 eingeschlossen. Nun geht R 1 vor R 2, und nach R 1 darf vor *und* kein Komma gesetzt werden, denn dieses *und* verbindet *ich* mit dem vorausgehenden Glied der Aufzählung. Das vorausgehende Glied der Aufzählung, auf das hier R 1 anzuwenden ist, ist aber *Berta, meine Schwester*, während sich R 2 nur auf *meine Schwester* bezieht, also nicht auf dieselbe Konstituente wie R 1. Hier können R 1 und R 2 nicht in Widerspruch geraten.
Damit ist Komma 2 – zumindest für die Zwecke dieses Bändchens – hinreichend erläutert, und wir können somit zur Formulierung der entsprechenden Grundregel R 2 und den Erläuterungen der wichtigsten Anwendungsfälle dieser Regel kommen. Wir müssen dabei eine Schwierigkeit eingestehen: So eindeutig wie für Komma 1 läßt sich für Komma 2 eine allgemeingültige Regel nicht formulieren,

denn ob ein satzwertiges Satzglied durch Komma 2 eingeschlossen wird, hängt entscheidend von der syntaktischen Position und syntaktischen Funktion des betreffenden Satzgliedes ab. Wollten wir die Regel für die Anwendung von Komma 2 hinreichend präzise formulieren, müßte sie so viele Bedingungen enthalten, daß sie unverständlich würde. Wir formulieren daher R 2 zunächst als Grundsatz und erläutern dann dessen Anwendung auf die einzelnen Arten satzwertiger Satzglieder, also auf Nebensätze, Infinitivgruppen usw.

R 2.1 bis R 2.4 sind Anwendungsfälle von R 2

55 **R 2:** Satzwertige Satzglieder werden in der Regel durch Komma 2 eingeschlossen, sofern nicht G 0 gilt.

In G 0 – vgl. S. 209, 22 – hatten wir das der Kommasetzung insgesamt zugrundeliegende rhetorische Prinzip formuliert, welches besagt, daß ein in einem Melodiebogen gesprochener Satz nicht durch Komma unterbrochen werden soll. Die Gründe dafür können unterschiedlicher Natur sein.

Das paarige Komma bei Nebensätzen

Nebensatz (bzw. Gliedsatz oder Konstituentensatz) ist jeder in einen übergeordneten Satz eingebettete Satz. Es gibt im Deutschen dafür verschiedene Formen, für die generell die Regel gilt:

56 **R 2.1:** Nebensätze werden durch Komma 2 eingeschlossen, sofern nicht folgendes gilt:
a) Ein Nebensatz in wörtlicher Rede wird durch ein Satzschlußzeichen abgeschlossen (vgl. 63);
b) Ein Nebensatz ist Glied einer Aufzählung (vgl. 65 ff.).

Nebensatzformen

(1) Nebensätze mit einleitender Konjunktion, Relativpronomen oder Fragepronomen und finitem Verb in Endstellung:
Weil er Husten hatte, nahm er Tabletten.
Sie sagte, daß sie gern komme.

Es gefiel ihm gut, sodaß er zu bleiben beschloß.
Was sie sah, stimmte sie bedenklich.
Sie fanden eine Wohnung, die ihnen gefiel.
Er sagte, wann er sie erwarte.

(2) Nebensätze ohne einleitende Konjunktion mit finitem Verb in Spitzenstellung:
Ist die Wohnung zu klein, nehmen wir sie nicht.
Kommst du erst morgen, siehst du ihn nicht mehr.

(3) Nebensätze mit finitem Verb in Zweitstellung:
Er sagt, morgen gibt es Regen.
Sie behauptete, er habe sie betrogen.
Sie benahmen sich, als wären sie zu Hause.

Die Beispiele unter (2) und (3) unterscheiden sich von denen unter (1) darin, daß in (1) die Art der Einbettung des Nebensatzes in den übergeordneten Satz durch die den Nebensatz einleitende Konjunktion bzw. das Pronomen explizit angedeutet wird, während in (2) und (3) sich die Art der Einbettung, d. h. die Funktion des Nebensatzes als Satzglied des übergeordneten Satzes, aus dem Kontext ergibt. Im ersten Beispiel unter (3) fehlt z. B. in *morgen gibt es Regen* jeder formale Hinweis darauf, daß es sich hier um einen Nebensatz handelt. Stünde dieser Satz allein, so wäre er ein vollständiger Hauptsatz. Zum Nebensatz macht ihn allein die Tatsache, daß er auf *er sagt* folgt und somit als Objekt zu *sagt* interpretiert wird. Diese Beziehung zu *sagt* macht ihn zum Satzglied und damit zum vollgültigen Nebensatz.
(4) Verkürzte Nebensätze:
Gelegentlich – besonders in formelhaften Wendungen – begegnen uns Nebensätze, bei denen sogar das finite Verb weggefallen ist, z. B. bei
Er sagte dies und jenes und ich weiß nicht, was noch.
Ich weiß nicht, was anfangen.
Ehre verloren, alles verloren.

Bezüglich der Kommasetzung werden diese oder ähnliche verkürzten Formen wie „normale" Nebensätze behandelt.
R 2.1 besagt also, daß alle Nebensätze – gleich welcher Form – durch Komma 2 eingeschlossen werden, sofern nicht die Bedingungen (a) und (b) gelten.

Komma 2 bei Nebensätzen als Ergänzung 1 (Subjektsätze)

Bei kurzen Nebensätzen, die als Ergänzung 1 (Subjekt) dem finiten Verb des übergeordneten Satzes vorausgehen – z. B. 57
Daß du da bist ist schön.
Ob du willst liegt bei dir.
Wie sie spielen macht Freude. -

taucht gelegentlich die Frage auf, ob sie durch Komma 2 vom Hauptsatz „abgetrennt“ werden müssen oder ob man hier nicht in Analogie zu entsprechenden Infinitivkonstruktionen (vgl. 85) auf ein Komma verzichten soll. Dies ließe sich in der Tat durch G 0 rechtfertigen: Bei solch kurzen Sätzen würde man, weil eben der Nebensatz als Subjekt dem finiten Verb vorausgeht, keine Sprechpause machen. Grammatikalisch betrachtet ist das Abtrennen der strukturell wichtigsten Ergänzung vom Verb durch ein Komma eher sinnwidrig; da Komma 2 ohnehin nur die Funktion hat, den Zusammenhang satzwertiger Satzglieder anzudeuten, so könnte in Fällen wie den hier beschriebenen Komma 2 tatsächlich wegfallen. Denn es ist prinzipiell nur dann notwendig, wenn zweifelhaft ist, ob ein Ausdruck als Ergänzung oder Angabe zum Prädikat des übergeordneten Satzes oder dem des Satzgliedes zu verstehen ist. Dies würde dem Prinzip eines möglichst sparsamen Gebrauchs von Satzzeichen durchaus entsprechen. Der Eindeutigkeit halber bleiben wir jedoch bei der generellen Regelung.

Komma 2 bei zusammengesetzten Konjunktionen

Konjunktionen bezeichnen das Verhältnis von Satzgliedern zueinander, also auch das des Nebensatzes zum Hauptsatz

58 Nebensätze werden häufig durch Konjunktionen eingeleitet. Konjunktionen sind Ausdrücke, die – wie bereits gesagt – das Verhältnis des Nebensatzes zum übergeordneten Satz bezeichnen. Sie können aus nur einem Wort bestehen wie z. B. *daß, wenn, weil, als, obwohl* usw.

Sie können aber auch durch hinzutretende Wörter, z. B. Adverbien oder Partizipien, genauer bestimmt bzw. in ihrem Sinn verändert werden.
Beispiele:
sodaß, auch wenn, gerade weil, vorausgesetzt daß usw.

Häufig werden solche zusammengesetzten Konjunktionen vor allem mit *daß* und *wenn* gebildet;
ohne daß, als daß, außer daß, anstatt daß, …
selbst wenn, nur wenn, außer wenn, …

59 Bei Zusammensetzungen wie
im Falle, daß
ungeachtet, daß
ausgenommen, wenn
nämlich wenn
usw.

taucht die Frage auf, ob vor die „eigentliche" Konjunktion (*daß, wenn* usw.) ein Komma zu setzen ist, nämlich dann, wenn der vorausgehende Ausdruck (*im Falle, ausgenommen, gesetzt* usw.) selbst als Konstituente des übergeordneten Satzes betrachtet werden könnte. (Bei den o. a. Beispielen haben wir uns zunächst an die im *Duden* angegebene Schreibweise gehalten.) Bei Ausdrücken wie
in der Hoffnung, daß
unter der Bedingung, daß
im Falle, daß / für den Fall, daß

ist dies der Fall, wie folgende Beispiele zeigen:

Zusammengesetzte Konjunktionen mit Komma 2

Er schrieb ihr in der Hoffnung, daß der Brief sie noch erreichen würde.
Ich komme unter der Bedingung, daß ich abgeholt werde.
Im Fall, daß ich verhindert bin, wird Fritz mich vertreten.
Er kam vor allem, wenn er kein Geld mehr hatte.

Hier wird Komma 2 ganz regelmäßig vor die Konjunktion (*daß, wenn* usw.) gesetzt. Mit Partizipien zusammengesetzte Konjunktionen wie
abgesehen davon daß ...
angenommen daß ...
gesetzt daß ...
ungeachtet daß ...
usw. (wir haben hier bewußt auf Kommas verzichtet)

können interpretiert werden als verkürzte Konditionalsätze:
wenn man davon absieht, daß ...
wenn man annimmt, daß ...
usw.

daß würde hier einen in *wenn man davon absieht* usw. eingebetteten Nebensatz einleiten, also würde vor *daß* Komma 2 gesetzt. Entsprechend würde man also schreiben
abgesehen davon, daß ...
usw.

Zusammengesetzte Konjunktionen ohne Komma 2

In vielen Fällen wird aber der der Konjunktion vorausgehende Ausdruck gar nicht 60
mehr als Satzglied eines übergeordneten Satzes oder als übergeordneter Satz selbst verstanden, sondern mit der Konjunktion zu einer Sinneinheit zusammengezogen, wie dies auch im Fall von *sodaß* geschehen ist. Vgl.
a_1 *Er schrie so, daß man das Schlimmste befürchtete.*

mit

a_2 *Er schrie, sodaß man das Schlimmste befürchtete.*

Was in (a_1) nur implizit angedeutet ist, wird in (a_2) explizit gesagt: Der Nebensatz bezeichnet eine Folge – dies ist der Sinn der Konjunktion *sodaß*.
Entsprechend besagen *vorausgesetzt + daß, ausgenommen + daß, gesetzt + daß* soviel wie *wenn*.
Die im *Duden*, Bd. 1, R 125ff. (neu: 88) angegebenen Regelungen der Kommasetzung bei diesen Verbindungen spiegeln allenfalls einen gewissen statistischen Gebrauch wider, beruhen jedoch auf keinem einheitlichen Prinzip und sind daher oft unverständlich: Es ist nicht plausibel, daß *ungeachtet daß* ohne, *gesetzt, daß* dagegen mit Komma geschrieben werden soll.

61 Geht einer Konjunktion nur ein Wort voraus und bilden beide Wörter eine zusammengesetzte Konjunktion, so sollte zwischen sie kein Komma gesetzt werden.

Also:
als daß
angenommen daß
(an)statt daß
auch wenn
auch weil
außer daß/wenn
gesetzt daß/vorausgesetzt daß
namentlich wenn
nämlich daß/wenn
ohne daß
selbst wenn
usw.

62 Geht einer Konjunktion ein aus mehreren Wörtern bestehender Ausdruck voraus und bilden diese mit der Konjunktion zusammen eine zusammengesetzte Konjunktion, so wird in der Regel ein Komma vor die Konjunktion gesetzt.

Also:
abgesehen davon, daß
im Fall, daß

je nachdem, ob
es sei denn, daß
usw.
Neuregelung: Das Komma kann in den in 62 genannten Fällen entfallen.

Komma 2 bei Nebensätzen mit wörtlicher Rede

Zitate wörtlicher Rede werden in Anführungszeichen gesetzt. Als Ergänzung zu einem entsprechenden Verb (*sagen, rufen, befehlen, behaupten, wissen* usw.) kann wörtliche Rede als Nebensatz in einen übergeordneten Satz eingebettet werden, meist als E 2 - 63

Wörtliche Rede als Ergänzung 1 oder Ergänzung 2

Er sagte: „Gleich geht es los".
„Komm rüber!" rief sie.
gelegentlich auch als E 1:
„Ich bin verloren", schoß ihm durch den Kopf.
Hier gilt, daß man – um eine Häufung von Satzzeichen zu vermeiden - nach Nebensätzen in wörtlicher Rede nur dann Komma 2 setzt, wenn vor dem abschließenden Anführungszeichen kein Frage- oder Ausrufezeichen steht.
Beispiele:
„Wir beginnen jetzt", sagte er.
„Wie kann dies nur sein", dachte sie bei sich.
„Wäre es doch bald zu Ende", betete er.
Aber:
„Hände hoch!" rief der Posten.
„Wann kommst du?" fragte sie.
Neuregelung: Nach dem abschließenden Anführungszeichen wird stets ein Komma gesetzt, also z. B.:
„Komm rüber!", rief sie.
Diese Regelung ist unsinnig. Sie führt unnötigerweise zu einer lesehemmenden Vermehrung von Satzzeichen.
Von ihr ist daher abzuraten.

Bei der Bezeichnung wörtlicher Rede sollte die Häufung von Satzzeichen vermieden werden

1. Folgt die wörtliche Rede auf ein Verb wie *sagte* o. ä., dann wird sie immer durch einen Doppelpunkt eingeleitet, also wird hier kein Komma gesetzt. Wir brauchen deswegen diesen Fall nicht zu erörtern. 64

2. Wird das Zitat wörtlicher Rede durch ein hinweisendes Wort wie *so*, *dies* o. ä. im übergeordneten Satz wieder aufgenommen, das zwischen den Nebensatz in wörtlicher Rede und das folgende Verb tritt, so setzt man üblicherweise vor den hinweisenden Ausdruck ein Komma:
„Hände hoch!", so rief der Posten.
„Was nun?", dies fragte sich ratlos ein jeder.

Konsequent ist diese Regelung nicht, und davon, daß hier ein Komma gesetzt werden muß, kann natürlich keine Rede sein; denn wenn in
„Hände hoch!" rief der Posten

nach dem Anführungszeichen kein Komma gesetzt wird, weil die Häufung von Satzzeichen vermieden werden soll, müßte derselbe Gesichtspunkt auch für
„Hände hoch!", so rief der Posten
gelten.
Um diese Inkonsequenz zu vermeiden, empfehlen wir,

!

auf Satzschlußzeichen in Zitaten wörtlicher Rede generell zu verzichten, wenn dieses Zitat nicht am Ende des Hauptsatzes steht.

¡

Beispiele:
„Was nun", dies fragte sich jeder.
„Diese Schufte", so rief der Geprellte.
usw.
Wird der Nebensatz mit wörtlicher Rede durch *usw.*, *o. ä.*, *sowie* oder eine andere der in R 1 aufgeführten Konjunktionen fortgesetzt, z. B. wie in
„Was soll ich nur machen" o. ä. murmelte er.
„Herzlich willkommen" und andere Begrüßungsworte rief sie.
„Schöne Weihnachten" usw. sagte er.,

wird nach dem Anführungszeichen – entsprechend dem Grundsatz, daß R 1 vor R 2 geht – natürlich kein Komma gesetzt, denn hier ist das Zitat wörtlicher Rede Glied einer Aufzählung und es gilt entsprechend R 1.
Neuregelung: Überall müßte hier nach dem abschließenden Anführungszeichen ein Komma gesetzt werden – ein harter Verstoß gegen R 1 (und darum unsinnig).

Komma 2 bei Nebensätzen in einer Aufzählung

Die Kommasetzung bei Nebensätzen in einer Aufzählung beruht auf R 1 und R 2.1

R 2.1 fordert noch eine Regelung des Gebrauchs von Komma 2 bei Nebensätzen in einer Aufzählung. Wie andere Satzglieder können auch Nebensätze aufgezählt werden. Diesen Fall hatten wir bereits (29) behandelt, jedoch in der Erläuterung von 29 bereits darauf hingewiesen, daß 29 nur die Kommasetzung zwischen den aufgezählten Nebensätzen regelt, nicht die Kommasetzung vor und hinter der Aufzählung, denn dies ist ein Fall, der unter R 2.1 fällt. Jetzt können wir also die Kommasetzung bei Nebensätzen insgesamt behandeln. Wir erläutern sie schrittweise. **65**

Nach R 1 steht zwischen gleichartigen gleichrangigen Satzgliedern kein Komma, wenn sie durch *und, oder, beziehungsweise, sowie* usw. verbunden sind. Dies gilt auch für Nebensätze.

Beispiele (die aufgezählten Nebensätze sind jeweils unterlegt):

Komma 1 bei Aufzählungen in Nebensätzen

a_1 *Wenn Satzglieder gleichartig sind und wenn sie gleichrangig sind und wenn sie nicht durch und oder oder verbunden sind, dann werden sie durch Komma 1 getrennt.*

a_2 *Weil es wichtig war und obwohl er Kopfschmerzen hatte, ging er zur Versammlung.*

a_3 *Sie sagte, entweder solle er ihr helfen oder sich zum Teufel scheren.*

a_4 *Geschieht auch morgen nichts und treffen wir keine Entscheidung, wird die Sache schlimm enden.*

a_5 *Er sagt, er kommt morgen und bringt die Leitung in Ordnung.*

Neuregelung: Auch zwischen Nebensätze, die durch *und, oder* usw. verbunden sind, kann ein Komma gesetzt werden, um die Gliederung des Ganzsatzes zu verdeutlichen, z. B. in (a_1) hinter *gleichartig sind*. Diese Regelung ist nicht sinnvoll, denn sie widerspricht der klaren Regel R 1. Wir raten grundsätzlich davon ab.

R 1 regelt nur den Gebrauch des Kommas zwischen den Nebensätzen. Vgl. z. B. (a_1) mit

b_1 *Wenn Satzglieder gleichartig sind, aber wenn sie nicht gleichrangig sind oder wenn sie durch und oder oder verbunden sind, dann werden sie nicht durch Komma getrennt.*

Oder vgl. (a_5) mit

b_2 *Er sagt, er kommt morgen, kann aber die Leitung nicht in Ordnung bringen.*

Komma 2 bei Aufzählung von Nebensätzen

Über die Kommas nach *sind* in (a_1), *hatte* in (a_2), *sagte* in (a_3), *Entscheidung* in (a_4) und *sagt* in (a_5) sagt R 1 nichts aus. Sie sind vielmehr entsprechend R 2.1 gesetzt. Denn mehrere aufgezählte Nebensätze bilden zusammen ein Satzglied des **66** übergeordneten Satzes, z. B. in (a_1), (a_2) und (a_4) eine Angabe, in (a_3) und (a_5) eine Ergänzung 2, wie der Vergleich mit (c_1) bis (c_5) zeigt:

c_1 Unter bestimmten Bedingungen werden gleichartige Satzglieder durch Komma getrennt.

c_2 Todmüde ging er zur Versammlung.

c_3 Sie sagte das entscheidende Wort.

c_4 So wird die Sache schlimm enden.

c_5 Er sagte nichts.

Ein durch mehrere Nebensätze gebildetes Satzglied ist natürlich satzwertig, da schon ein einzelner Nebensatz satzwertig ist, folglich gilt ganz regelmäßig, daß eine Aufzählung von Nebensätzen gemäß R 2.1 in Komma 2 eingeschlossen wird. Der Grundsatz *R 1 geht vor R 2* kann hier nicht angewandt werden, weil – vgl. S. 231 f., 54 – in allen diesen Fällen R 1 und R 2.1 sich immer auf verschiedene Satzglieder beziehen, z. B. in (a_2) R 1 auf *weil es wichtig war* und *obwohl er Kopfschmerzen hatte*, also auf zwei Konstituenten, R 2.1 dagegen auf

weil es wichtig war **und** *obwohl er Kopfschmerzen hatte*,

also auf ein Satzglied. Folglich können hier R 1 und R 2.1 nicht miteinander in Konflikt geraten.

Einige weitere Beispiele:

Das Darlehen wird, wenn der Verwendungsnachweis erbracht ist und die Sicherheiten vorliegen, ausgezahlt.

Er sagte, nun habe er es verstanden und sehe endlich klar, und machte sich an die Arbeit.

Was immer sie sagte oder wie immer sie sich aufführte, er reagierte stets abweisend.

67 Nebensätze können auch in Nebensätze eingebettet werden:

Wenn die Wohnung, die jetzt noch mein Schwager bewohnt, frei wird, mieten wir sie.

Das Darlehen wird ausgezahlt, wenn gewährleistet ist, daß es durch eine Hypothek abgesichert ist.

Hier handelt es sich nicht um eine Aufzählung, folglich wird R 1 nicht angewandt, sondern der Nebensatz 2. Grades wird ebenso gemäß R 2.1 in Komma 2 eingeschlossen und damit als Glied des Nebensatzes 1. Grades gekennzeichnet wie dieser gegenüber dem Hauptsatz.

Das paarige Komma bei nachgestellten Appositionen und nachgestellten genaueren Bestimmungen

68 Die Apposition (Beisatz) hatten wir bereits als eine besondere Form des Attributs beschrieben (vgl. S. 228, 50): Substantive oder Adjektive, die jeweils durch ande-

re Ausdrücke näher bestimmt sein können, werden einem Bezugswort zugeordnet, um es näher zu bestimmen. Nicht nur Adjektive oder Partzipien, sondern auch Substantive können dem Bezugswort vorausgehen wie z. B. in
die Mozartstadt Salzburg
Der Angeklagte Müller wurde vorgeführt.
die dieses Jahr in die Schlagzeilen geratene Unternehmensgruppe Flick

Komma 2 steht nur bei nachgestellten Appositionen

Sie unterscheiden sich formal nicht von dem „normalen“ Adjektiv-Attribut, und wie dieses werden sie nicht durch Komma von dem folgenden Bezugswort abgetrennt. Wir brauchen uns deshalb nur mit den nachgestellten Appositionen und genaueren Bestimmungen zu befassen. Für sie gilt die Regel:

R 2.2: Nachgestellte Appositionen und nachgestellte genauere Bestimmungen werden in Komma 2 eingeschlossen. 69

Komma 2 bei nachgestellten Appositionen

Nachgestellte Appositionen sind genauere Bestimmungen besonderer Art, nämlich Substantive, Adjektive oder Partizipien, die mit dem Bezugswort im Fall (Kasus) übereinstimmen, sofern dieses selbst einen Fall aufweist. Sie alle werden gemäß R 2.2 in Komma 2 eingeschlossen.
Beispiele (die Apposition ist jeweils hervorgehoben):
a_1 Friedrich Ebert, *der erste Reichspräsident*, starb früh.
a_2 In Köln, *der rheinischen Metropole*, feiert man Karneval.
a_3 Morgen, *am Tag der Heiligen drei Könige*, ziehen noch einmal die Kinder umher.
a_4 Sein erstes Produkt, *der Käfer*, wurde weltbekannt.
a_5 Viele Sorten von Äpfeln, *rote, gelbe, grüne*, lagen in den Kisten.

Auch Appositionen können ineinander verschachtelt sein:
b Boris Becker, *jüngster Sieger des Turniers von Wimbledon, des bedeutendsten der Welt, und jüngster Finalist eines Daviscup-Finales*, konnte allein die Schweden nicht schlagen.

Nachgestellte Appositionen sind Attribute besonderer Art

Alle Appositionen sind Attribute, d. h. sie dienen – vereinfacht gesagt – dazu, das durch das Bezugswort Bezeichnete (Begriff, Person, Gegenstand usw.) genauer

zu charakterisieren. Das Bezugswort ist deshalb in der Regel ein Nomen (Eigenname oder Substantiv) oder ein substantivisch gebrauchtes Wort anderer Wortart (z. B. *das Tanzen*, *das Hier-und-jetzt* usw.).
So charakterisiert im Beispiel (b) der Ausdruck *jüngster Sieger des Turniers von Wimbledon* den durch den Namen *Boris Becker* bezeichneten Menschen näher und der Ausdruck *des bedeutendsten der Welt* die durch *des Turniers von Wimbledon* bezeichnete Sportveranstaltung.

Nachgestellte Attribute ohne Komma 2

70 Es gibt nachgestellte Attribute, die nicht in Kommas eingeschlossen werden, z. B. Substantive im Genitiv:
Der Bruder des Präsidenten
Die Freuden des Lebens

Präpositionalgruppen:
das Haus an der Ecke
eine Nacht im Heu
der Eingang zur Garage

Adverbien:
euer Besuch neulich
der Mann dort drüben
alle Neulinge hier

Sie alle werden beim Sprechen ohne Absinken der Stimme mit dem vorausgehenden Bezugswort verbunden und daher – gemäß G 0 – nicht in Kommas eingeschlossen.
Diese Regelung gilt auch für Fälle, in denen ein unflektiertes Adjektiv oder Partizip mit einem vorausgehenden Substantiv oder Namen als fester Bestandteil eines Begriffs oder Namens verbunden ist:
Hänschen klein
100 Mark bar
Forelle blau
Augen groß wie Räder

Systematisch gehört hierher schließlich auch der nachgestellte Komparativ mit Ergänzung:
eine Beteiligung höher als angenommen
ein Querschnitt kleiner als 3 mm.

71 Im Unterschied zu diesen gibt es jedoch nachgestellte Attribute, die den unter 69 beschriebenen Appositionen im engeren Sinne insofern gleichen, als sie beim

Vorlesen durch Neuansatz der Stimme deutlich vom vorausgehenden Bezugswort abgehoben werden. Wir wollen sie deshalb, weil sie auch in ihrer syntaktischen Funktion den Appositionen im engeren Sinn gleichen, noch zu den Appositionen zählen. Sie werden in Komma 2 eingeschlossen:

Nachgestellte Attribute mit Komma 2

Beispiele:
Die Kirschen, süß und knackig, verlockten die Kinder.
Hans, spätestens seit gestern voller Zorn auf seinen Bruder, geriet außer sich.
Der Abgeordnete Schmidt, Hamburg, ging zum Rednerpult.

Als Angaben interpretierbare nachgestellte Appositionen werden in der Regel nicht in Komma 2 eingeschlossen

Gelegentlich kann es vorkommen, daß ein Ausdruck sowohl als nachgestellte Apposition (im weiteren Sinn) wie als Angabe zum gesamten Satz interpretiert werden kann:
Man sah sie (,) heiter und vergnügt (,) von dannen ziehen.

Semantisch, d. h. unter dem Aspekt der Information betrachtet sind beide Schreibweisen gleichwertig. Wird hier Komma 2 gesetzt, so dient es ausschließlich der Hervorhebung des in Kommas gefaßten Ausdrucks, also einem rhetorischen Zweck, der ohne Kommasetzung durch Umstellung der Satzglieder erreicht würde:
Heiter und vergnügt sah man sie …

Dies spricht wiederum für das Prinzip, auf Kommas in Zweifelsfällen eher zu verzichten, sofern sie nicht nötig sind, um Mißverständnisse zu vermeiden.

Komma 2 bei nachgestellten genaueren Bestimmungen

Nachgestellte genauere Bestimmungen können sich auf beliebige Satzglieder, folglich beliebige Wortarten beziehen

Zu jeder Ergänzung oder Angabe im Satz, ja sogar zum Prädikat selbst können 72
genauere Bestimmungen hinzugefügt werden. Während Appositionen ein Sonderfall von Attributen sind, sich also – vgl. 69 – auf Nomen beziehen, gilt diese Einschränkung für nachgestellte genauere Bestimmungen im allgemeinen nicht. Ihr Bezugswort kann jeder beliebigen Wortart angehören.
Beispiele:
a_1 *Zwei, d. h. nicht eben viele, wollten das Spiel sehen.*
a_2 *Unten, nämlich im Keller, war eingebrochen worden.*
a_3 *Zweimal wöchentlich, dienstags und freitags, ist Markt.*

a_4 *Abends, insbesondere nach 19 Uhr, nimmt der Verkehr ab.*
a_5 *Sie spielten, d. h. sie stritten sich nicht.*
a_6 *Einige Besucher, z. B. ich, fanden die Aufführung gut.*

Diese Beispiele zeigen auch, daß die Funktion nachgestellter genauerer Bestimmungen im allgemeinen nicht mit dem Begriff des Attributs zureichend beschrieben werden kann. Z. B. könnte man (a_3) umstellen –
b_1 *Dienstags und freitags*, (*also*) *zweimal wöchentlich, ist Markt*. –,

sodaß nun *zweimal wöchentlich* genauere Bestimmung zu *dienstags und freitags* wäre.
Wir wollen daher auf den Versuch einer präziseren allgemeinen Definition des Begriffs der nachgestellten genaueren Bestimmungen verzichten und statt dessen ein Merkmal angeben, an dem sie in der Regel erkannt werden können:

!

73 Nachgestellte genauere Bestimmungen – die nach R 2.2 in Komma 2 eingeschlossen werden – werden meist durch einen der folgenden Ausdrücke eingeleitet:

allerdings, also, auch, ausgenommen, außer, besonders, d. h., d. i. (= das ist), *insbesondere, nämlich, namentlich, und das, und zwar, vor allem, z. B.* o. ä.

Nachgestellte genauere Bestimmungen sind satzwertig

Es kann vorkommen, daß auf einen der in 50 aufgeführten Ausdrücke ein Nebensatz oder eine Infinitivgruppe, die in Komma 2 eingeschlossen wird (vgl. S. 195, 56), als nachgestellte genauere Bestimmung folgt. Insbesondere nach *d. h.* (das heißt) und *d. i.* (das ist) wird dann häufig ein Komma gesetzt:
Morgen, d. h., *wenn nichts dazwischen kommt, fahren wir.*

In der Regel kein Komma 2 nach dem eine nachgestellte genauere Bestimmung einleitenden Ausdruck *d. h., z. B. …*

Das gilt allerdings nicht für *z. B.*, denn *z. B.* kann in den folgenden Nebensatz bzw. die Infinitivgruppe einbezogen werden. Vgl.
Häufig, z. B., wenn sie Karten spielten, gerieten sie in Streit.
mit
…, wenn sie z. B. Karten spielten, …
Wir empfehlen daher, in diesen Fällen generell kein Komma zu setzen.
Tritt allerdings zu einem eine genauere Bestimmung einleitenden Ausdruck ein weiteres Wort wie *nicht* oder *nur* und folgt dann ein Nebensatz oder eine Infini-

tivgruppe, so setzt man ganz regelmäßig vor dem Nebensatz bzw. der Infinitivgruppe Komma 2:
Wir kommen gern, allerdings nur, wenn es sie nicht stört.
Kaum einmal, z. B. nicht, wenn er arbeitete, telefonierten sie noch miteinander.

Komma 1 oder Komma 2 bei nachgestellten genaueren Bestimmungen

Anwendung des Grundsatzes *R 1 geht vor R 2* (G 1)

Wir betrachten in diesem Abschnitt zwei Fälle: 74
(1) Ein dem Bezugswort als Attribut vorausgehendes Adjektiv oder Partizip bzw. Partizipialgruppe wird durch ein dem Bezugswort ebenfalls vorausgehendes Adjektiv oder Partizip bzw. eine Partizipialgruppe genauer bestimmt.
Beispiele:
a_1 *Fanatisierte, insbesondere jugendliche Fans*
a_2 *eine befriedigende, nämlich überaus detaillierte Beschreibung*

(2) Ein infiniter Teil eines Verknüpfungsprädikats wird durch eine dem finiten Teil des Prädikats vorausgehende infinite Verbform genauer bestimmt.
Beispiele:
b_1 ... *nachdem er den Raum verlassen, d. h. die Tür hinter sich geschlossen hatte,* ...
b_2 ... *weil sie gestört, d. h. laut krakeelt hatten,* ...

Der „alte" *Duden* (Bd. 1, R 98) mußte beide Fälle als Ausnahmen von der Regel behandeln, daß nachgestellte genauere Bestimmungen in Kommas eingeschlossen werden. Nach ihm fällt hier das zweite Komma weg – in (a_1) und (a_2) also hinter *jugendliche* und *detaillierte*, in (b_1) und (b_2) hinter *geschlossen* bzw. *krakeelt* – „um den Zusammenhang der Fügung nicht zu stören".

Läßt sich eine nachgestellte genauere Bestimmung als Glied einer Aufzählung interpretieren, gilt wegen G 1 R 1.

Unser System der Kommasetzung gestattet es, diese Fälle als völlig regelmäßig zu erklären; die Struktur ist in beiden Fällen dieselbe: In (1) und (2) bezieht sich die nachgestellte genauere Bestimmung jeweils in gleicher Weise auf das folgende Bezugswort bzw. finite Verb wie der von ihr bestimmte Ausdruck,
in (1) also
jugendliche bzw. *überaus detaillierte*
ebenso wie
fanatisierte bzw. *befriedigende*
auf *Fans* bzw. *Beschreibung,*

in (2)
die Tür hinter sich geschlossen bzw. *laut krakeelt*
ebenso wie
verlassen bzw. *gestört*
auf
hatte bzw. *hatten.*

Weil sich die nachgestellten genaueren Bestimmungen in derselben Weise auf das folgende Bezugswort bzw. finite Verb beziehen wie die von ihnen genauer bestimmten Ausdrücke, handelt es sich in beiden Fällen um Aufzählungen gleichartiger Satzglieder – und für diesen Fall ist R 1 zuständig. Nach R 2 werden nachgestellte genauere Bestimmungen in Komma 2 eingeschlossen; dies würde ein Komma hinter *jugendliche, detaillierte* usw. verlangen.

Es gilt aber der Grundsatz *R 1 geht vor R 2*,
folglich wird – ganz regelmäßig – kein Komma gesetzt.
Daß es sich hier um eine regelmäßige Erscheinung handelt, zeigen die folgenden, vom *Duden* gar nicht erfaßten Fälle, die wie (2) zu erklären sind:
Sie stritten, d. h. beschimpften sich.
Sie waren verliebt, d. h. richtiggehend vernarrt in den Ort.

75 Nachgestellte genauere Bestimmungen oder Vergleiche

Einen Vergleich ausdrückende Sätze oder Satzglieder können mit Hilfe der Konjunktionen
Komparativ + *als/denn*
so – wie
ebenso – wie
wie u. ä.
formuliert werden, z. B.
a_1 *Er ist größer als sein Bruder.*
a_2 *Geben ist seliger denn nehmen.*
a_3 *Es wurde mehr getrunken als gegessen.*
a_4 *Der Kran war [so] hoch wie ein Kirchturm.*

Beim zweiten Glied des Vergleichs, *sein Bruder, nehmen* usw., handelt es sich nicht um eine nachgestellte genauere Bestimmung des ersten, *er, geben* usw. Vielmehr sind beide Glieder des Vergleichs gleichrangige Konstituenten, nämlich Ergänzungen der Prädikate *ist größer als, ist seliger denn* usw.

In einen Vergleich ausdrückenden Sätzen wird daher das zweite Glied des Vergleichs nicht durch Komma abgetrennt – vgl. die Beispiele (a_1) bis (a_4) –, es sei denn, es wäre ein Nebensatz oder erweiterter Infinitiv mit *zu*, also z. B.

b_1 *Es wurde mehr getrunken, als sie gedacht hatten.*
b_2 *Der Kran war so hoch, wie sie nie einen gesehen hatten.*
b_3 *Schlafen ist angenehmer, als stundenlang in der Kälte herumzulaufen.*

Das Komma wird hier nicht wegen des Vergleichs gesetzt – diese Struktur erfordert kein Komma. Vielmehr gilt ganz regelmäßig, daß Nebensätze gemäß R 2.1 und die erweiterte Infinitivgruppe mit *zu* gemäß R 2.3 (vgl. 79) in Komma 2 eingeschlossen werden. Die Vergleichskonjunktionen *als, denn*, bzw. *wie* werden in diesem Fall in Komma 2 einbezogen. Doch muß man zugeben, daß dies unbefriedigend ist, denn die betreffende Konjunktion gehört, logisch betrachtet, zum Prädikat:

… *ist angenehmer als* …
… war so hoch wie …
usw.

Abweichend von der alten Duden-Regelung empfehlen wir daher,

!

bei verkürzten Nebensätzen und kurzen Infinitivgruppen mit *zu* als Glied eines Vergleichs kein Komma zu setzen – entsprechend dem Grundsatz G 0. **76**

¡

Beispiele:
Wir haben mehr Wein als nötig ist.
Er kennt nichts Schöneres als Musik zu hören.

Komma 2 vor *wie*

Die Konjunktion *wie* leitet gelegentlich eine Aufzählung von Exemplaren einer zu- **77**
vor allgemein benannten Menge ein, z. B. in

c_1 *Ausdrücke wie „gehen“, „fahren“ usw. sind Verben.*
c_2 *Nebenkosten wie Strom- und Abwassergebühren werden separat abgerechnet.*
c_3 *Haustiere wie Hunde oder Katzen sind in vielen Wohnungen unerwünscht.*
c_4 *Leute wie du und ich haben da nichts zu suchen.*

Solche exemplifizierenden Aufzählungen (Aufzählungen, die Beispiele für den vorausgehenden Begriff angeben) sind nicht als Vergleich anzusehen, nur bedingt als nachgestellte genauere Bedingungen, so z. B. nicht in den Beispielen (c_1) und (c_4).
Sie alle werden gemäß G 0 nicht in Kommas eingeschlossen.

Das paarige Komma bei Infinitivgruppen

Infinitive und Partizipien haben keine Personalendung

Infinite Verbformen sind Verbformen, die keine Personalendung aufweisen. Es gibt davon zwei Arten, nämlich
Infinitive
gehen, laufen, haben, sein, werden usw.
und Partizipien
gehend, gegangen
laufend, gelaufen
habend, gehabt
seiend, gewesen
werdend, geworden
usw.

Der „einfache" Infinitiv

Unter Infinitiv ohne Zusatz verstehen wir im folgenden immer nur die einfachen (Präsens)-Formen wie
lieben, haben, werden, sein

Die Regelung des Kommagebrauchs bei Infinitivgruppen war nach der alten Schreibweise sehr übersichtlich. Es galt:

79 **R 2.3:** Erweiterte Infinitivgruppen mit *zu* werden in Komma 2 eingeschlossen, sofern sie nicht
a) Teil eines Verknüpfungsprädikats sind oder
b) als Ergänzung 1 dem finiten Prädikat des übergeordneten Satzes vorausgehen oder
c) mit dem übergeordneten Satz verschränkt sind.

Bedingung a) gilt wegen fehlender Satzwertigkeit der Infinitivgruppe, b) und c) wegen G 0.

Neuregelung: Infinitivgruppen brauchen nicht in Komma eingeschlossen werden, sofern sie nicht
a) durch ein vorausgehendes Wort angekündigt sind:
Sie dachte nicht daran, ihm nachzugeben.

b) nachgestellt sind:
Er, ohne an die Konsequenzen zu denken, fing an zu streiten.

Diese **Neuregelung** ist manchmal durchaus akzeptabel, doch in der Mehrzahl der Fälle problematisch. Oft wird man ein Komma setzen müssen, um eine Irreführung des Lesers auszuschließen. Die alte Regelung war insgesamt übersichtlicher. Da es sich hier um eine Kann-Regelung handelt, empfehlen wir, durchgängig bei der alten Regelung zu bleiben.

Komma 2 bei erweiterten Infinitivgruppen mit *zu*

Der erweiterte Infinitiv

Unter einer erweiterten Infinitivgruppe mit *zu* wird jeder Ausdruck verstanden, der aus 80
zu + Infinitiv + mindestens einem weiteren Wort gebildet wird, also z. B.
um zu sehen
ohne zu hören
schwierig festzustellen
nach Hause zu gehen.

Als erweitert gelten damit auch die Infinitive des Passiv und Perfekt Aktiv mit *zu*:
geliebt zu werden
gegessen zu haben
usw.

Liegt ein solcher erweiterter Infinitiv mit *zu* vor und gelten nicht die Bedingungen (a) bis (c) von R 2.3, so wird er nach der „alten" Regelung in Komma 2 eingeschlossen.
Beispiele:
Er beschloß, nach Hause zu gehen, und verließ den Saal.
Sie bedauerte, gesehen worden zu sein.
Er ging ins Büro, um zu arbeiten.
Wir schicken Ihre Exemplare zurück, ohne sie geprüft zu haben, und bleiben …

Wir diskutieren nun die Fälle, in denen eine Infinitivgruppe mit *zu* nicht in Komma 2 eingeschlossen wird.

Nicht erweiterte Infinitive mit *zu*

Der einfachste Fall liegt vor, wenn ein Infinitiv mit *zu* nicht erweitert ist. Darüber 81
sagt R 2.3 – streng genommen – nichts aus. Normalerweise wird er also nicht in Komma 2 eingeschlossen:

Er versuchte zu schlafen.
Ich rate dir zu gehen.
Er bat sie zu bleiben.
Ich weigere mich zu bezahlen.
usw.

Komma 2 bei nicht erweiterten Infinitiven mit *zu*

82 Es sind jedoch folgende Fälle zu beachten:
(1). Ein nicht erweiterter Infinitiv wird mit einem zweiten nicht erweiterten oder einem erweiterten Infinitiv in einer Aufzählung verknüpft:
Versuche, zu schlafen oder zu ruhen!
Er versprach, zu kommen und uns Gesellschaft zu leisten.

Solche Bildungen fallen natürlich unter die obige Definition von Erweiterung, folglich wird Komma 2 gesetzt.
(2). Von einem Infinitiv mit *zu* hängt ein Nebensatz ab:
a_1 *Sie versuchte (,) herauszufinden, was er wollte.*
a_2 *Er weigerte sich (,) zu bezahlen, was er nicht bestellt hatte.*

Auch in diesen Fällen handelt es sich um Erweiterungen. Es gilt jedoch G 0: Gerade wegen des folgenden Nebensatzes würde man vor dem Infinitiv mit *zu* keine Intonationspause machen. Syntaktisch ist ein Komma an den durch () bezeichneten Stelle natürlich vertretbar. Man sollte Komma 2 hier jedoch nur setzen, wenn angedeutet werden soll, daß sich der folgende Nebensatz ausschließlich auf den Infinitiv bezieht. In (a_2) würden wir daher das Komma setzen, in (a_1) dagegen nicht.

(3). Vor allem in literarischen Texten kommt es vor, daß der nicht erweiterte Infinitiv mit *zu* im Sinne von *um zu* + Infinitiv verwendet wird. In solchen Fällen setzt man Komma 2:
b_1 *Er kniete nieder, zu beten.*
b_2 *Ich komme, zu helfen.*

(4). Folgt in einem sogenannten Gleichsetzungssatz mit der Struktur X ist Y, X war Y o. ä. an der durch Y bezeichneten Stelle ein nicht erweiterter Infinitiv mit *zu*, wird er durch Komma 2 eingeschlossen:
c_1 *Seine Absicht war, zu verreisen.*
c_2 *Sein Wille ist, zu bleiben.*
usw.

Hierzu ist auch ein Fall zu rechnen wie
c_3 *Seine Tücke bestand darin, zu schweigen.*

Fälle wie die unter (3) und (4) behandelten dürften zu selten sein, um eine besondere Regel zu rechtfertigen. Sie sind syntaktisch schwierig zu analysieren; wir wollen hier deshalb darauf verzichten.

Andererseits – dies rechtfertigt unsere Zurückhaltung in diesem Punkt – werden ja Äußerungen wie

Denke daran einzukaufen.

Sie freute sich darauf zu spielen.

Schmidt liebte es zu priemen.

in der Regel ohne Komma vor dem Infinitiv mit *zu* geschrieben.

Neuregelung: In all den hier erwähnten Fällen braucht nach der **Neuregelung** kein Komma gesetzt zu werden. Vgl. 79.

Infinitive mit *zu* als Teile von Verknüpfungsprädikaten

Bei fehlender Satzwertigkeit kein Komma 2

In Fällen wie 83

a_1 *Die Lampe war nachts gut zu sehen.*

a_2 *Sie ist auf ihn nicht gut zu sprechen.*

a_3 *Du brauchst mir nichts zu versprechen.*

a_4 *Er scheint endlich zu kommen.*

werden die erweiterten Infinitive mit *zu* (*gut zu sehen, endlich zu kommen* usw.) nicht durch Komma 2 eingeschlossen, weil sie zusammen mit den vorausgehenden finiten Verbformen *war, ist, brauchst, scheint* ein Prädikat, nämlich ein Verknüpfungsprädikat bilden.

In diesen Fällen fehlt der Infinitivgruppe die Satzwertigkeit im Sinne unserer Definition aus 49; folglich wird kein Komma 2 gesetzt.

pflegen, drohen, versprechen usw. als Teile von Verknüpfungsprädikaten

Dies gilt auch für Verknüpfungsprädikate, die mit einer finiten Form von *pflegen,* 84
drohen, versprechen, glauben u. a. gebildet werden:

b_1 *Er pflegte sich täglich zu rasieren.*

b_2 *Sie drohte ihm noch umzukippen.*

b_3 *Ein Unwetter drohte vom Westen heraufzuziehen.*

b_4 *Dies verspricht ein schönes Spiel zu werden.*

b_5 *Er glaubte sich seiner Aufgabe gut entledigt zu haben.*

usw.

Aber:

c_1 *Er drohte ihn zu verraten.*

c_2 *Sie versprach, ihn zu besuchen.*
c_3 *Er glaubte, sie wolle ihn ausnutzen.*

In diesen letzten Beispielen liegen satzwertige Infinitivgruppen vor, daher Komma 2. Die finiten Verbformen *pflegte, drohte, verspricht* in (b_1) bis (b_4) werden in anderer Bedeutung verwendet als in (c_1) bis (c_3). Bei *glaubte* handelt es sich um einen Grenzfall: Auch in (b_5) könnte hinter *glaubte* ein Komma gesetzt werden. Ein in der Regel hinreichendes Indiz dafür, ob eine erweiterte Infinitivgruppe mit *zu* als Teil eines Verknüpfungsprädikats gebraucht wird, liefert die Intonation beim lauten Lesen: In den Beispielen (b_1) bis (b_5) würde im Unterschied zu den Beispielen (c_1) bis (c_3) hinter der finiten Verbform keine Sprechpause gemacht.

Infinitivgruppen mit *zu* als Ergänzung 1 (Subjekt)

Kein Komma 2 bei erweiterten Infinitiven mit *zu* als Ergänzung 1

85 Gehen (erweiterte) Infinitivgruppen mit *zu* als Ergänzung 1, d. h. als Subjekt des Satzes, dem finiten Verb voraus, so werden sie nicht durch Komma 2 eingeschlossen – und zwar wegen G 0. Wir haben diesen Fall bereits in der Einleitung zum Komma-Kapitel diskutiert (vgl. S. 207, 21) und können uns deshalb hier auf Beispiele beschränken:
Unterlegen zu sein ist keine Schande.
Seine Freunde zu betrügen ist schändlich.
Diesen Gesichtspunkt zu stark zu betonen hätte zur Folge, daß …
Ein neues Produkt erfolgreich zu vermarkten verlangt Erfahrung und Ideen.

Natürlich wird ein nicht erweiterter Infinitiv mit *zu* in derselben Position gleichfalls nicht in Komma 2 eingeschlossen:
Zu bleiben war nicht ratsam.

Mit dem übergeordneten Satz verschränkte Infinitivgruppen mit *zu*

Kein Komma 2 bei mit dem übergeordneten Satz verschränkten Infinitivgruppen mit *zu*

86 Unter der Verschränkung einer Infinitivgruppe mit dem übergeordneten Satz wollen wir verstehen, daß (a) entweder Teile des übergeordneten Satzes zwischen Teile der Infinitivgruppe treten oder daß (b) die gesamte Infinitivgruppe von den Verbformen des übergeordneten Prädikats eingeschlossen wird. Auch diesen Fall hatten wir bereits in 21 erörtert und geben daher hier nur noch Beispiele an. (Die zur Infinitivgruppe zählenden Ausdrücke sind jeweils unterlegt).

Zu (a):
Dieses Problem werden wir *zu lösen* versuchen.
Er wagte *sie* nicht noch mehr *zu reizen*.
Den Betrag bitten wir Sie *auf unser Konto zu überweisen*.
Zu (b):
Wir hatten *Sie zu informieren* versprochen.
Wir werden *dieses Problem zu lösen* versuchen.

Das paarige Komma bei Partizipien und Partizipialgruppen

Formen von Partizipien

Partizipien sind neben dem Infinitiv die zweite infinite, d. h. nach Person und Zeit unbestimmte Verbform. Das Deutsche kennt zwei Formen: 87
1. *lobend, lächelnd, schwimmend ...*
2. *gelobt, geredet, gefunden, geborgen, abgefallen, hinausgegangen, weggeworfen, studiert, berufen, verraten, zerrissen, ...*

Partizipialgruppe

Unter einer Partizipialgruppe verstehen wir ein durch mindestens ein Wort ergänztes bzw. erweitertes Partizip:
freundlich lächelnd, schimmernd wie der Mond, aus allen Poren nach Knoblauch riechend, schnell dahergeredet, mühsam geborgen, von seinem besten Freund verraten,
usw.
Der Rest des Kapitels ist erfreulich kurz, denn es gilt:

R 2.4: Partizipien und Partizipialgruppen werden dann in Komma 2 eingeschlossen, wenn sie als nachgestellte Appositionen oder nachgestellte genauere Bestimmungen verwandt werden. 88

Die hierfür geltenden Bedingungen haben wir bereits erörtert (vgl. 69).

Kein Komma 2 bei nicht nachgestellten Partizipialgruppen

Mit dieser Regelung weichen wir von der des *Duden* ab, und zwar mit guten Gründen: Bei nicht nachgestellten Partizipialgruppen fällt Komma 2 in der Regel wegen G 0 fort: 89

a_1 *Aus vollem Halse lachend kam er auf mich zu.*
a_2 *Genau betrachtet gilt dies nur in Ausnahmefällen.*
a_3 *Sich angeregt unterhaltend gingen sie spazieren.*
a_4 *Grammatisch gesehen ist die Apposition ein Attribut.*

In diesen und ähnlichen Fällen fordert die alte Regelung jeweils hinter dem Partizip ein Komma, sofern die Partizipialgruppe nicht als E 1 dem finiten Prädikat vorausgeht wie in
b_1 *Schlecht gefahren ist besser als gut gelaufen.*

In der Regel werden vorausgestellte Partizipialgruppen wie in (a_1) bis (a_4) als Angaben zum gesamten Satz verstanden, nicht als vorausgestellte Appositionen zu folgenden Bezugswörtern. Deshalb werden sie in der Regel auch durch keine Sprechpause vom folgenden Satz abgetrennt, deshalb gilt in der Regel G 0.
Hier geht es um eine prinzipielle Frage, die wir deshalb noch einmal kurz ansprechen wollen: Regeln der Kommasetzung müssen sich an den Prinzipien orientieren, die dieser Kommasetzung zugrundeliegen, und diese Prinzipien sind im Deutschen – wir haben dies eingehend sowohl beim Komma 1 als auch beim Komma 2 erörtert – grammatischer (syntaktischer), nicht rhetorischer Natur. Soll aus rhetorischen Gründen ein Satzglied besonders hervorgehoben werden, so fällt dies jederzeit in die freie Entscheidung des Schreibenden. Diese aber ist nicht zu regeln, sonst wäre sie nämlich nicht frei.
Deshalb haben wir R 2.4 oben bewußt eingeschränkt.
Neuregelung: Partizipialgruppen als Nachträge können in Komma 2 eingeschlossen werden, dies ist jedoch nicht obligatorisch. In der Regel wird es sich aus Gründen der Satzgliederung jedoch empfehlen, bei der alten Regelung zu bleiben. Auch hier handelt es sich jedoch um eine Kann-Regelung, sodaß Probleme hier eigentlich nicht entstehen dürften.

Das paarige Komma bei verkürzten Sätzen (Ellipsen)

Ellipsen

90 Unter einer Ellipse versteht der Grammatiker einen Ausdruck, der durch aus dem Kontext zu erschließende und deshalb weggelassene Ausdrücke zu einem vollständigen Satz ergänzt werden kann.

Beispiele (die ergänzten Ausdrücke sind in eckige Klammer gesetzt):
Vielleicht [geschieht es], *daß sie nicht kommt.*
Niemand weiß, von wem [dies kommt o. ä.].

Für die Kommasetzung gelten meist dieselben Regeln wie für nicht verkürzte Sätze (vgl. 56, Punkt (4) und 67, aber auch 76).

Für formelhaft gebrauchte Ellipsen wie 91
wie gewünscht
wie vereinbart
wie gehabt
wie gesagt

gilt dagegen, daß sie – wegen G 0 – in der Regel nicht in Komma 2 eingeschlossen werden:
Wir schickten Ihnen wie vereinbart die Proben.
Ich hatte wie gesagt dafür noch keine Zeit.
usw.

Das paarige Komma bei Schaltsätzen

Unter einem Schaltsatz versteht man einen in einen Satz eingeschobenen Hauptsatz, der auch elliptisch sein kann. Er wird durch Komma 2 oder auch (außer bei wörtlicher Rede) durch Klammern oder Gedankenstriche (vgl. 119 bzw. 113) eingeschlossen. 92
Beispiele:
„Du siehst“, sagte er, „schlecht aus“.
Appositionen sind, wir können die Gründe hier nicht i. e. erörtern, Attribute.
Wenn sich, ich nehme es nicht an, sein Zustand verschlechtert, müßten wir operieren.
Gehen Sie, [ich] *bitte* [Sie], *ihn doch besuchen.*

Das unbetonte *bitte* wird gemäß G 0 nicht in Komma 2 eingeschlossen:
Füllen Sie bitte die beiliegenden Formulare aus.

Das paarige Komma bei Wiederaufnahme vorangestellter Satzglieder

Komma 2 bei der Wiederaufnahme hervorgehobener Satzglieder

Um ein Satzglied besonders hervorzuheben, kann es an den Satzanfang gestellt und durch einen hinweisenden Ausdruck (*so, dies, das, daran, darauf* o. ä.) wieder aufgenommen werden; es wird dann durch Komma 2 eingeschlossen: 93

a_1 *Roulettespiel, das war ihre größte Leidenschaft.*
a_2 *Angetrunken, so konnte er nicht erscheinen.*
a_3 *Zu kneifen, das wäre ihm nie in den Sinn gekommen.*
a_4 *Sie liebte sehr die Musik, und tanzen, das war ihre größte Freude.*
a_5 *Karl, dieser Schuft hat mich doch versetzt.*

Die Satzglieder vor dem Komma kann man als vorangestellte Appositionen zu den folgenden hinweisenden Ausdrücken auffassen. Damit wäre ihre Satzwertigkeit hinreichend begründet, sodaß man die Kommas in den angegebenen Beispielen auf R 2 zurückführen kann.
Vgl. auch
Sie liebte sehr die Musik, und tanzen, das war ihre größte Freude.
mit dem unter 58 Punkt (4) behandelten Fall
Ihre größte Freude war, zu tanzen.

(a_5) könnte theoretisch natürlich auch anders verstanden werden; *dieser Schuft* könnte auch als nachgestellte Apposition zu *Karl* aufgefaßt werden:
Karl, dieser Schuft, hat mich doch versetzt.

Das Komma bei besonderen Einzelfällen

Im folgenden beschreiben wir die Kommasetzung in besonderen, nach inhaltlichen Gesichtspunkten geordneten Fällen. Mit Ausnahme des Abschnitts *Interjektionen* (99), handelt es sich durchweg um einen weitgehend formalisierten Gebrauch des Kommas. Wir verzichten daher in der Regel auf die Angabe, um welchen Kommatyp, Komma 1 oder Komma 2, es sich jeweils handelt.

Orts- und Wohnungsangaben

94 Steht zwischen Name und folgender Orts- bzw. Wohnungsangabe eine Präposition (*in, aus* o. ä.), so wird nach dem letzten Glied der Wohnungsangabe kein Komma gesetzt, steht keine Präposition dazwischen, so wird ein Komma gesetzt, falls der Satz fortgesetzt wird.

Beispiele:
a_1 *Herr Müller aus Aachen, Jakobstr. 210, I. Stock links ist schwer erkrankt.*
Aber
a_2 *Herr Meier, Köln, Neumarkt 20, 3. Stock rechts, ist verzogen.*

Konsequent ist diese Regelung nicht. Denn wenn in (a_2) die gesamte Wohnungsangabe nachgestellte genauere Bestimmung zu *Herr Meier* ist und deshalb nach *rechts* ein Komma gesetzt wird, so müßte in (a_1) *I. Stock links* in gleicher Weise als nachgestellte genauere Bestimmung zu *Jakobstr. 210* aufgefaßt, folglich hinter *links* gleichfalls ein Komma gesetzt werden.

Datum, Namen und Titel

Das Datum wird von Orts-, Wochentags- und Tageszeitangaben durch Kommas abgetrennt. Stimmt die Angabe des Monatstags mit dem des Wochentags nicht im Kasus überein, kann das Komma nach der Datumsangabe entfallen. **95**

Beispiele:
München, den 14.12. 2002
Köln, im Juli 1984
Am Mittwoch, dem 10.10., 20 Uhr findet …
Am Mittwoch, den 10.10. (,) findet um 20 Uhr …

Neuregelung: Bei Orts- wie Wohnungs- und Datumsangaben kann das abschließende Komma entfallen. Also z. B. (a_2):
Herr Meier, Köln, Neumarkt 20, 3. Stock rechts(,) ist verzogen.
Diese Regelung ist sinnvoll.

Einem Namen vorangestellte andere Namen und Titel werden nicht durch Komma abgetrennt. **96**

Beispiele:
Hans Jürgen Schmidt
Prof. Dr. Heinz Müller
Ihre Majestät Königin Elisabeth II.
Staatssekretär Dr. Jürgen Becker

Für nachgestellte Namen und Titel gelten unterschiedliche Regelungen: **97**

1. ohne Komma
Friedrich Barbarossa
Heinrich der Löwe
König Johann ohne Land
Alexandre Dumas Vater
Carlo Schmid MdB
ebenso in der Regel: *Karin Müller geb. Schneider*

2. mit Komma
a) in Namenslisten, Literaturverzeichnissen u. ä. mit vorangestelltem Familiennamen:
Schulz, Herbert, Markt 12
Jäger, Ludwig, Prof. Dr. phil.
oder:
Stötzel, Prof. Dr. phil. Georg
Bergstetten, Ludwig Freiherr von
Schneider, Paula, geb. Meier
usw.
b) Beinamen und Titel:
August II., Kurfürst von Sachsen und König von Polen, ...
Friedrich Wilhelm, der Große Kurfürst, ...
bei mehreren Beinamen:
Friedrich II., der Große, ...
usw.

Anrede, Interjektionen

98 Die Anrede wird durch Komma vom übrigen Satz abgetrennt.

Beispiele:
Schreibe mir, liebe Susanne, bald wieder.
Wir bitten Sie, gnädige Frau, uns in guter Erinnerung zu behalten.
Klaus, willst du das nicht begreifen?
Antworten Sie bitte umgehend, Herr Müller!
Auch nach der Anrede am Anfang eines Briefes wird heute häufig kein Ausrufezeichen, sondern ein Komma gesetzt:
Sehr geehrter Herr Briegel,
für Ihren Brief ...

99 Interjektionen wie auch bekräftigendes *ja* bzw. *nein* werden nur dann durch Komma vom übrigen Satz abgetrennt, wenn sie stark betont werden sollen.

Beispiele:
Ach, jetzt war ihm nicht mehr zu helfen.
Nein, das konnte man nicht durchgehen lassen.

Aber:
Ja war das denn die Möglichkeit.
Oh laß mich doch in Frieden.
usw.

Bei Interjektionen handelt es sich also weitgehend um einen rhetorischen Gebrauch des Kommas. Als Entscheidungskriterium sollte daher jeweils geprüft werden, ob G 0 anzuwenden ist.

Das Komma bei Konjunktionen

Grundsätze der Kommasetzung bei mehrteiligen Konjunktionen 100

Wir fassen die in 58 ff. und 73 erarbeiteten Grundsätze zur Kommasetzung bei mehrteiligen Konjunktionen noch einmal kurz zusammen:
Wird eine Konjunktion durch nur ein hinzutretendes Wort (Adverb, Konjunktion, Partizip o. ä.) erweitert, wird das Komma in der Regel vor die gesamte Konjunktion („eigentliche" Konjunktion + Erweiterung) gesetzt. Wird eine Konjunktion durch mehr als ein Wort erweitert, wird das Komma in der Regel vor die „eigentliche" Konjunktion gesetzt.
Damit ist natürlich nichts darüber ausgesagt, ob aus irgendwelchen aus R 1 und R 2 folgenden Gründen vor die Erweiterung auch ein Komma zu setzen ist. Vgl.
Er sorgte für den Fall, daß etwas passieren würde, vor.
mit
Er sorgte vor, für den Fall, daß etwas passieren würde.
(wegen R 2.2; vgl. S. 227 49).

Hat der die „eigentliche" Konjunktion erweiternde Ausdruck eine von der Konjunktion unabhängige Funktion als Angabe im übergeordneten Satz, so wird das Komma in jedem Fall vor die „eigentliche" Konjunktion gesetzt. Vgl.
a *Dies freute ihn besonders, weil er gern Obst aß.*
mit
b *Dies freute ihn sehr, besonders weil er gern Obst aß.*

In (a) ist *besonders* Angabe im Hauptsatz, in (b) hat diese syntaktische Funktion *sehr* übernommen, *besonders* bildet deshalb hier zusammen mit *weil* eine zusammengesetzte Konjunktion. Nach 61 wird in (b) also vor *weil* kein Komma gesetzt.

Alphabetische Liste der Konjunktionen

101 Weichen unsere Empfehlungen von denen des *Duden* ab, ist dies jeweils in Klammern vermerkt. **Neuregelungen** sind durch „neu: …“ angegeben.

aber
46: *Er war klein, aber oho.*
56: *Ich rufe dich an, aber erst morgen.*
46: *Er war krank, kam aber doch.*
Er war zwar krank, da aber die Sache wichtig war, kam er doch.

abgesehen daß (*Duden*: abgesehen, daß)
Vgl. 61

abgesehen davon, daß
Vgl. 62

als
56: *Als es dunkel wurde, machte er Licht.*
75: *Er ist größer als ich.*
76: *Wir haben mehr Getränke als nötig* (ist).
56, 76: *Er spielt besser, als ich es je erwartet hätte.*

als daß
Vgl. 61.

angenommen daß (*Duden*: angenommen, daß; neu: angenommen(,) daß)
Vgl. 61.

[an]statt daß; [an]statt zu
Vgl. 61.

auch wenn
Vgl. 61.

ausgenommen daß; ausgenommen wenn
(*Duden*: ausgenommen, daß; ausgenommen, wenn; neu: ausgenommen(,) daß; ausgenommen(,) wenn)
Vgl. 61.

außer daß; außer wenn, außer wo usw.
Vgl. 61.

bald – bald
46: *Er beschäftigte sich bald mit diesem, bald mit jenem.*
46: *Bald lief sie zum Fenster, bald starrte sie auf die Tür.*

besonders
46: *Kohlrabi und Salat, besonders aber Paprika ißt sie gern.*

besonders daß; besonders wenn
Vgl. 61, 61 b.

besonders, daß; besonders, wenn
Vgl. 61 a.

beziehungsweise (bzw.)
28: *anstelle von Adjektiven bzw. Partizipien*
28, 29: *Er sagte, er käme gleich bzw. werde sie gleich abholen.*
28: *Er kommt bzw. holt sie gleich ab.*

daher
33: *Er schlief, daher hörte er nichts.*
33: *Er gewann, daher seine Freude.*

darum
Vgl. daher.

d. h. (das heißt)
72 f.: *Komme in den nächsten Tagen, d. h. ab Montag, zu mir.*
74: *Wenn man das Bild genauer, d. h. von nahem betrachtet.*
Aber: *Philosoph, das heißt Liebhaber der Weisheit.* (93).

Leitet *d. h.* eine nachgestellte genauere Bestimmung ein und folgt ein Nebensatz oder ein erweiterter Infinitiv, so empfehlen wir, kein Komma nach *d. h.* zu setzen.
..., d. h. wenn nichts dazwischen kommt, ...
..., d. h. um sich zu erholen, ...

d. i. (das ist)
Vgl. *d. h.*

daß
56: *Er sagte, daß er heute nicht kommen könne.*
daß in erweiterten Konjunktionen
Vgl.
abgesehen daß
angenommen daß
[an]statt daß; [an]statt zu
außer daß

es sei denn, daß
gesetzt [den Fall], daß
im Fall, daß; im Fall daß
kaum daß
ohne daß
sodaß
vorausgesetzt daß
zugegeben daß; zugestanden daß

deshalb; deswegen
Vgl. *daher.*

einerseits – andererseits
Vgl. *bald – bald*.

entweder – oder
30: *Entweder sie oder er ruft morgen an*.
32: *Entweder sie kommt oder* (sie) *kommt nicht*.
33: *Entweder sie kommt, oder wir müssen einen Ersatz für sie suchen.*

erst als; erst wenn
61: *Erst wenn wir die Gegend genau kennen, können wir segeln*.
(Komma hinter *kennen* nach 56).

erst, als; erst, wenn
62 a:*Er kam erst, als es schon dunkel war.*

es sei denn, daß
Vgl. 62.

geschweige denn, daß
Vgl. 62.

gesetzt daß; gesetzt den Fall, daß
Vgl. 61 bzw. 62.

im Fall, daß
Vgl. 62.
Vertretbar ist in Spitzenstellung wegen G 0:
Im Fall daß du Schwierigkeiten hast: ruf uns an.

in der Annahme (Erwartung; Hoffnung), daß
Vgl. 62.

insbesondere
Vgl. besonders

insofern
[56]: *Wir fahren, insofern wir nichts anderes gehört haben.*
[33]: *Er kommt statt ihrer, insofern bleibt alles beim alten.*

insofern(,) als
[61]: *Insofern als wir nichts anderes gehört haben …*
[62] a: *Er stimmte insofern, als er nichts sagte, zu.*

insoweit
Vgl. insofern

ja
Er kam ja nicht einmal bis Köln.
[99]: *Ja, das kann ich Ihnen sagen.*

je – desto
[46]: *Er sprach je länger, desto erregter.*
[56]: *Je mehr er trank, desto schwerer wurde seine Zunge.*

jedoch
Vgl. *aber.*

je – je
Vgl. *je – desto*

je nachdem, ob (wie)
Je nachdem wie morgen das Wetter ist, werden wir sehen, was wir unternehmen können.
Sie wiegen oder sprachen weiter, je nachdem, ob er zuhörte oder nicht.
Nach [62] wäre hinter *nachdem* ein Komma zu setzen, jedoch ist auch die Schreibweise ohne Komma üblich.

jetzt – jetzt
Vgl. *bald – bald*.

je – umso
Vgl. *je – desto*.

kaum daß
Vgl. [61]
Aber: *Man merkte kaum, daß der Zug abfuhr.*

namentlich wenn
Vgl. [61].

nämlich wenn
Vgl. [61]

nicht – noch
Vgl. weder – noch.

nicht nur – sondern auch
46: *Er war nicht nur ein Flegel, sondern auch falsch wie die Nacht.*
Nicht nur sie, sondern auch ihre Kinder waren begeistert.

nicht – sondern
46: *Der Rock war nicht blau, sondern schwarz*

nicht sowohl – als (auch); nicht sowohl – als vielmehr; nicht sowohl – wie auch
Vgl. *sowohl – als*.

ob – ob
46: *Ob jung, ob alt, alle kamen*.

oder
Vgl. und (102 f.).

ohne daß
Vgl. 61.

ohne zu
Vgl. 61
und 80: *Er sprach, ohne eine Pause zu machen*.
Er sprach, ohne zu stottern.

selbst wenn
Vgl. 61.

sobald; sowie
56: *Ich komme, sobald es heller wird.*

sobald als; sobald wie
75: *Komme* sobald als möglich.
Aber: *Ich komme so bald, wie es möglich ist*.

so – daß
62 a: *Er schnarchte so laut, daß sie nicht schlafen konnte*.

sodaß
56: *Er schnarchte laut, sodaß sie nicht schlafen konnte*.
Anmerkung: *sodaß* wird in mündlicher Rede längst als ein Wort behandelt, *sodaß* man es zusammenschreiben sollte.

sondern
Vgl. *nicht – sondern*.

sowie (= und)
Vgl. und (102 f.).

sowohl – als (auch); sowohl – wie (auch)
30: *Sowohl er als auch seine Frau sind berufstätig.*
66: *Sowohl daß sie gut aussah als auch daß sie Geld hatte, gefiel ihm.*

teils – teils
Vgl. *bald – bald*.

um so eher, als
Vgl. 62.

um so mehr, als
Vgl. 62.

um so weniger, als
Vgl. 62.

um zu
80: *Er kam, um zu helfen.*

und
Vgl. 102 f.

ungeachtet daß
Vgl. 61.

ungeachtet dessen, daß
Vgl. 62.

unter der Bedingung (Voraussetzung), daß
Vgl. 62.

vollends wenn
Vgl. 61.

vorausgesetzt daß (*Duden*; vorausgesetzt, daß; neu: vorausgesetzt(,) daß)
Vgl. 73.

weder – noch
30: *Weder sie noch er mochten noch etwas essen.*
30, 74: *Weder Sturm noch Regen noch daß sie nichts im Magen hatten konnte die Liebe trüben.*
66: *Weder daß er schlief noch daß der Arzt zuversichtlich war, konnte sie beruhigen.*

wenn
56: *Ich komme, wenn ich kann.*

Vgl. auch *auch wenn*
ausgenommen wenn
außer wenn
besonders, wenn
erst, wenn
nämlich wenn
selbst wenn
zumal wenn.

wie (= und)
Vgl. *und* (102 f.).

wie (als Vergleichspartikel)
77: *Beispiele wie die folgenden*
Leute wie du und ich
72: *Einige Leute, wie Müllers und Hansens, hatten es sich anders überlegt.*
56: *Wie ich vorausgesehen hatte, waren sie mit ihrem Latein bald am Ende.*

zu (= um zu)
Vgl. *um zu*.
zugegeben daß; zugestanden daß (*Duden*: zugegeben, daß ...; neu: zugegeben(,) daß)
Vgl. 61.

zumal da; zumal wenn
Vgl. 61.

z. B. (zum Beispiel)
73: *Viele Vögel, z. B. Stare, ziehen im Winter nach Süden.*
Unter bestimmten Bedingungen, z. B. wenn es dunkel war, konnte er schlecht sehen.

Die Konjunktion *und*

102 Die Konjunktion *und* steht mit Komma,

1. wenn sie längere selbständige Hauptsätze verbindet:

33: *Erst machte sie gehörig Lärm, und dann kam er noch polternd die Treppe herunter.*

Neuregelung: *Erst machte sie gehörig Lärm(,) und dann kam er ...*

2. wenn sie zusammen mit einer anderen Konjunktion einen Nebensatz oder erweiterten Infinitiv einleitet:

[56]; *Er stoppte, und als er sah, was passiert war, erschrak er.*
[80]: *Er hielt an, und um besser zu sehen, nahm er eine Taschenlampe.*

Neuregelung: *Er hielt an(,) und um besser zu sehen(,) nahm er eine Taschenlampe.*
Aber: *Der neue Wagen und wie er zu benutzen ist.* (Vgl. [53]).

3. wenn sie nach in Komma 2 eingeschlossenem Nebensatz bzw. nachgestellter genauerer Bestimmung oder erweitertem Infinitiv den übergeordneten Satz fortsetzt:

[56]: *Er sah, was passiert war, und alarmierte die Polizei.*
[80]: *Er hielt an, um sich zu orientieren, und fuhr dann weiter.*

Neuregelung: *Er hielt an(,) um sich zu orientieren(,) und fuhr dann weiter.*

4. wenn sie eine nachgestellte genauere Bestimmung einleitet:

[72]: *Sie sagte ihm die Meinung, und das nicht zu knapp.*
[73]: *Ich komme, und zwar schon bald.*

Die Konjunktion *und* steht ohne Komma,

1. wenn sie kurze, einen Gedanken ausdrückende Hauptsätze bzw. Hauptsätze, die ein gemeinsames Satzglied haben, verbindet: 103

[32]: *Er kam an und sie fuhr ab.*
Sie liebte und er haßte ihn.
Nachdem sie gegessen hatten, räumte er ab und sie brachte die Gäste nach Hause.

2. in allen anderen, d. h. nicht unter 102 und 103 Punkt 1 aufgeführten Fällen, in denen sie gleichartige Satzglieder verbindet:

28: *Wir führen Damen- und Herrenoberbekleidung.*
rote und grüne Paprikaschoten
29, 65: *Er sagte, er käme sofort und wir sollten auf ihn warten.*
Neuregelung: *Er sagte, er käme sofort(,) und wir sollten auf ihn warten.*
Von dieser Variante ist abzuraten.

Satzmuster

Im folgenden Abschnitt geben wir Satzmuster mit der jeweils erforderlichen Kommasetzung, wobei wir zwischen den beiden verschiedenen Funktionen des Kommas unterscheiden.

Das einfache Komma

104 Einfache Aufzählungen
28: *Berge, Meere und Giganten* (Buchtitel)
Schüler, Lehrer und Eltern sitzen in der Schulkonferenz zusammen.
Wir liefern ausgesuchte, hygienisch einwandfreie, staubsicher verpackte Ware.

Aufzählungen mit Konjunktionenpaaren
30: *Er war ebenso groß wie sein Bruder.*
Entweder wir gehen jetzt oder wir bestellen noch etwas.
Wir können Ihnen leider weder das bestellte Buch noch den Ersatztitel liefern.

Aufzählung von Nebensätzen
65: *Er sagte, er wolle schnell noch tanken und sie dann zum Bahnhof fahren.*
Sie meinte, es sei zwar schon spät, man könne es aber doch noch versuchen.

Aufzählung von Hauptsätzen
32: *Er wachte auf und sah in den Spiegel.*
Sie strahlte und er freute sich.
Das hat ihm weder genützt noch hat es ihm sonderlich geschadet.
Aber:
33: *Sie bereiteten sich diesmal sorgsam vor, und dann ging es erst richtig los.*
33: *Sie wären zwar gern noch länger geblieben, aber es ging nicht.*
Ihr Schreiben ist erst gestern bei uns eingegangen, darum konnten wir Ihre Bestellung nicht früher bearbeiten.

Attribute

36: *ein leichter, trockener, bekömmlicher Wein*
(d. h. ein Wein, der leicht, trocken und bekömmlich ist)
38: *am dritten kritischen Tag*
(d. h. alle drei Tage waren kritisch)
am dritten, kritischen Tag
(d. h. am dritten Tag, und der war kritisch)

Determinative und Attribute

43: *wenige bunte Kugeln*
zwanzig schwer beladene Waggons
44: *folgende gegen Unfall versicherte Personen*

Nebensätze und Infinitivgruppen in einer Aufzählung

53: *Hans, Elke und was sonst noch Beine hatte liefen zur Tür.*
Entschlossen und ohne Rücksicht zu nehmen setzte er seine Interessen durch.

Das paarige Komma

Nebensätze 105

56: *Weil der Brief zu spät eingeworfen wurde, kam er erst am übernächsten Tag an.*
66, 67: *Weil die Nachfrage so groß ist und obwohl wir Überstunden machen, konnten wir Ihren Auftrag noch nicht bearbeiten.*
56, 67: *Weil die Nachfrage so groß ist, wie wir niemals erwartet hätten, verlängern wir die Subskriptionsfrist.*
56: *Ist die Wohnung zu klein, nehmen wir sie nicht, auch wenn sie billig ist.*
Vorausgesetzt daß kein Stau ist, schaffen wir es noch.
56, 67: *Ich fahre jetzt, und wenn das Angebot tatsächlich so günstig ist, wie sie gesagt haben, dann kaufe ich.*

Wörtliche Rede

63: *„Wir beginnen jetzt", sagte er.*
„Hände hoch!" rief der Posten.
„Hände hoch", so rief der Posten.

Nachgestellte Appositionen und nachgestellte genauere Bestimmungen

69, 72: *Konrad Adenauer, der erste Kanzler der Bundesrepublik Deutschland, hatte dieses Amt mehr als 13 Jahre inne, länger als alle seine Nachfolger.*
69: *Michael Groß, Sportler des Jahres 1984, bleibt Amateur.*

60, 73: *Abends, insbesondere nach 19 Uhr, nimmt der Verkehr merklich ab, sodaß es dann endlich ruhiger wird.*
Am 31.3., also etwa mit Frühlingsbeginn, beginnt die Sommerzeit.
Sie unterhielten sich nicht sonderlich, d. h. sie langweilten sich.
Morgen, d. h. wenn nichts dazwischen kommt, starten wir zu unserer Urlaubsreise.

Nachgestellte genauere Bestimmungen oder Aufzählung
74: *Ausländische, insbesondere spanische Weinproduzenten machen den einheimischen Winzern Konkurrenz.*
73: *Einheimische Besucher, insbesondere ältere Berliner, blieben wider Erwarten aus.*
74: *Weil sie gestört, d. h. laut geschwätzt hatten, wurden die Schüler gerügt.*

Nachgestellte genauere Bestimmung oder Vergleich
75: *Er ist größer als sein Bruder.*
76: *Sie nahmen mehr Geld ein (,) als erwartet.*
Abweichend vom *Duden* empfehlen wir, bei verkürzten Vergleichssätzen kein Komma zu setzen.
75: *Die Kollekte erbrachte mehr, als irgend jemand erhofft hätte.*
77: *Verben* wie *sagen* oder *meinen haben* zwei *Ergänzungen.*
Gastarbeiter wie z. B. Türken oder Griechen stoßen häufig auf Vorurteile.
Aber:
73: *Gastarbeiter, insbesondere Türken, stoßen häufig auf Vorurteile.*

Infinitivgruppen mit Komma
80: *Er beschloß, nicht länger zu warten, und fuhr los.*
Es tut immer weh, enttäuscht zu werden.
82: *Sie kam, zu raten und zu helfen.*
Sie beschloß, anzufangen, um nicht noch mehr Zeit zu verlieren.
Seine Absicht war, zu verreisen.

Infinitivgruppen ohne Komma
81: *Er versuchte zu schlafen.*
83: *Die Straßenmarkierung ist nachts nur schlecht zu sehen.*
Er pflegt täglich mehrere Zigarren zu rauchen.
Die Ostsee droht wegen Sauerstoffmangel umzukippen.
Hans verspricht ein gewiefter Immobilienhändler zu werden.
In flagranti ertappt zu werden ist immer unangenehm.
85: *Ohne Überlegung zu handeln ist töricht.*
86: *Wir hatten ihnen schon lange zu antworten versprochen.*
Wir werden dieses Problem zu lösen versuchen.

Partizipialgruppen

89: *Aus allen Poren nach Knoblauch riechend kroch er zu ihr ins Bett.*
Eine sich in den Hüften wiegende Unbekannte kam mir entgegen.
Aber:
72: *Eine Unbekannte kam mir entgegen, sich in den Hüften wiegend.*
Wir empfehlen abweichend vom *Duden* generell, Partizipialgruppen nur dann in Kommas einzuschließen, wenn sie als nachgestellte genauere Bezeichnungen bzw. Appositionen gebraucht werden. Vgl. dazu 88.

Weitere satzinterne Zeichen

Die folgenden Hinweise haben den Charakter von Empfehlungen

Zu den satzinternen Zeichen rechnen wir auch Semikolon (Strichpunkt) und Doppelpunkt, obwohl beide Zeichen gelegentlich auch als Satzschlußzeichen verwendet werden können. Doch liegt nicht hierin ihre Hauptfunktion.
Wir geben im folgenden Hinweise für den Gebrauch dieser Satzzeichen, die wir allerdings nicht als Regeln bezeichnen möchten: dazu ist ihre Anwendung in den verschiedenen Kommunikationszusammenhängen und Textsorten zu unterschiedlich.

Das Semikolon (Strichpunkt)

Verbindliche Regeln lassen sich für den Gebrauch des Semikolons nicht formulieren. Es wird in der Regel in folgenden Zusammenhängen verwendet: 106

!

1. Bei Aufzählungen von Hauptsätzen anstelle eines Punkts, wo dieser zu stark oder anstelle eines Kommas, wo dieses zu schwach trennen würde. Es wird häufig vor Konjunktionen wie *darum, denn, deswegen, aber* usw. gesetzt, deutet also einen gedanklichen Zusammenhang an.

Bei der Aufzählung von Hauptsätzen gibt es also verschieden abgestufte Möglichkeiten, durch Satzzeichen den Zusammenhang anzudeuten:
a) kein Komma (bei kurzen, eng zusammengehörenden Hauptsätzen)
b) Komma
c) Semikolon
d) Punkt
Dadurch ist in etwa der „Wert“ des Semikolons in der hier beschriebenen Funktion bestimmt.

Beispiele:
Wirtschaftlich gesehen mag Arbeitslosigkeit für die Betroffenen zu mildern sein; menschlich und sozial gesehen ist sie immer eine Katastrophe.
Die Erde ist eine Kugel; darum wirft sie immer einen kreisförmigen Schatten auf den Mond.

107 2. Bei Aufzählungen im mehrfach gegliederten Satz zur Bezeichnung und Verdeutlichung gleichartiger Satzglieder.

Wer viel verspricht, ohne sein Versprechen zu halten; wer stets vom Allgemeinwohl spricht und ans private Wohl denkt; wer viele Funktionen inne hat, ohne sich richtig um sie zu kümmern; in dem darf man einen Berufspolitiker vermuten.
Das Semikolon wird also immer nur in nebenordnender Funktion, d. h. anstelle von Komma 1 verwendet.

108 3. Bei längeren Aufzählungen zur Unterscheidung verschiedener Gruppen innerhalb der Aufzählung.

Die folgenden Produkte:
Mais, Reis, Teigwaren; Orangen, Bananen, Avocados; Obstsäfte und Limonade werden in dieser Woche zum Sonderpreis angeboten.

Der Doppelpunkt

Neben seiner Verwendung als Divisionszeichen in der Mathematik, die wir hier nicht weiter erwähnen, wird der Doppelpunkt gesetzt (1) als Ankündigungszeichen, um auf einen folgenden Satzabschnitt, Satz, Text oder eine Schlußfolgerung hinzuweisen,
(2) als Verhältnis- und Gliederungszeichen bei Zahlen und Ziffern.

109 (1) Der Doppelpunkt wird gesetzt

a) vor angekündigter wörtlicher Rede bzw. vor angekündigten Zitaten wörtlicher Rede, auch wenn der ankündigende Satz nach der wörtlichen Rede fortgesetzt wird.

Er versprach: „Morgen gehen wir schwimmen."
Er sagte: „Es wird schon werden" und tröstete sie.
Sie dachte: „Wann kommt er denn endlich nach Hause?" und schob das Essen zum Aufwärmen in den Ofen.

Der Doppelpunkt steht nicht, wenn das Prädikat des übergeordneten Satzes auf die wörtliche Rede folgt:
Wenn du „Raus!" sagst, gehe ich wirklich.

Nach dem Doppelpunkt beginnt die wörtliche Rede immer mit Großschreibung.

b) vor angekündigten Aufzählungen:

Folgende Spieler werden nominiert: Becker, Westphal, Maurer, Schwaier.
Zur EG zählen folgende Staaten: Frankreich, Belgien, Luxemburg, ...
Er besuchte verschiedene Städte: München, Berlin, Köln, ...

Man setzt keinen Doppelpunkt, wenn eine Aufzählung durch Ausdrücke wie *nämlich, z. B., d. h.* u. ä. eingeleitet wird:
Er besuchte verschiedene Städte, nämlich München, Berlin, Köln, ...

Unter diese Rubrik fallen auch Ankündigungen von ganzen Sätzen:
Aufgepaßt: er hat gemogelt. –

Ankündigungen in Programmen usw.:
J. S. Bach: Goldberg-Variationen
Am Klavier: Glenn Gould

Schließlich wird der Doppelpunkt in Briefen oder Formularen zur Ankündigung von Bankkonten, Telefonnummern u. a. verwendet:
Bankverbindung: Sparkasse Köln, ...
Gerichtsstand: ...
usw.

c) vor schlußfolgernden und zusammenfassenden Sätzen:

Erst kam er zu spät zur Schule, dann hatte er die Mathematikaufgaben vergessen, schließlich nannte ihn seine Freundin einen Schlaffi: an diesem Tag ging alles schief.
Ob in Bonn oder Brüssel, in Athen oder Washington: überall haben die Bürokraten die gleichen Unterhosen an.

In der Regel schreibt man nach einem Doppelpunkt groß, wenn ein vollständiger Satz folgt. Die Kleinschreibung in diesem Zusammenhang ist jedoch korrekt: sie signalisiert den Zusammenhang des schlußfolgernden Satzes mit den vorhergegebenen.

110 (2) Der Doppelpunkt dient

a) als Verhältniszeichen zwischen zwei Zahlenangaben.

1. FC Köln – Bayern München 2:1
Seine Chancen stehen 50:50.
Meßtischblätter haben den Maßstab 1:50.000.

b) als Gliederungszeichen bei nicht dezimalen Teilungen von Zeitangaben.

Die Siegerzeit betrug 2:20:53,5 Stunden
(= 2 Stunden, 20 Minuten, 53,5 Sekunden)

Der Gedankenstrich

Der einfache Gedankenstrich

111 Man verwendet den einfachen Gedankenstrich
(1)

a), um den Abschluß eines Gedankens oder den Wechsel des Themas anzuzeigen:

... Hier bin ich mit meinen Überlegungen noch nicht am Ende. – Was Ihren zweiten Punkt betrifft, so ...

b) bei Dialogen zur Kennzeichnung des Sprecherwechsels:

Aber läßt sich denn das Wort „Farbe“ oder „Länge“ nur so auffassen? – Nun, wir müssen sie eben erklären. – Also erklären durch andere Wörter … (Wittgenstein)

c) bei Inhaltsangaben zur Unterscheidung der einzelnen Themen:

… Kap. 2, Syntax: einleitende Bemerkungen – Satzdefinition – Wertigkeitstheorie – Konstituentensystem …

d) zur Gliederung von Kommandos:

Auf die Plätze – fertig – los!

e) bei Gegenüberstellungen:

arm – reich
Demokratie – Diktatur

f) zur Kennzeichnung des Abbruchs der Rede:

Sie können mich –
Wer soll das alles bezahlen –

g) zur Kennzeichnung von Aufzählungen:

Unsere Non-Food-Abteilung führt
– Elektroartikel
– Haushaltswaren
– Schuhe
– Damen- und Herrenoberbekleidung

(2)

112 zur Hervorhebung eines syntaktisch nicht mit dem vorhergehenden verbundenen Ausdrucks oder zur Unterstreichung einer Pointe:

München – die heimliche Hauptstadt Deutschlands.
Paris – immer eine Reise wert.
„Alles bleibt beim alten", so schloß er – ein Gedanke, auf den bislang niemand verfallen war …
… und sie, um die sich alle Sorgen gemacht hatten, – schlief!

Der doppelte Gedankenstrich

113 Der doppelte Gedankenstrich wird verwendet, um in einen Satz eingeschobene Sätze oder Satzteile hervorzuheben.

Das paarige Komma – wir haben dies eingehend erörtert – dient zur Einschließung satzwertiger Satzglieder.
Der Chef – in solchen Situationen müßte man sich ihn nackt vorstellen – tobte, bloß weil ein nach Stetter ganz überflüssiges Komma fehlte.
Ihre Forderung ist – wie von Ihnen gewünscht – auf Ihr Konto bei … überwiesen worden.
Und – wer hätte das gedacht – da kam er doch tatsächlich selbst.
Mit Ausnahme der unter (1, g) genannten Verwendungsweise sollte ein Gedankenstrich nie an den Zeilenanfang gesetzt werden.
Die in dieser Funktion verwendeten Gedankenstriche werden auch Parenthesen genannt. Den eingeschobenen Abschnitt bezeichnet man danach als Parenthese.

Der Gedankenstrich in Verbindung mit anderen Satzzeichen

114 Generell beeinflußt die Verwendung von Gedankenstrichen die übrige Zeichensetzung nicht – bis auf folgenden Sonderfall:

Fällt in einer Parenthese, d. h. beim doppelten Gedankenstrich ein Punkt oder Komma auf einen Gedankenstrich, so hat der Gedankenstrich Vorrang:

Strauß – derselbe, der so vehement gegen die sozialliberale Ostpolitik gestritten hatte – fädelte den Milliardenkredit an Honecker ein.
Aber:
Er hat uns doch gebeten – erinnern Sie sich noch daran? –, ihn namentlich nicht zu erwähnen!

Anführungszeichen

Das doppelte Anführungszeichen wird benutzt 115

a) zur Kennzeichnung wörtlicher Rede oder wörtlich wiedergegebener Gedanken:

„Es ist schon spät“, sagte er, „wir wollen gehen“.
„Du kannst mir viel erzählen“, dachte sie und zeigte ihm die harmloseste Miene der Welt.

b) zur Kennzeichnung wörtlich angeführter Textstellen (Zitate) aus Büchern, Briefen u. a. Texten:

Die Gegenseite behauptet auf Seite 3 ihres Schriftsatzes fälschlich, mein Mandant habe „von Anfang an die Wohnung nicht selbst nutzen“ wollen. Mein Mandant wollte dies anfangs sehr wohl …
Jeder kennt Schillers „Alles rennet, rettet, flüchtet“, und sei es auch nur als Beispiel für die Kommasetzung.
Auf dem Satz „Das: Ich denke, muß alle meine Vorstellungen begleiten können“ („Kritik der reinen Vernunft“, § 15) baut Kant seine gesamte Beweisführung auf.
Neuregelung: Nach dem abschließenden Anführungszeichen steht stets ein Komma, wenn der Satz fortgeführt wird, in den der angeführte Satz eingebettet ist. Also:
Auf dem Satz „Das: Ich denke, muß alle meine Vorstellungen begleiten können“, („Kritik …“) …
Die Amtliche Regelung ist hier – wie in vielen anderen Fällen – nicht eindeutig: Bei dem zitierten Satz handelt es sich zweifellos um einen „angeführten Satz“, dessen „Begleitsatz“ fortgesetzt wird. Nach § 93 wäre somit hinter dem abschließenden Anführungszeichen ein Komma zu setzen. Dem § 94, Abs. (2) zufolge braucht hier jedoch kein Komma gesetzt zu werden – ein nicht aufzuhebender

Widerspruch. Wir raten daher von dieser Regelung dringend ab und empfehlen, bei der alten – eindeutigen – Regelung zu bleiben.
Auch Buchtitel u. ä. werden häufig in Anführungszeichen gesetzt, sofern sie nicht durch Kursivdruck o. ä. als Titel kenntlich gemacht werden.

c) zur Anführung von definitorisch festgelegten Begriffen (Termini):

„Deklination“ bedeutet in der Grammatik etwas anderes als in der Astronomie.
Laut Strafgesetzbuch bedeutet „Totschlag“ im Gegensatz zu „Mord“, daß …
„Ableitbar“ heißt eine Figur genau dann, wenn sie mit Hilfe der Regeln von K aus der Menge M der Grundfiguren erzeugt werden kann.

d) zur Kennzeichnung eines „uneigentlichen“, ironischen, metaphorischen o. ä. Gebrauchs des betreffenden Ausdrucks:

Man kann wohl sagen, ein Prädikat „regiere“ ein Objekt, ein adverbiales Präpositionalgefüge „gehöre“ zu einem Prädikat … (Duden-Grammatik, S. 585)
Mit diesem Argument hat er ihn regelrecht „naß gemacht“.
Unser „Held“ schlug sich als erster in die Büsche.

116 Das einfache Anführungszeichen wird verwendet

a) zur Kennzeichnung einer Anführung innerhalb einer Anführung:

Vgl. das erste Beispiel unter 115, d):
„Man kann wohl sagen, ein Prädikat ‚regiere‘ ein Objekt, ein adverbiales Präpositionalgefüge ‚gehöre‘ zu einem Prädikat …“
Er fragte: „Hast du schon Döblins ‚Wallenstein‘ gelesen?“

b) neuerdings häufig zur Kennzeichnung eines terminologisch fixierten Gebrauchs eines Begriffs:

‚Satzwertigkeit' liegt vor, wenn …
Ihre Begriffe, einschließlich solcher Grundbegriffe wie ‚Raum', ‚Zeit', ‚Körper', ‚Bewegung', sind sprachphilosophisch als Begriffe zu verstehen, die … (J. Simon, Sprachphilosophie, 1981, S. 124).

Die Anführungszeichen in Verbindung mit anderen Satzzeichen

1. Tritt ein Komma innerhalb einer Anführung auf das abschließende Anführungszeichen, so fällt das Komma weg. Wenn überhaupt, wird daher ein Komma nur vor dem eröffnenden oder nach dem abschließenden Anführungszeichen gesetzt. 117

„Wenn er kommt“, sagte er, „kommt er erst morgen abend“.
Nur „weil sonst nichts mehr geht“, wie er sich ausgedrückt hat, gehen wir auf diese Bedingung ein.

2. Gehören die Satzschlußzeichen, Punkt, Fragezeichen oder Ausrufezeichen zur wörtlichen Rede bzw. Anführung, stehen sie vor dem abschließenden Anführungszeichen. Endet damit der Satz, wird kein weiteres Satzschlußzeichen gesetzt. 118

Er bedauerte: „Da kann ich nichts mehr machen.“
Deutlich vernehmbar hat der Angeklagte folgenden Satz vorgelesen: „Jeder Erfolg gegen sie ist auch ein Erfolg gegen die Reaktion!“
Aber:
Was will er denn mit seinem ewigen: „Jetzt reicht's mir aber“?

Klammern

Runde Klammern werden verwendet 119

a) zur Kennzeichnung erklärender Zusätze:

Er wohnt in Geldern (Niederrhein).
Das Eröffnungsmatch bestreitet McEnroe (USA) gegen Wilander (Schweden).
… Dies haben wir schon erläutert (vgl. S. 20).

b) zur Kennzeichnung eingeschobener Sätze oder Satzteile:

Bei der Kommasetzung (dies können wir hier nicht i. e. begründen) kommt es auf die richtige Theorie an.
Walter Gieseking (nur wenige werden ihn noch persönlich im Konzert erlebt haben) war einer der größten Pianisten dieses Jahrhunderts.
In dieser Verwendungsweise treten die Klammern an die Stelle von Komma 2 bzw. des doppelten Gedankenstrichs. Doch sollte man Parenthesen (vgl. 113) in der Regel in Gedankenstriche, nicht in Klammern setzen.

120 Eckige Klammern werden verwendet

a) zur Kennzeichnung erklärender Zusätze innerhalb runder Klammern.

Nebensätze müssen als Satzglieder aufgefaßt werden (wir haben dies wiederholt begründet [s. ...]).

b) zur Kennzeichnung eigener Zusätze oder Konjekturen bei der Anführung von Texten anderer:

... So schreibt Humboldt (1820, S. 13): „Das durch die ganze Sprache herrschende Prinzip ist Artikulation [Hervorhebung von mir, Chr. St.]“.

c) zur Kennzeichnung von Buchstaben, Wortteilen oder Wörtern, die wegfallen können.

ich padd[e]le
leibhaft[ig]
[an]statt
ein Vertreter des [dogmatischen] Materialismus

Die Klammern in Verbindung mit anderen Satzzeichen

1. Generell gilt, daß Satzzeichen nur dann in die Klammern eingeschlossen werden, wenn sie allein zum eingeklammerten Text gehören. 121

Außerhalb der Klammern werden also die Satzzeichen gesetzt, als sei der eingeklammerte Textabschnitt nicht vorhanden:
Weitere Belege im Kapitel „Syntax" (S. 45ff.).
Im allgemeinen gilt (Sonderfälle s. u.).
Bitte das Formular vollständig ausfüllen (deutlich schreiben!).
Damit ist dieses Kapitel abgeschlossen. (Alles weitere wird sich finden.)

2. Trifft innerhalb einer Parenthese ein Komma bzw. Semikolon auf eine Klammer, so fällt das Komma bzw. das Semikolon weg. 122

Er (weil er nie sagte, was er dachte) bekam mit allen Leuten Schwierigkeiten.

Kleines Verzeichnis grammatischer Begriffe

Adjektiv	Eigenschaftswort	groß, gut, schön, durstig
Adverb	Umstandswort	heute, gleich, nachher, dort
Angabe	adverbiale Bestimmung	**Nach dem Essen** gingen wir; wir fuhren **nach Köln**
Apostroph	Auslassungszeichen	Ohm'sches Gesetz
Apposition	Beisatz	Karl, der Sachsenschlächter, …
Artikel	Geschlechtswort	der, die, das, ein, eine
Attribut	Beifügung	guter französischer Rotwein, eine Nacht im Heu
Hilfsverb	Hilfszeitwort	sein, haben, werden
Infinitiv	Grundform des Verbs	können, sein, machen, sagen
Kompositum	zusammengesetztes Wort	Haustür, zusammenschreiben, wehklagend
Konjunktion	Bindewort	und, oder, dass, sodass
Nomen (Substantiv)	Namenwort	Haus, Mensch, Autobahn, Joghurt
Nominalisierung	Umwandlung in ein Nomen	das In-den-Tag-hinein-Leben
Objekt	Verbergänzung im zweiten, dritten oder vierten Fall	Ich sehe **dich**; ich danke **dir**; wir gedenken **unserer Toten**
Partikel	unveränderliches Wort	ziemlich, irre, beileibe, anheim
Partizip I	Mittelwort I	singend, stehend, seiend, sagend
Partizip II	Mittelwort II	gesungen, gestanden, gewesen, gesagt
Possessivpronomen	besitzanzeigendes Fürwort	mein, dein, sein
Prädikat	Satzaussage	Er kommt, … hat … gesagt, … ist … befördert worden
Prädikativ	Prädikatsergänzung	… ist groß, … bleibt ein Schuft
Präposition	Verhältniswort	in, an, auf, nach, aufgrund, entlang
Pronomen	Fürwort	ich, du, er/sie/es, dieser, jener
Semikolon	Strichpunkt	…; …
Subjekt	Satzgegenstand	**Ich** komme. **Meine Frau** wird uns abholen.
Substantiv	s. Nomen	
Syntax	Satzbau	Sie (= Subjekt) gab (= Prädikat) mir (= indirektes Objekt) einen Kuss (= direktes Objekt)
Verb	Zeitwort	singen, gehen, sagen, bleiben, können, mögen
Wortart	Klassifizierung der Wörter nach ihrer Form	Substantiv, Verb, Adjektiv, Pronomen, …

Register

Die Zahlenangabe hinter dem Stichwort bezeichnet die betreffende Kennnummer.

A

Abbruch der Rede 111
Abkürzungen mit und ohne Punkt 5ff.
Abkürzungspunkt und Satzschlußzeichen 8
Abschnittsgliederung 3
Anführungszeichen 8, 63f., 115ff.
- doppeltes 115
- einfaches 116
Anrede 14
Anschrift 3
Apposition 50ff.
- nachgestellte 68ff., 88ff.
Attribut 35ff., 40ff., 68ff., 104
- hierarchisches 37ff.
- nachgestelltes 70
Aufzählung 25ff., 44ff., 53f., 56, 65ff., 74, 82, 96, 104, 106ff.
- exemplifizierende 77
Auslassungspunkte 8
Ausruf 11
Ausrufewort → Interjektion
Ausrufezeichen 15, 63, 118
- eingeklammertes 17
Aussagesatz 1

B

Befehl 13, 16
Befehlssatz 2, 16
Behauptungssatz -> Aussagesatz
Beiname 97
Beisatz (nachgestellter) -> Apposition
Beistrich -> Komma
Berufsbezeichnungen 5, 96
Bestimmung, nachgestellte genauere 72ff., 88, 101f., 105
Bindewort -> Konjunktion
Bitte 13
Brief 14, 109

D

Datum 3, 95
Determinativ 42f.
- Determinative oder Attribute 42f., 104
direkte Rede -> wörtliche Rede
Doppelpunkt 64, 109f.

E

eckige Klammern 120
eingeklammertes Ausrufezeichen -> Ausrufezeichen, eingeklammertes
eingeklammerter Fragesatz -> Fragesatz, eingeklammerter
Ellipse 90f.
Ergänzung 52, 75
- Ergänzung 1, Infinitivgruppe als, 85
- Nebensätze als, 57

F

finites Prädikat 27, 29
finites Verb
- in Endstellung 56
- in Spitzenstellung 56
- in Zweitstellung 56
Fragesatz 1, 9f.
- direkter abhängiger 10
- indirekter 11
Fragezeichen 9ff., 18, 63f., 118
- eingeklammertes 12
freistehende Zeile 3
Fürwort -> Pronomen

G
Gedankenstrich 8, 92, 11ff.
– doppelter 113f., 119
Gewichtseinheiten, Abkürzungen von 7
Gleichartigkeit von Satzgliedern 25, 27, 34, 39ff.
Gleichrangigkeit von Satzgliedern 23, 27, 35ff., 39ff.
Gleichsetzungssatz 108
Gliederung 3
Gliederungszeichen bei Zahlen oder Ziffern 4, 110
Gliedsatz → Nebensatz
grammatisches Prinzip 20, 89
Grundform → Infinitiv
Grundformgruppe → Infinitivgruppe
Grundsätze zur Kommasetzung
– Grundsatz 0 (G 0) 21, 70
– Grundsatz 1 (G 1) 53f., 74

H
Hauptsätze 102f.
– Aufzählung von, 31f., 104, 106
– unvollständige (verkürzte) 34
Himmelsrichtungen, Abkürzung von 7

I
infinite Verbformen 78
Infinitiv, erweiterter, mit *zu* (Infinitivgruppe) 21, 47, 49ff., 73, 75f., 78ff., 102, 104f.
– als Ergänzung 1 22, 85
– bei Verknüpfungsprädikaten 21, 79, 83f.
– bei Verschränkungen 21, 79, 86
Infinitiv, nicht erweiterter, mit *zu* *81*f.
Infinitivgruppe → Infinitiv, erweiterter, mit *zu*
Interjektion 14, 99
Interrogativsatz → Fragesatz

K
Klammern 92, 118ff.
Komma 19ff., 117
– einfaches (Komma 1) 19, 24ff., 54, 74, 104
– paariges (Komma 2) 19, 47ff., 102, 104
Kommaregeln im Überblick s. Kap. 1, S.
Konjunktionen 19, 24ff., 28ff., 46f., 56, 58ff., 75ff., 100ff., 106
– zusammengesetzte 58ff.
– alphabetische Liste der 101
Konjunktionenpaare 24, 30, 62

M
Maßeinheiten, Abkürzungen von 5, 7
Mittelwortgruppe → Partizipialgruppe

N
Name 70, 96f.
naturwissenschaftliche Bezeichnungen, Abkürzungen von 7
Nebensatz 28f., 45, 47ff., 56ff., 65ff., 75f., 101f., 104f.
– gleichen und verschiedenen Grades 65ff.
– verkürzter 56, 76

O
Ordinalzahlen (Ordnungszahlen) 4
Orts- und Wohnungsangaben 94f.

P
Parenthese → Gedankenstrich, doppelter
Partizip 58f., 74, 92ff.
– an Stelle eines Nebensatzes 47, 49ff.
Partizipialgruppe 47, 49, 52, 87ff.
Prädikatsadjektiv 44
Punkt 1ff., 106, 118

R
Relativsatzprobe 35ff., 42f.
rhetorisches Prinzip 20f., 55, 89
runde Klammern 119ff.

S
Satz
– eingeschobener 113f., 119
Satzgefüge 1
Satzglied 31
– gleichartige gleichrangige Satzglieder 21, 23ff., 44ff., 65, 103, 107
– satzwertige Satzglieder 23, 27, 30, 47ff., 82f.
Satzmuster 104f.
Satzschlußzeichen 1ff.
Satzwertigkeit, Definition 49
Schaltsatz 92
Schlagzeile 3
Schlußformeln 3
Semikolon 106ff.
Spiegelstrich 111
Strichpunkt → Semikolon

T
Tabellen 3
technische Einheiten, Abkürzungen von 7
Titel von Büchern, Zeitungen oder Zeitschriften 3, 10, 116
Titel von Personen 5, 96f.

U
Überschrift 3
Unterschrift 3

V
Verbot 13
Vergleich 75, 105
Verhältniszeichen 109f.
Verknüpfungsprädikat 21, 74, 79, 83f., 86
Verschränkung 21

W
Währungen, Abkürzungen von 7
Warnung 13
Wiederaufnahme vorangestellter Satzglieder 93
wörtliche Rede 63f., 105, 109, 115, 118
Wunsch 13
Wunschsatz 2, 16

Z
Zahlwort 42f.
Zeitangabe 110
Zitat 10, 15, 63, 109, 115

Notizen

Notizen

Notizen